汽车维修专业技能人才培养工学一体化课程教材

汽车发动机故障诊断与排除

朱建勇　刘　健/主　编
谭泽伦　王世超　舒小凡/副主编
　　　　　　　樊永强/主　审

人民交通出版社
北　京

内 容 提 要

本书是汽车维修专业技能人才培养工学一体化课程教材之一。其主要内容包括汽车汽油发动机起动困难故障诊断与排除，汽车柴油发动机起动困难故障诊断与排除，汽车发动机加速抖动故障诊断与排除，汽车发动机怠速不稳故障诊断与排除，汽车发动机冒蓝烟故障诊断与排除。

本书可作为技工院校汽车维修专业教材，也可作为相关岗位培训或自学用书，同时可供汽车维修人员学习参考。

本书配套数字资源，读者可免费扫码观看和在线学习；同时配有教学课件，教师可通过加入汽车技工教学研讨群(QQ:428147406)获取。

图书在版编目(CIP)数据

汽车发动机故障诊断与排除/朱建勇,刘健主编.
北京:人民交通出版社股份有限公司,2025.1.
ISBN 978-7-114-19648-5

Ⅰ.U472.43

中国国家版本馆 CIP 数据核字第 20242BT281 号

书　　名：汽车发动机故障诊断与排除
著 作 者：朱建勇　刘　健
责任编辑：李佳蔚
责任校对：赵媛媛　卢　弦
责任印制：刘高彤
出版发行：人民交通出版社
地　　址：(100011)北京市朝阳区安定门外外馆斜街 3 号
网　　址：http://www.ccpcl.com.cn
销售电话：(010)85285911
总 经 销：人民交通出版社发行部
经　　销：各地新华书店
印　　刷：北京市密东印刷有限公司
开　　本：787×1092　1/16
印　　张：17.5
字　　数：360 千
版　　次：2025 年 1 月　第 1 版
印　　次：2025 年 1 月　第 1 次印刷
书　　号：ISBN 978-7-114-19648-5
定　　价：50.00 元

(有印刷、装订质量问题的图书,由本社负责调换)

编审委员会名单

主 任 委 员 文爱民

副主任委员 戴良鸿 沐俊杰 魏垂浩

委　　　员 （按照姓氏笔画排序）

广禹春　王玉彪　王　杰　王　瑜　王　雷
毛红孙　朱建勇　刘　卯　刘　宇　刘轩帆
刘　健　刘爱志　刘海峰　汤　彬　许云珍
杨雪茹　李长灏　李永富　李学友　李　轶
肖应刚　吴　飞　张　薇　陈志强　陈李军
陈金伟　陈新权　孟　磊　郝庆民　姚秀驰
夏宝山　晏和坤　高窦平　郭志勇　郭　锐
郭碧宝　唐启贵　黄　华　黄辉镀　彭红梅
彭钰超　解国林　樊永强　樊海林

前言
Preface

为进一步贯彻落实《关于深化技工院校改革 大力发展技工教育的意见》和《技工教育"十四五"规划》《推进技工院校工学一体化技能人才培养模式实施方案》等文件精神,对接汽车产业发展新趋势,满足汽车领域高质量发展对高素质技术技能人才的需求,人民交通出版社特组织江苏汽车技师学院、广西交通技师学院、贵州交通技师学院、杭州技师学院、浙江交通技师学院、江苏省交通技师学院、广西工业技师学院、北京汽车技师学院、日照市技师学院等20余所院校,共同编写了技工院校汽车维修专业工学一体化课程教材。

工学一体化培养模式是依据国家职业技能标准及技能人才培养标准,以综合职业能力培养为目标,将工作过程和学习过程融为一体,培育德技并修、技艺精湛的技能劳动者和能工巧匠的人才培养方式。本套教材秉承上述理念,落实《技工院校教材管理工作实施细则》,遵循知识和技能并重的改革方向,根据技工教育的特点以及技工院校学生的学习情况进行编写,具有以下特点。

(1)教材编写依据人社部最新发布的《汽车维修专业国家技能人才培养工学一体化课程标准》,贯彻以学生为中心、以能力为本位的教学理念,构建难度适当的理论知识体系,以学生的实操内容及职业素养培养为核心,围绕典型工作任务设计学习任务、活动,突出知识的实用性、综合性和先进性。教材按照四步法"明确任务、工作准备与计划制订、计划实施、评价反馈"编写而成,充分实现思想政治教育、知识传授、技能培养融合统一,持续推动技工院校内涵发展和特色发展。

(2)在教材编写过程中,充分吸纳行业、企业专家,深入了解目前行业、企业对本专业人才的实际需求,由相关企业提供部分配套的教学资源和技术支持,行业企业人员真正深度参与教材编写与开发,进一步提高技能人才培养质量,帮助学生从学校学习到就业工作紧密衔接。

（3）教材配备了丰富的教学资源（纸数融合），教材的知识点以二维码方式链接动画、视频资源，所有教材配有课件、习题及答案等，满足学生个性化学习的需求，提升教材使用体验感。

（4）在教材中融入了丰富的课程思政元素及党的二十大精神内容，增强民族自信，体现"培根铸魂，启智润心"教育目标，实现思想政治教育与技术技能培养的有机结合。

本书是汽车维修专业技能人才培养工学一体化课程教材之一，共5个学习任务，25个学习活动。每个学习活动均由明确任务、工作准备与计划制订（知识准备、制订工作方案）、计划实施（安全注意事项及技能要点、任务实施）、评价反馈四部分组成。选取有汽车的真实故障案例；提供了完成该案例所应具备的知识；并根据不同任务和不同车辆进行故障诊断与排除。同时，书中提供了学习中所需要的车型和相关技术资料。为了保证任务的可操作性和学习性，本书任务实施中的操作过程均由编者亲自实践验证过，故操作性和学习性强，适合职业院校、技工院校教学使用，同时也适合自学。

本书由日照市技师学院朱建勇、临沂市工业学校刘健担任主编，贵州交通技师学院谭泽伦、江苏汽车技师学院王世超、南昌汽车机电学校舒小凡担任副主编。其中，朱建勇、刘健、舒小凡共同编写学习任务一、学习任务二、学习任务三，王世超编写学习任务四，谭泽伦编写学习任务五。

限于编者水平，书中难免有疏漏和错误之处，恳请广大读者提出宝贵建议，以便进一步修改和完善。

编　者
2024年5月

目录 Contents

学习任务一　汽车汽油发动机起动困难故障诊断与排除 ⋯⋯ 1
 学习活动1　起动系统的故障诊断与排除 ⋯⋯ 2
 学习活动2　电子控制系统的故障诊断与排除 ⋯⋯ 12
 学习活动3　空气供给系统的故障诊断与排除 ⋯⋯ 21
 学习活动4　燃油供给系统的故障诊断与排除 ⋯⋯ 29
 学习活动5　电控点火系统的故障诊断与排除 ⋯⋯ 39
 学习活动6　排放控制系统的故障诊断与排除 ⋯⋯ 49
 任务习题 ⋯⋯ 57

学习任务二　汽车柴油发动机起动困难故障诊断与排除 ⋯⋯ 60
 学习活动1　柴油机燃料供给系统的故障诊断与排除 ⋯⋯ 61
 学习活动2　共轨式电控喷油系统的故障诊断与排除 ⋯⋯ 74
 学习活动3　柴油机后处理系统的故障诊断与排除 ⋯⋯ 91
 任务习题 ⋯⋯ 102

学习任务三　汽车发动机加速抖动故障诊断与排除 ⋯⋯ 103
 学习活动1　曲轴位置传感器的故障诊断与排除 ⋯⋯ 104
 学习活动2　凸轮轴位置传感器的故障诊断与排除 ⋯⋯ 116
 学习活动3　点火线圈的故障诊断与排除 ⋯⋯ 124
 学习活动4　爆震传感器的故障诊断与排除 ⋯⋯ 137
 学习活动5　喷油器的故障诊断与排除 ⋯⋯ 147
 任务习题 ⋯⋯ 158

学习任务四　汽车发动机怠速不稳故障诊断与排除 ⋯⋯ 161
 学习活动1　空气流量传感器的故障诊断与排除 ⋯⋯ 162
 学习活动2　进气歧管绝对压力传感器的故障诊断与排除 ⋯⋯ 172

学习活动3　节气门位置传感器的故障诊断与排除 …………………… 184
　　学习活动4　温度传感器的故障诊断与排除 …………………………… 196
　　学习活动5　怠速控制系统的故障诊断与排除 ………………………… 205
　　任务习题 ………………………………………………………………… 212

学习任务五　汽车发动机冒蓝烟故障诊断与排除 ………………………… 215
　　学习活动1　发动机机体组的故障诊断与排除 ………………………… 216
　　学习活动2　活塞连杆组的故障诊断与排除 …………………………… 224
　　学习活动3　曲轴飞轮组的故障诊断与排除 …………………………… 232
　　学习活动4　配气机构的故障诊断与排除 ……………………………… 242
　　学习活动5　润滑系统的故障诊断与排除 ……………………………… 249
　　学习活动6　冷却系统的故障诊断与排除 ……………………………… 257
　　任务习题 ………………………………………………………………… 266

附录　本教材配套数字资源列表 ………………………………………… 269
参考文献 …………………………………………………………………… 270

学习任务一

汽车汽油发动机起动困难故障诊断与排除

学习目标

1. 知识目标

(1) 能够讲述起动系统的作用及工作原理。
(2) 能够讲述电子控制系统的作用及工作原理。
(3) 能够讲述空气供给系统的作用及工作原理。
(4) 能够讲述燃油供给系统的作用及工作原理。
(5) 能够讲述电控点火系统的作用及工作原理。
(6) 能够讲述排放控制系统的作用及工作原理。

2. 技能目标

(1) 能够规范使用常用汽车检测仪器及设备对车辆进行检测。
(2) 熟练规范地完成起动系统的故障诊断与排除。
(3) 熟练规范地完成电子控制系统的故障诊断与排除。
(4) 熟练规范地完成空气供给系统的故障诊断与排除。
(5) 熟练规范地完成燃油供给系统的故障诊断与排除。
(6) 熟练规范地完成电控点火系统的故障诊断与排除。
(7) 熟练规范地完成排放控制系统的故障诊断与排除。

3. 素养目标

(1) 培养爱党报国、敬业奉献、服务人民的意识。
(2) 培养正确的劳动精神,弘扬劳动精神、奋斗精神、奉献精神。
(3) 了解安全操作要求,养成安全文明操作的习惯。
(4) 培养组员之间互相协作的习惯。
(5) 实施操作结束后,按"8S"管理要求完成相关事项。

参考学时

48 学时。

任务描述

一辆汽车进厂维修,客户反映汽车发动机可以起动但是起动困难,需对其进行故障诊断与排除。

学习活动1　起动系统的故障诊断与排除

一、明确任务

根据任务描述,发动机无法起动,对故障车辆进行检测,需要对起动系统部件进行检查与更换,使其恢复正常使用性能。

二、工作准备与计划制订

(一)知识准备

1.起动系统的作用

发动机必须依靠外力带动曲轴旋转后,才能进入正常工作状态,通常把汽车发动机曲轴在外力作用下,从开始转动到怠速运转的全过程,称为发动机的起动。起动系统的作用就是给_____提供起动转矩,使_____达到必须的起动转速,以使发动机进入自行运转状态。当发动机进入自由运转状态后,起动系统应立即停止工作。

2.起动系统的组成

起动系统主要由_____、_____、_____、_____、_____组成,如图1-1所示。蓄电池通过一根粗导线直接与起动机相连,负责在起动机工作时提供电能。点火开关是起动系统的控制元件,当其旋到"ST"挡时,接通起动继电器线圈的电路,控制着起动继电器的工作状态。起动继电器连接着起动机电磁开关电路,当起动继电器触点闭合时,接通起动机电磁开关的控制电路。

3.起动系统的工作过程

如图1-2所示,打开点火开关,将其旋到"ST"挡,蓄电池的电流经过易熔丝EF33、EF01、EF18进入点火开关,然后进入起动继电器线圈,产生电磁力,吸动起动继电器的常开触点闭合。

当起动继电器的触点闭合时,蓄电池的电流通过易熔丝EF33、EF15进入起动机控制装置。起动机控制装置一方面使其电枢缓慢旋转带动传动机构与发动机飞轮齿圈啮合,一方面使其触点闭合。

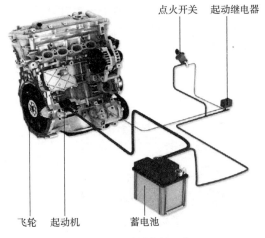

图1-1 起动系统的组成

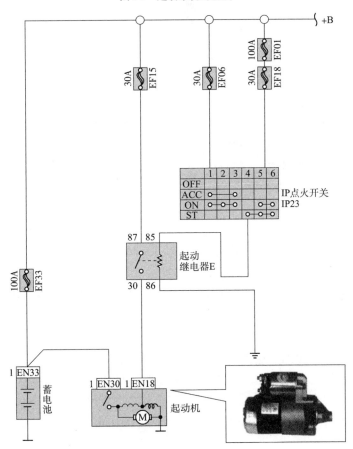

图1-2 起动系统的工作过程

当起动机控制机构触点闭合后,蓄电池的大电流通过其与起动机连接的粗导线,进入起动机磁场、电枢绕组,起动机磁场、电枢绕组产生了一个大的转矩,带动发动机曲轴转动,发动机起动。

当发动机起动后，松开点火开关，点火开关由"ST"挡转到"ON"挡，这时，起动机控制装置因没有电力支持，电枢退出与飞轮齿圈啮合，触点打开，起动完毕。

4. 起动机的组成及其分类

1）起动机的组成

起动机由_____、_____和_____三大部分组成，如图 1-3 所示。

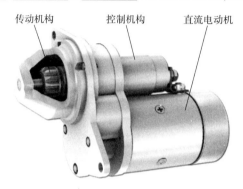

图 1-3　起动机的组成

直流电动机的作用是将蓄电池输入的_____转换为_____，产生电磁转矩。

传动机构的作用是利用驱动齿轮啮入发动机飞轮齿圈，将_____的电磁转矩传给曲轴，并及时切断曲轴与电动机之间的动力传递，防止曲轴反拖。

控制机构的作用是接通或切断_____与蓄电池之间的主电路，并使驱动小齿轮进入或退出啮合。有些起动机控制机构还有副开关，能在起动时将点火线圈附加电阻短路，以增大起动时的点火能量。

2）起动机的分类

（1）按控制机构分。

①机械控制式起动机。它是由驾驶员利用脚踏（或手动）直接操纵机械式起动开关_____和_____起动电路，通常称为直接操纵式起动机。

②电磁控制式起动机，又称为电磁操纵式起动机。它是由驾驶员旋动点火开关或按下起动按钮，通过电磁开关_____和_____起动电路。

（2）按传动机构分。

①惯性啮合式起动机。这种起动机的离合器是靠_____的作用产生轴向移动，使驱动齿轮啮入和退出飞轮齿圈。由于可靠性差，现代汽车已不再使用。

②强制啮合式起动机。它是靠人力或电磁力经拨叉推移_____，强制性地使驱动齿轮啮入和退出飞轮齿圈。因其具有结构简单，动作可靠，操纵方便等优点，被现代汽车普遍采用。

③电磁啮合式起动机。它是靠电动机内部辅助磁极的_____，吸引电枢做轴向移动，将驱动齿轮啮入飞轮齿圈，起动结束后再由复位弹簧使电枢回位，让驱动齿轮退出飞轮齿圈。所以，电磁啮合式起动机又称电枢移动式起动机，多用于大功率的柴油汽车上。

5. 起动机的型号

根据《汽车电气设备产品型号编制方法》(QC/T 73—1993)的规定,起动机的型号由五部分组成,如图1-4所示。

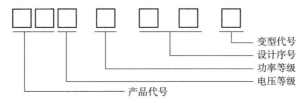

图1-4 起动机型号

(1)产品代号。QD、QDJ和QDY分别表示起动机、减速型起动机和永磁型起动机。

(2)电压等级代号。1——12V;2——24V。

(3)功率等级代号。起动机的功率等级代号含义见表1-1。

起动机的功率等级代号　　　　表1-1

功率等级代号	1	2	3	4	5	6	7	8	9
功率(kW)	0~1	1~2	2~3	3~4	4~5	5~6	6~7	7~8	8~9

例如:QD124表示额定电压为12V,功率为1~2kW,第四次设计的起动机。

(二)制订工作方案

1.任务分工(表1-2)

学生任务分配表　　　　表1-2

班级		组号		指导老师	
组长		任务分工			
组员1		任务分工			
组员2		任务分工			
组员3		任务分工			
组员4		任务分工			
组员5		任务分工			
组员6		任务分工			

2.工量具、仪器设备与耗材准备

(1)使用的工量具有:_____。

(2)使用的仪器设备有:_____。

(3)使用的耗材有:_____。

3. 具体方案描述

_____
_____
_____
_____

三、计划实施

(一) 安全注意事项及技能要点

1. 安全注意事项

(1) 连接汽车故障诊断仪之前,需将点火开关处于关闭状态。

(2) 拆拔起动机线束之前,需要断开蓄电池负极。

2. 技能要点

(1) 能正确使用数字万用表和汽车故障诊断仪。

(2) 依据汽车维修操作要求,规范熟练地完成起动系统的故障诊断与排除。

(二) 任务实施

起动系统检测的操作方法及说明见表1-3。

检测前操作　　起动系统的检测

起动系统检测的操作方法及说明　　　　　表1-3

步骤	操作方法及说明	质量标准及记录
1. 前期准备	(1) 车辆信息填写; (2) 安装防护三件套(座椅套、转向盘套、脚垫); (3) 安装翼子板布和前格栅布	□正确安装 □按8S要求整理
2. 安全检查	(1) 安装车轮挡块; (2) 插入尾气排放管; (3) 检查驻车制动和挡位; (4) 检查机油液位、冷却液液位、制动液液位、蓄电池电压	□正确安装 □正确使用数字万用表 □按8S要求整理
3. 仪器连接	点火开关关闭,正确连接汽车故障诊断仪	□正确连接 □按8S要求整理
4. 故障现象确认	(1) 起动发动机前,确认车辆周围环境是否安全; (2) 起动发动机时,观察起动状况,确认故障症状并记录症状现象	□正确观察 □按8S要求整理
5. 故障码检查和确定故障范围	(1) 正确读取数据和清除故障码; (2) 确定故障范围	□正确使用故障诊断仪 □正确记录 □按8S要求整理

续上表

步骤	操作方法及说明	质量标准及记录
6. 基本检查	检查起动机的安装状态	□正确检查安装状态
7. 就车拆卸起动机	(1)拆下端子 50 接线柱； 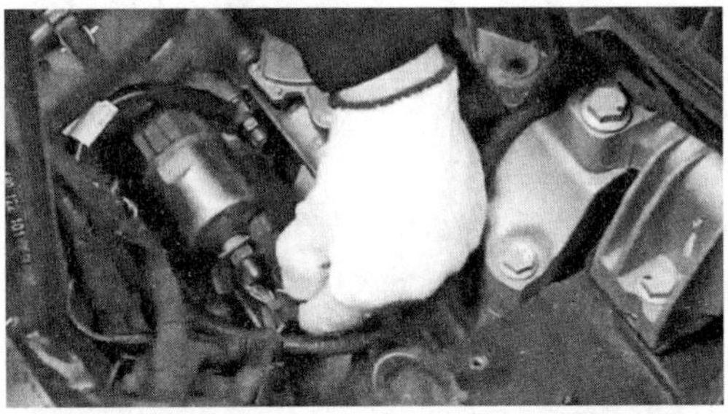 (2)拆下端子 30 接线柱；  (3)拆下起动机固定螺栓 	□正确使用工具 □正确使用数字万用表 □正确拆卸接线柱 □正确拆卸固定螺栓 □按 8S 要求整理
8. 起动机的解体和装复	起动机解体前应清洁外部的油污和灰尘，然后按下列步骤进行解体： (1)旋出防尘盖固定螺钉，取下防尘盖，用专用钢丝钩取出电刷，拆下电枢轴上止推圈处的卡簧； 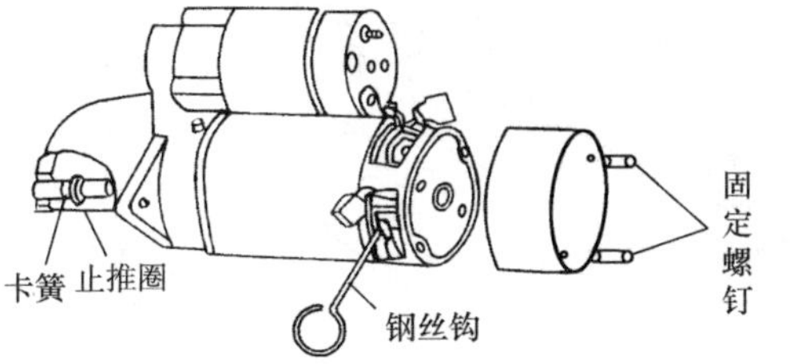 卡簧 止推圈　　钢丝钩　　固定螺钉 (2)用扳手旋出两个紧固穿心螺栓，取下前端盖，抽出电枢；	□正确使用工具 □规范摆放起动机部件 □按 8S 要求整理

续上表

步骤	操作方法及说明	质量标准及记录
8.起动机的解体和装复	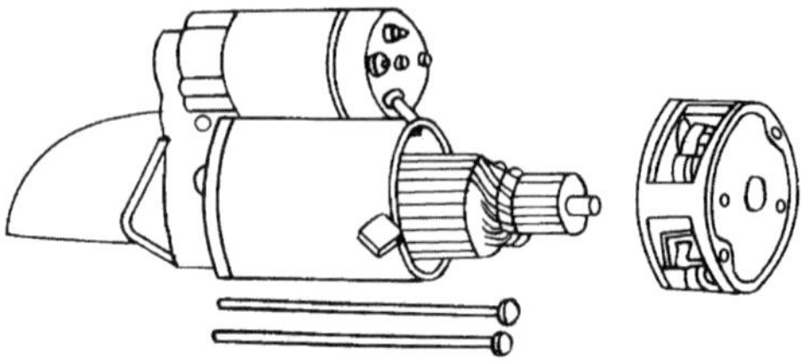 （3）拆下电磁开关主接线柱与电动机接线柱间的导电片，旋出后端盖上的电磁开关紧固螺钉，使电磁开关后端盖与中间壳体分离； 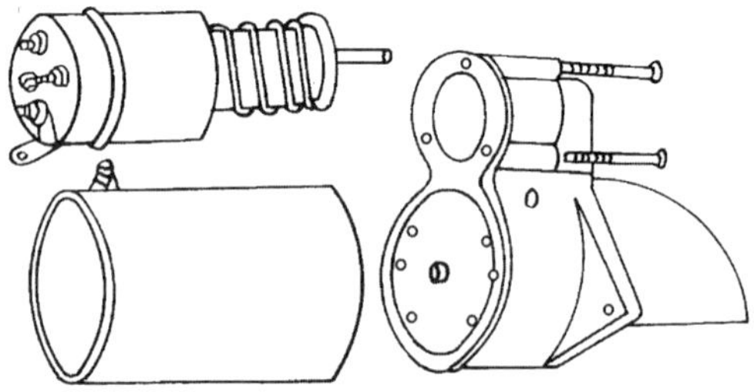 （4）从后端盖上旋下中间支撑板紧固螺钉，取下中间支撑板，旋出拨叉轴销螺钉，抽出拨叉，取出离合器； 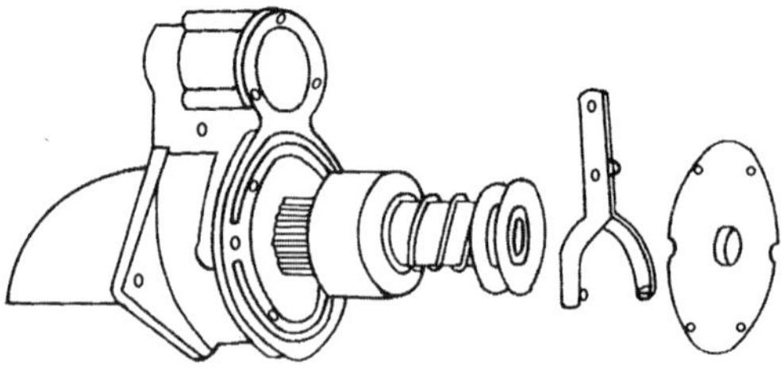 （5）将已解体的机械部分浸入清洗液中清洗，电气部分用棉布蘸少量汽油擦拭干净； （6）起动机的装复，起动机的形式不同，具体装复的步骤也不完全相同，但基本原则是按分解时的相反步骤进行	
9.起动机的不解体检测	（1）吸引线圈性能检测，接线方法如下图所示，驱动齿轮应能伸出，否则表明其功能不正常； 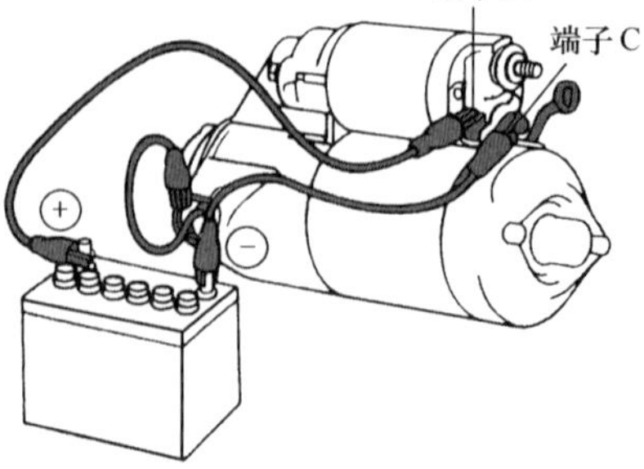	□正确使用工具

续上表

步骤	操作方法及说明	质量标准及记录
9.起动机的不解体检测	（2）保持线圈性能检测，接线方法如下图所示，在驱动齿轮移出之后，从端子C上拆下导线，驱动齿轮仍能保留在伸出位置，否则表明保持线圈损坏或搭铁不正确； 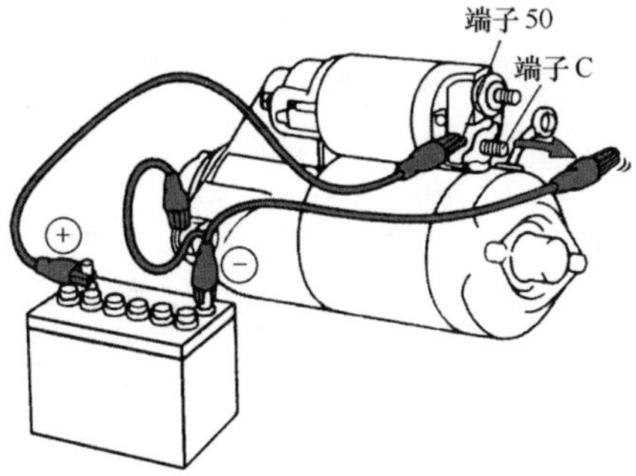 （3）驱动齿轮回位测试，接线方法如下图所示，拆下蓄电池负极接外壳的接线夹后，驱动齿轮能迅速返回原始位置即为正常； 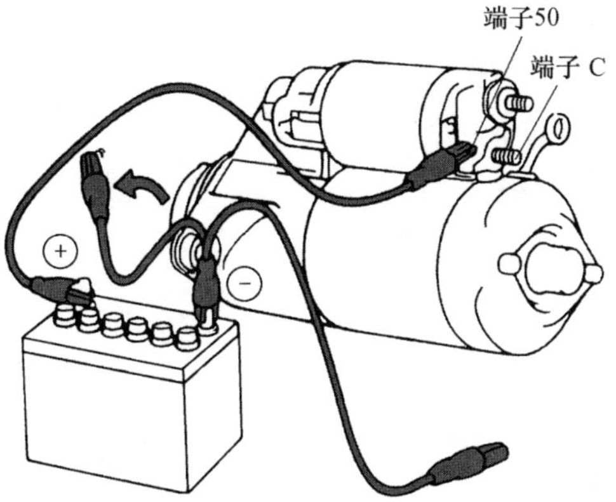 （4）驱动齿轮间隙的检查，接线方法如下图所示，连接蓄电池和电磁开关，测量时先把驱动齿轮推向电枢方向，消除间隙后测驱动齿轮端和止动套圈间的间隙，并和标准值进行比较； 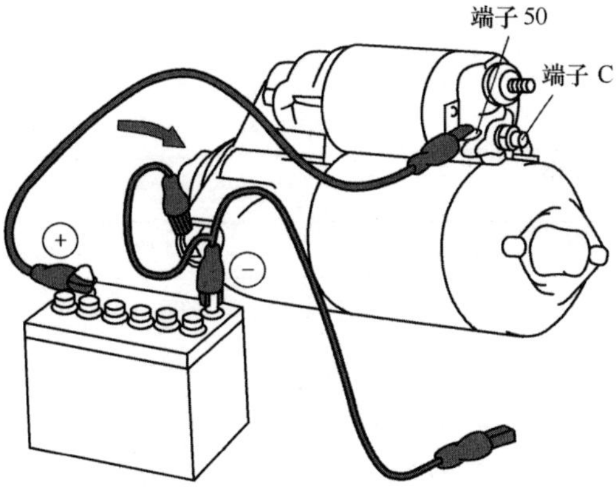	□正确使用游标卡尺 □正确使用安培表 □正确连接线路 □按8S要求整理

续上表

步骤	操作方法及说明	质量标准及记录
9.起动机的不解体检测	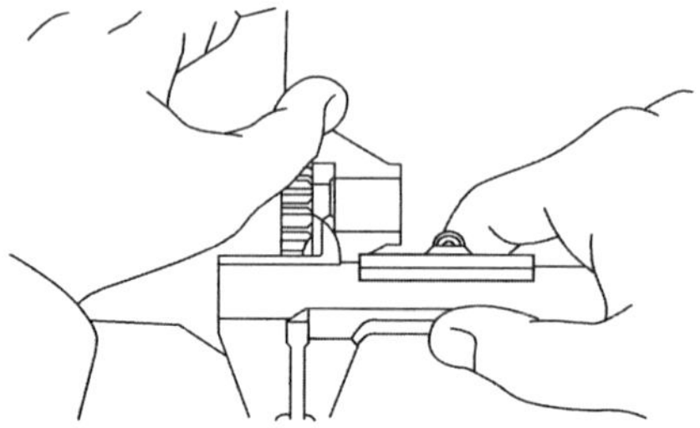 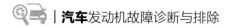 (5)空载测试,接线方法如下图所示,检查起动机是否平稳运转,同时驱动齿轮应移出,读取安培表的数值,应符合标准值,断开端子50后,起动机应立即停止转动,同时驱动齿轮缩回 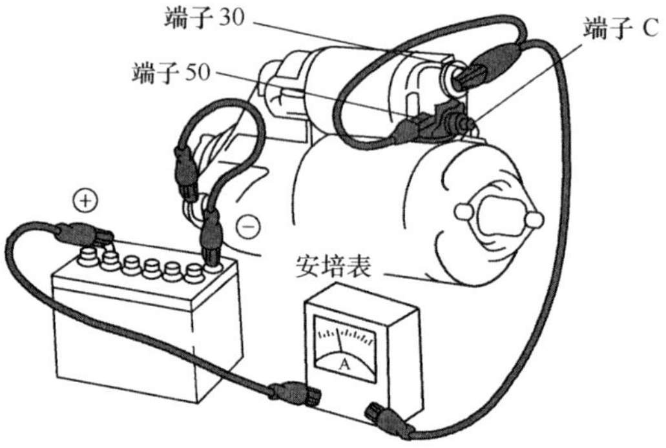	
10.维修结果确认	修复后再次检查故障码和数据流	□正确使用故障诊断仪 □按8S要求整理
11.现场恢复	(1)汽车故障诊断仪、数字万用表、博世208接线盒、世达150件工具组套恢复到位; (2)车辆恢复; (3)地面卫生打扫干净	□按8S要求整理

四、评价反馈(表1-4)

评价表　　　　表1-4

评分项目	评分标准	分值(分)	得分(分)
学习目标	能明确本任务的知识、技能、素养目标,理解任务在工作中的重要程度	5	
工作任务分析	能清晰描述完成本次工作任务内容	2	
	能清晰描述完成本次工作任务需必备的技能与知识点	2	

续上表

评分项目	评分标准	分值(分)	得分(分)
有效信息获取	能准确讲述起动机的作用,并在发动机上指明部件所在位置	5	
	能准确讲述起动机的类型	5	
	结合控制原理图,能准确讲述起动机的控制原理	5	
实施方案制订	能清晰地制订并填写本次起动系统的故障诊断与排除的准备作业计划	5	
	能组织或协同工作小组成员,明确本次任务所需仪器设备、工具、材料的准备与清点,并准备记录	5	
	能组织或协同工作小组成员交流,优化检查方案并记录	5	
任务实施	能规范完成前期准备	2	
	能规范完成安全检查	3	
	能规范完成仪器连接	3	
	能规范完成故障现象确认	3	
	能规范完成故障码检查和确定故障范围	3	
	能规范完成基本检查	3	
	能规范完成就车拆装起动机	10	
	能规范完成起动机的不解体检查	10	
	能规范完成维修结果确认	3	
	能规范完成现场恢复	5	
任务评价	能通过本次任务实施,结合自己在实训过程中的表现,进行自我评价及自我反思并记录	3	
职业素养	按规定时间完成项目作业	2	
	遵守实训室管理规定、劳动纪律	2	
	积极参与课堂活动、回答问题	2	
	能够按时出勤	2	
思政要求	有劳动精神、奋斗精神、奉献精神、团队合作精神	5	
总计		100	

改进建议:

教师签字:
日期:

学习活动 2 电子控制系统的故障诊断与排除

一、明确任务

根据任务描述,发动机故障指示灯点亮并闪烁,对故障车辆进行检测,需要对电子控制系统部件进行检查与更换,使其恢复正常使用性能。

二、工作准备与计划制订

(一)知识准备

1. 电子控制系统

电子控制系统负责收集发动机的工况信息,确定最佳_____、最佳_____和最佳_____,主要由_____、_____和_____三大部分组成,如图1-5所示。

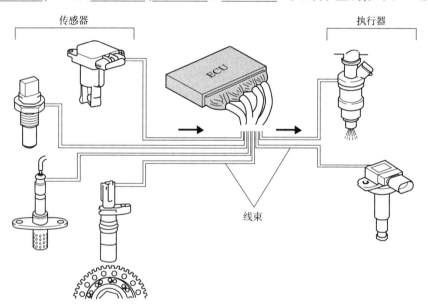

图1-5 电子控制系统的组成

1)传感器

传感器是装在发动机各个位置的信号装置,用来检测发动机运行状态下的各种参数,并将它们转换成_____,再输送给_____。传感器相当于人的"眼睛、耳朵和鼻子"。电控汽油发动机一般安装有_____、_____、曲轴位置传感器、凸轮轴位置传感器、节气门位置传感器、冷却液温度传感器、进气温度传感器、氧传感器和爆燃传感器等。

（1）空气流量传感器。空气流量传感器安装在空气滤清器后方的进气总管上,用于测量_____,并将进气量转换成电信号输送给ECU,是_____和_____的主控信号,如图1-6所示。

（2）进气压力传感器。进气压力传感器安装在节气门后方的进气管道上,用于测量_____,并将进气歧管压力转换成电信号输送给ECU,作为_____和_____的主控信号,如图1-7所示。

图1-6　空气流量传感器

图1-7　进气压力传感器

（3）曲轴位置传感器。曲轴位置传感器又称_____,一般安装在曲轴前端或后端的汽缸体上,用于测量_____,给ECU提供发动机转速和曲轴转角信号,作为_____和_____的主控信号,如图1-8所示。

（4）凸轮轴位置传感器。凸轮轴位置传感器一般安装在凸轮轴前端或后端的壳体上,用于给ECU提供_____,作为_____和_____的主控信号,如图1-9所示。

图1-8　曲轴位置传感器

图1-9　凸轮轴位置传感器

（5）节气门位置传感器。节气门位置传感器安装在节气门阀体上,通常与节气门做成一体,用于检测节气门开度及开度变化,并将此信号转变为电信号输送给ECU,用于_____和其他辅助控制,如图1-10所示。

（6）冷却液温度传感器。冷却液温度传感器安装在汽缸盖上或发动机出水口的管道上,用于给ECU提供_____,作为_____和_____的修正信号,如图1-11所示。

（7）进气温度传感器。进气温度传感器安装在进气管上,大部分车型将其与空气流量传感器或进气压力传感器做成一体,用于给ECU提供_____,作为_____和_____的修正信号,如图1-12所示。

图 1-10　节气门位置传感器　　　　图 1-11　冷却液温度传感器

（8）氧传感器。氧传感器安装在_____上，用来检测_____，将氧的含量转变为电信号并输送给 ECU，作为空燃比的反馈信号，进行喷油量的_____，如图 1-13 所示。

图 1-12　进气温度传感器　　　　　图 1-13　氧传感器

（9）爆燃传感器。爆燃传感器安装在_____上，如图 1-14 所示，用于检测发动机_____，将此信号转变为电信号输送给 ECU，作为_____修正（反馈）信号。

2）发动机电控单元

发动机电控单元简称 ECU，根据发动机_____发送来的信号，按照一定的程序进行运算、储存和分析处理，然后输出指令，控制执行元件工作，以达到快速、准确、自动地控制发动机工作的目的。发动机电控单元相当于人的"大脑"，如图 1-15 所示。

图 1-14　爆燃传感器　　　　　图 1-15　发动机电控单元

3）执行器

执行器接收_____的指令，完成必要的动作，如喷油、点火等。执行器相当于人的"手和脚"。电控汽油发动机上一般有_____、_____、_____、怠速控制阀和真空电磁阀等执行器。

（1）电动燃油泵。电动燃油泵一般安装在燃油箱内，如图1-16所示，向发动机提供一定压力的燃油。

（2）喷油器。喷油器安装在_____的末端，如图1-17所示，在ECU的控制下打开或关闭，喷射适时、适量的燃油。

图1-16　电动燃油泵　　　图1-17　喷油器

（3）点火线圈。点火线圈安装在各缸火花塞的顶部，如图1-18所示，其作用是根据ECU的指令，适时产生高电压，使火花塞产生_____，点燃汽缸内的_____。

（4）怠速控制阀。怠速控制阀一般安装在_____上，如图1-19所示，其作用是在怠速时由ECU控制进气量，根据不同怠速工况满足怠速对空气的需要。

图1-18　点火线圈　　　图1-19　怠速控制阀

（5）真空电磁阀。真空电磁阀一般安装在发动机进气管的旁边，如图1-20所示，其作用是在ECU的控制下打开或关闭真空管路，用于_____或_____等。

图1-20　真空电磁阀

2. ECU 电源控制电路

ECU 必须有合适的供电电压才能可靠工作,当 ECU 供电电压降到一定值(一般为10V)以下,就无法工作。所以,ECU 的电源电路很重要,在实际维修过程中也经常会遇到由于 ECU 电源电路的问题而出现的故障。

ECU 电源电路由三部分组成:_____、_____、_____。

(二)制订工作方案

1. 任务分工(表1-5)

学生任务分配表　　　　　　　　　表1-5

班级		组号		指导老师	
组长		任务分工			
组员1		任务分工			
组员2		任务分工			
组员3		任务分工			
组员4		任务分工			
组员5		任务分工			
组员6		任务分工			

2. 工量具、仪器设备与耗材准备

(1)使用的工量具有:_____。

(2)使用的仪器设备有:_____。

(3)使用的耗材有:_____。

3. 具体方案描述

_____
_____
_____
_____

三、计划实施

(一)安全注意事项及技能要点

1. 安全注意事项

(1)连接汽车故障诊断仪之前,需将点火开关处于关闭状态。

(2)插拔电子部件线束之前,需要断开蓄电池负极。

2. 技能要点

（1）能正确使用数字万用表和汽车故障诊断仪。

（2）依据汽车维修操作要求，熟练规范地完成电子控制系统的故障诊断与排除。

（二）任务实施

电子控制系统检测的操作方法及说明见表1-6。

电子控制系统的检测

表1-6 电子控制系统检测的操作方法及说明

步骤	操作方法及说明	质量标准及记录
1.前期准备	（1）车辆信息填写； （2）安装防护三件套（座椅套、转向盘套、脚垫）； （3）安装翼子板布和前格栅布	□正确安装 □按8S要求整理
2.安全检查	（1）安装车轮挡块； （2）插入尾气排放管； （3）检查驻车制动和挡位； （4）检查机油液位、冷却液液位、制动液液位、蓄电池电压	□正确安装 □正确使用数字万用表 □按8S要求整理
3.仪器连接	点火开关关闭，正确连接汽车故障诊断仪	□正确连接 □按8S要求整理
4.故障现象确认	（1）起动发动机前，确认车辆周围环境是否安全； （2）起动发动机时，观察起动状况，确认故障症状并记录症状现象	□正确观察 □按8S要求整理
5.故障码检查和确定故障范围	（1）正确读取数据和清除故障码； （2）确定故障范围	□正确使用故障诊断仪 □正确记录 □按8S要求整理
6.基本检查	检查ECU安装情况，螺栓是否安装牢固，轻轻晃动ECU，是否有明显松动	□正确检查安装状态
7.检查电控系统线束连接是否良好	（1）在关闭点火开关的情况下，检查ECU连接器，其簧片否接触良好，插脚有无烧黑及变色等；	□正确使用故障诊断仪 □正确检查ECU □正确检查线束 □按8S要求整理

续上表

步骤	操作方法及说明	质量标准及记录
7. 检查电控系统线束连接是否良好	（2）检查电控系统线束和连接器的连接状况，线束外壳是否有破裂，连接器是否有损坏； 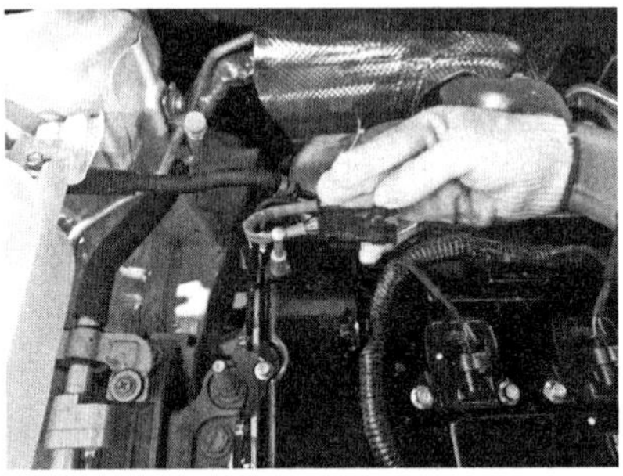 （3）检查每个传感器和执行器外壳有无明显的损伤；  （4）观察发动机故障指示灯，起动发动机后故障指示灯熄灭；  （5）连接诊断仪，读取静态故障码、冻结帧和数据流，检查ECU是否记录故障码 	

续上表

步骤	操作方法及说明	质量标准及记录
8.起动发动机进行测试	(1)运转发动机并检查进、排气歧管及氧传感器处是否有泄漏；  (2)起动发动机,检查有无爆震、有无敲缸、有无失速、有无进气管或排气管放炮等现象 	□正确检查部件情况 □正确点火测试 □按8S要求整理
9.维修结果确认	修复后再次检查故障码和数据流	□正确使用故障诊断仪 □按8S要求整理
10.现场恢复	(1)汽车故障诊断仪、数字万用表、接线盒、工具组套恢复到位； (2)车辆恢复； (3)地面卫生打扫干净	□按8S要求整理

四、评价反馈(表1-7)

评价表　　　　　　　　　　　　　　　　　　　表1-7

评分项目	评分标准	分值(分)	得分(分)
学习目标	能明确本任务的知识、技能、素养目标,理解任务在工作中的重要程度	5	
工作任务分析	能清晰描述完成本次工作任务内容	2	
	能清晰描述完成本次工作任务需必备的技能与知识点	2	

续上表

评分项目	评分标准	分值(分)	得分(分)
有效信息获取	能准确讲述电子控制系统的作用,并在发动机上指明部件所在位置	5	
	能准确讲述电子控制系统的组成	5	
	结合控制原理图,能准确讲述电子控制系统的控制原理	5	
实施方案制订	能清晰地制订并填写本次电子控制系统的故障诊断与排除的准备作业计划	5	
	能组织或协同工作小组成员,明确本次任务所需仪器设备、工具、材料的准备与清点,并准备记录	5	
	能组织或协同工作小组成员交流,优化检查方案并记录	5	
任务实施	能规范完成前期准备	2	
	能规范完成安全检查	3	
	能规范完成仪器连接	3	
	能规范完成故障现象确认	3	
	能规范完成故障码检查和确定故障范围	3	
	能规范完成基本检查	3	
	能规范完成电控系统线束连接的检查	10	
	能规范完成发动机的测试	10	
	能规范完成维修结果确认	3	
	能规范完成现场恢复	5	
任务评价	通过本次任务实施,结合自己在实训过程中的表现,进行自我评价及自我反思并记录	3	
职业素养	按规定时间完成项目作业	2	
	遵守实训室管理规定、劳动纪律	2	
	积极参与课堂活动、回答问题	2	
	能够按时出勤	2	
思政要求	有劳动精神、奋斗精神、奉献精神、团队合作精神	5	
总计		100	

改进建议:

教师签字:
日期:

学习活动 3　空气供给系统的故障诊断与排除

一、明确任务

根据任务描述,发动机故障指示灯点亮并闪烁,对故障车辆进行检测,需要对空气供给系统部件进行检查与更换,使其恢复正常使用性能。

二、工作准备与计划制订

(一)知识准备

1. 空气供给系统的作用

空气供给系统作用是为发动机提供清洁的空气并控制发动机的正常工作时的进气量。

2. 空气供给系统的组成

空气供给系统的组成如图 1-21 所示,主要由_____、_____、_____、_____、怠速空气调整体、谐振腔、动力腔、进气歧管等组成。有些发动机为了提高气压增加充气量,应用了涡轮增压技术和二次进气技术。发动机工作时,驾驶员通过加速踏板操纵节气门的开度,以此来改变进气量,控制发动机的运转。进入发动机的空气经空气滤清器滤去尘埃等杂质后,经空气流量传感器,沿节气门通道进入动力腔,再经进气歧管分配到各缸中。

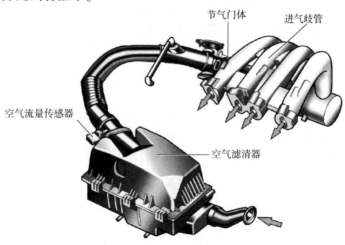

图 1-21　空气供给系统

(1) 空气滤清器。

空气滤清器是主要负责清除空气中的微粒杂质的装置。活塞式机械(内燃机、往复压缩机等)工作时,如果吸入空气中含有灰尘等杂质就将加剧零件的磨损,所以必须装有空气滤清器,如图 1-22 所示。

(2) 节气门体。

节气门体(图 1-23)是发动机进气系统的一个阀门,起控制发动机吸气量的作用。其为一个圆形的钢片,中间有一根轴,和油门拉线连接,并由油门拉线控制。节气门体一般分三部分:执行器、节气门片和节气门位置传感器,它们一般被封装为一体。旁边的水管起废气回流的作用,使排放在一定的范围内。

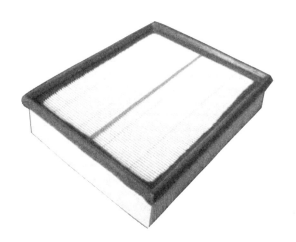 

图 1-22　空气滤清器　　　　　　　　图 1-23　节气门体结构

发动机电子节气门是汽车发动机进气系统中的一个关键部件,它取代了传统的机械拉索式节气门,通过电子信号来控制发动机的进气量。其工作原理是:驾驶人踩下加速踏板时,踏板位置传感器将信号传递给发动机控制单元(ECU),ECU 根据接收到的信号以及其他相关传感器(如空气流量传感器、进气压力传感器等)提供的信息,计算出合适的节气门开度,并向节气门驱动电机发送指令,驱动电机调整节气门的开度,从而控制发动机的进气量。

(3) 进气歧管。

进气歧管位于_____与_____之间,之所以称为歧管,是因为空气进入节气门后,经过歧管缓冲后,空气流道就在此分歧了,对应发动机汽缸的数量,如四缸发动机就有四道,五缸发动机则有五道,将空气分别导入各汽缸中。以自然进气发动机来说,由于进气歧管位于节气门之后,所以当发动机节气门开度小时,汽缸内无法吸到足量的空气,就会造成歧管真空度高;而当发动机节气门开度大时,进气歧管内的真空度就会变小。因此,喷射供油发动机都会在进气歧管上装设一个压力传感器,使 ECU 判定发动机负荷,而给予适量的喷油,如图 1-24 所示。

图 1-24 进气歧管

3. 空气供给系统的工作原理

发动机工作时,空气经_____后,通过_____和(L 型)节气门体进入进气总管,再通过进气歧管分配给各缸。节气门体中设置有节气门,从而控制进入发动机的空气量,进而控制发动机的_____。在节气门的外部或内部设有与主进气道并联的旁通怠速进气通道,并由怠速控制阀控制怠速时进气量。

(1) D 型喷射系统。进气歧管压力传感器测量的是进气歧管内的_____,流经怠速控制阀的空气也在此检测范围之内,怠速控制阀由_____直接控制。D 型喷射系统的组成如图 1-25 所示。

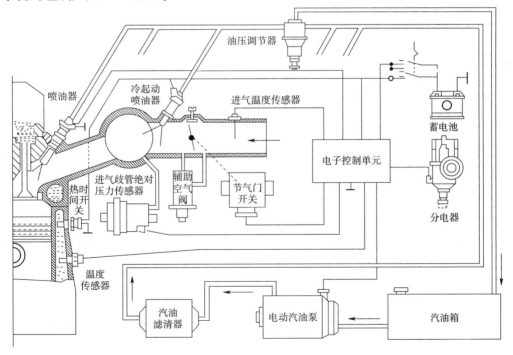

图 1-25 D 型喷射系统

（2）L 型喷射系统。流经怠速控制阀的空气首先经过_____测量，直接测量发动机进气量，控制精度比 D 型更高。L 型喷射系统的组成如图 1-26 所示。

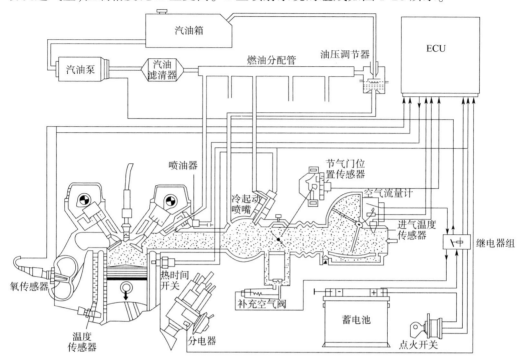

图 1-26　L 型喷射系统

（二）制订工作方案

1. 任务分工（表 1-8）

学生任务分配表　　　　　　　　　　表 1-8

班级		组号		指导老师	
组长		任务分工			
组员 1		任务分工			
组员 2		任务分工			
组员 3		任务分工			
组员 4		任务分工			
组员 5		任务分工			
组员 6		任务分工			

2. 工量具、仪器设备与耗材准备

（1）使用的工量具有：_____。

（2）使用的仪器设备有：_____。

（3）使用的耗材有：_____。

3. 具体方案描述

_____

_____

_____

_____

三、计划实施

(一) 安全注意事项及技能要点

1. 安全注意事项

(1) 连接汽车故障诊断仪之前,需将点火开关处于关闭状态。

(2) 拆拔电子部件线束之前,需要断开蓄电池负极。

2. 技能要点

(1) 能正确使用数字万用表和汽车故障诊断仪。

(2) 依据汽车维修操作要求,熟练规范地完成空气供给系统的故障诊断与排除。

(二) 任务实施

空气供给系统检测的操作方法及说明见表1-9。

空气供给系统的检测

空气供给系统检测的操作方法及说明　　表1-9

步骤	操作方法及说明	质量标准及记录
1. 前期准备	(1) 车辆信息填写; (2) 安装防护三件套(座椅套、转向盘套、脚垫); (3) 安装翼子板布和前格栅布	□正确安装 □按8S要求整理
2. 安全检查	(1) 安装车轮挡块; (2) 插入尾气排放管; (3) 检查驻车制动和挡位; (4) 检查机油液位、冷却液液位、制动液液位、蓄电池电压	□正确安装 □正确使用数字万用表 □按8S要求整理
3. 仪器连接	点火开关关闭,正确连接汽车故障诊断仪	□正确连接 □按8S要求整理
4. 故障现象确认	(1) 起动发动机前,确认车辆周围环境是否安全; (2) 起动发动机时,观察起动状况,确认故障症状并记录症状现象	□正确观察 □按8S要求整理

续上表

步骤	操作方法及说明	质量标准及记录
5.故障码检查和确定故障范围	(1)正确读取数据和清除故障码； (2)确定故障范围	□正确使用故障诊断仪 □正确记录 □按8S要求整理
6.基本检查	(1)检查并按压空气滤清器软管总成,应无损坏,安装紧固；  (2)检查通风软管,应无损坏,无老化,安装紧固；  (3)检查制动助力器真空软管,应无损坏,无老化,安装紧固 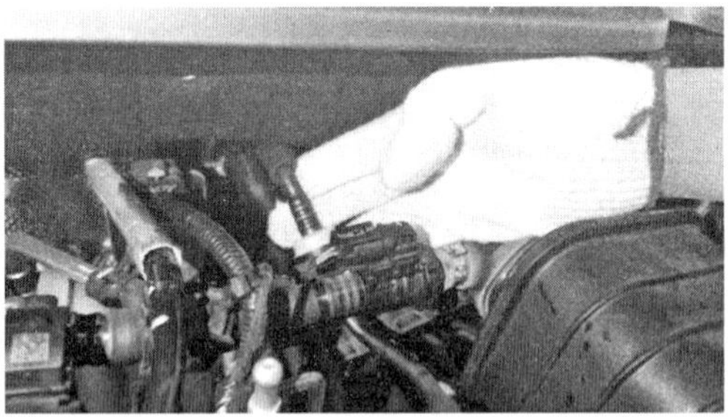	□正确检查安装状态
7.检查空气供给系统各部件连接是否良好	(1)检查各连接面衬垫、卡箍等是否有破损、泄漏现象； 	□正确使用故障诊断仪 □正确检查各部件连接 □正确检查线束 □按8S要求整理

续上表

步骤	操作方法及说明	质量标准及记录
7.检查空气供给系统各部件连接是否良好	(2)检查空气流量传感器及连接器,无松动、脱落,线束及外壳无损坏; 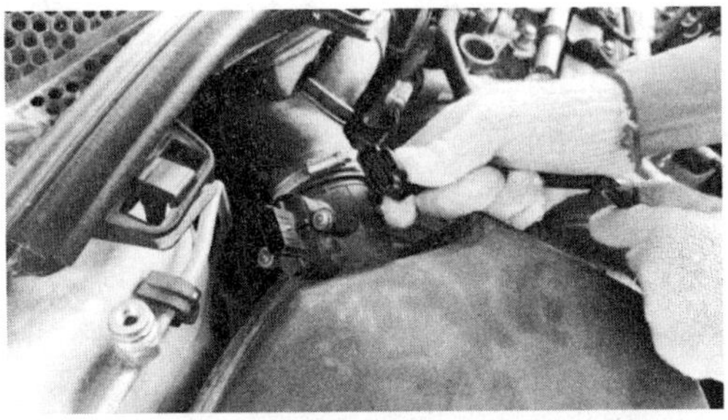 (3)检查节气门体,卡箍安装牢固,无松脱,无断裂;  (4)检查空气滤清器,无污垢,安装正确	
8.起动发动机进行测试	起动发动机,检查发动机工作情况 	□正确点火测试 □按8S要求整理
9.维修结果确认	修复后再次检查故障码和数据流	□正确使用故障诊断仪 □按8S要求整理
10.现场恢复	(1)汽车故障诊断仪、数字万用表、接线盒、工具组套恢复到位; (2)车辆恢复; (3)地面卫生打扫干净	□按8S要求整理

四、评价反馈(表1-10)

评价表 表1-10

评分项目	评分标准	分值(分)	得分(分)
学习目标	能明确本任务的知识、技能、素养目标,理解任务在工作中的重要程度	5	
工作任务分析	能清晰描述完成本次工作任务内容	2	
	能清晰描述完成本次工作任务需必备的技能与知识点	2	
有效信息获取	能准确讲述空气供给系统的作用,并在发动机上指明部件所在位置	5	
	能准确讲述空气供给系统的组成	5	
	结合控制原理图,能准确讲述空气供给系统的控制原理	5	
实施方案制订	能清晰地制订并填写本次空气供给系统的故障诊断与排除的准备作业计划	5	
	能组织或协同工作小组成员,明确本次任务所需仪器设备、工具、材料的准备与清点,并准备记录	5	
	能组织或协同工作小组成员交流,优化检查方案并记录	5	
任务实施	能规范完成前期准备	2	
	能规范完成安全检查	3	
	能规范完成仪器连接	3	
	能规范完成故障现象确认	3	
	能规范完成故障码检查和确定故障范围	3	
	能规范完成基本检查	3	
	能规范完成空气供给系统各部件的检查	10	
	能规范完成发动机的测试	10	
	能规范完成维修结果确认	3	
	能规范完成现场恢复	5	
任务评价	通过本次任务实施,结合自己在实训过程中的表现,进行自我评价及自我反思并记录	3	
职业素养	按规定时间完成项目作业	2	
	遵守实训室管理规定、劳动纪律	2	
	积极参与课堂活动、回答问题	2	
	能够按时出勤	2	

续上表

评分项目	评分标准	分值(分)	得分(分)
思政要求	有劳动精神、奋斗精神、奉献精神、团队合作精神	5	
总计		100	

改进建议：

教师签字：
日期：

学习活动4　燃油供给系统的故障诊断与排除

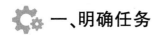

一、明确任务

根据任务描述，发动机无法起动，对故障车辆进行检测，需要对燃油供给系统部件进行检查与更换，使其恢复正常使用性能。

二、工作准备与计划制订

(一)知识准备

1.燃油供给系统的作用

电控燃油供给系统的作用是为发动机提供所需清洁压力燃油。当发动机运行时，发动机控制单元根据_____、_____及其他信号，计算出发动机燃烧所需要的燃油量，并在合适的时刻发出_____，打开喷油器，向进气道或汽缸内喷射适量的燃油，并与空气混合，供给发动机运行，如图1-27所示。

2.燃油供给系统的工作过程

1)着车阶段

当将钥匙转动到ON位置时，行车电脑开始对各传感器和执行器进行自检，并同时接通汽油泵继电器供油，这时如果车厢内部很安静的话，你会听到在油箱里的电子油泵转动的声音，1~2s后，当油压达到标准压力后，汽油泵停转。同时，电脑将向位于节气门处的怠速步进电机供电,使其进入正常位置。这时将钥匙转向 Start 位置,接通起动继电器,起动机开始转动。

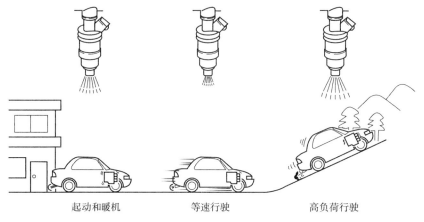

图 1-27 燃油供给系统作用

2)怠速阶段

起动机开始转动后,电脑开始读取位于发动机飞轮处的曲轴位置传感器和位于分电器中的同步传感器这两个传感器的读数,如果读数正常,且两信号数据变化与起动条件吻合,则电脑再根据当前的发动机冷却液温度,进气总管空气温度数据调整怠速步进电机,将怠速调整杆调整到合适位置。一切就绪后,电脑开始根据曲轴位置传感器和同步传感器传来的信号计算出点火时机,并根据冷却液温度和温度传感器的数据计算出喷油脉宽,然后根据计算结果开始向喷油器线路供电。

3)加速工况

当踩下加速踏板时,电脑及时从节气门上的节气门位置传感器读到数值,并结合节气门上的进气歧管绝对压力(真空度)传感器和分动箱上的行车速度传感器共同算出车辆负荷信息,调整喷油脉宽,加大喷油量,完成加速动作。

4)减速工况

当松开加速踏板时,电脑如上述加速工况一样,根据各传感器信号,调整喷油脉宽实现减速,但此时为保证减速效果平稳,电脑会对喷油量进行控制。当松开加速踏板后,又踏上了制动踏板,电脑会从制动踏板下的制动开关处得到信号,该情况下,电脑会停止喷油嘴喷油,以产生最好的发动机制动效果,并且此时,电脑还会调整怠速电机到合适位置,保证在发动机转速低到合适位置时开始喷油,保证不熄火。

因此,燃油供给系统主要由_____、_____、_____、_____、_____等组成,如图 1-28 所示。

3.燃油供给系统的组成

1)燃油箱

燃油箱的作用是储存一定_____,还起着散热、分离油液中的气泡、沉淀杂质等作用,如图 1-29 所示。

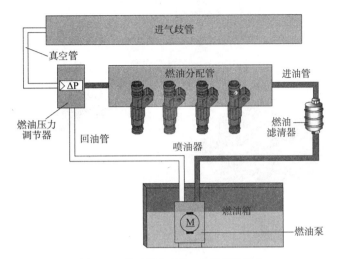

图 1-28　燃油供给系统工作原理及组成

图 1-29　燃油箱

2）燃油泵

燃油泵的作用是把燃油从燃油箱中吸出、加压后输送到供油管中,并通过喷油器给发动机,和燃油压力调节器配合建立一定的燃油压力,在电控汽油喷射系统中应用的电动汽油泵通常有三种类型,即_____、_____和_____,如图 1-30 所示。

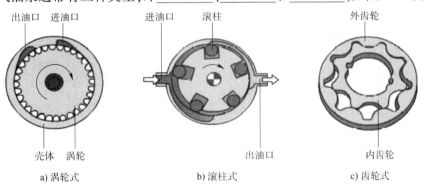

图 1-30　电动燃油泵

3）燃油滤清器

燃油滤清器的作用是把含在燃油中的氧化铁、粉尘等固体杂物除去,防止燃油系统堵塞（特别是油嘴），减少机械磨损，确保发动机稳定运行，提高可靠性，如图 1-31 所示。

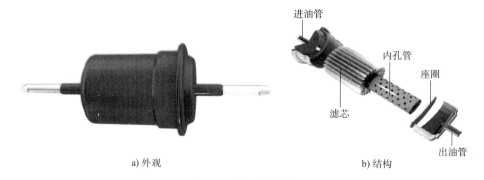

图 1-31 燃油滤清器

4）燃油分配管

燃油分配管的作用是把燃油均匀地分配到各喷油器，因此喷油器都安装在_____上，如图 1-32 所示。

5）燃油压力调节器

（1）有回油管路的燃油调节系统。

根据进气歧管绝对压力的变化来调节系统油压（燃油分配管油压），使燃油压力与进气管压力之差保持常数，使得喷油器的燃油喷射量唯一地取决于它的开启持续时间。在燃油压力的顶力和进气歧管内的负压吸力共同作用下，膜片向上运动，下方的球阀打开，燃油分配管内的燃油就会通过球阀进入回油管回到油箱中，使分配管内压力下降，相同的时间内压力不同，喷油器喷油量就会不同，从而使发动机功率的不同，如图 1-33 所示。

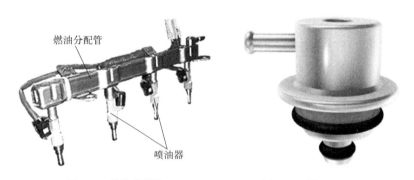

图 1-32 燃油分配管　　图 1-33 燃油压力调节器

燃油压力调节器主要由_____、_____、_____和_____组成，膜片将调节器分成上下两个腔，如图 1-34 所示。

（2）无回油管路的燃油调节系统。

由于带回油管调压系统使得流回燃油箱的汽油有较多的时间与空间吸收发动机的热量，其温度较高，流入燃油箱后，将导致油箱内油温升高，使得油箱内蒸气压力升高,增加了蒸发排放控制系统的工作负荷。同时,也会导致热机起动时,由于泵入供油管路的汽油温度较高,部分汽油汽化而使喷油量减少,降低起动性能。因此,大部分电控发动机采用无回油管路调压系统,如图1-35所示。

图1-34 燃油压力调节器结构

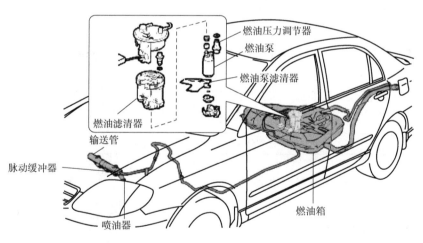

图1-35 无回油管路调压系统

这种燃油调节方法是将燃油压力调节器直接安装在燃油泵附近,当燃油压力超过压力调节器的弹簧的压力时,阀门开启,使燃油回流到燃油箱并调节压力,使输送至发动机的燃油压力控制在一个恒定的压力值,如图1-36所示。

6)喷油器

喷油器的工作原理是接受ECU送来的_____精确地控制燃油喷射量。电子喷油器如图1-37所示。

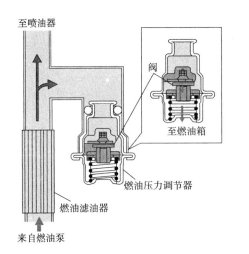

图 1-36 无回油管路调节系统

图 1-37 电子喷油器

(二)制订工作方案

1. 任务分工(表 1-11)

学生任务分配表　　　　表 1-11

班级		组号		指导老师	
组长		任务分工			
组员 1		任务分工			
组员 2		任务分工			
组员 3		任务分工			
组员 4		任务分工			
组员 5		任务分工			
组员 6		任务分工			

2. 工量具、仪器设备与耗材准备

(1)使用的工量具有:_____。

(2)使用的仪器设备有:_____。

(3)使用的耗材有:_____。

3. 具体方案描述

_____

_____

_____

_____

三、计划实施

(一)安全注意事项及技能要点

1. 安全注意事项

(1)连接汽车故障诊断仪之前,需将点火开关处于关闭状态。

(2)拆拔电子部件线束之前,需要断开蓄电池负极。

2. 技能要点

(1)能正确使用数字万用表和汽车故障诊断仪。

(2)依据汽车维修操作要求,熟练规范地完成燃油供给系统的故障诊断与排除。

(二)任务实施

燃油供给系统检测的操作方法及说明见表1-12。

燃油供给系统的检测

燃油供给系统检测的操作方法及说明　　　　表1-12

步骤	操作方法及说明	质量标准及记录
1.前期准备	(1)车辆信息填写; (2)安装防护三件套(座椅套、转向盘套、脚垫); (3)安装翼子板布和前格栅布	□正确安装 □按8S要求整理
2.安全检查	(1)安装车轮挡块; (2)插入尾气排放管; (3)检查驻车制动和挡位; (4)检查机油液位、冷却液液位、制动液液位、蓄电池电压	□正确安装 □正确使用数字万用表 □按8S要求整理
3.仪器连接	点火开关关闭,正确连接汽车故障诊断仪	□正确连接 □按8S要求整理
4.故障现象确认	(1)起动发动机前,确认车辆周围环境是否安全; (2)起动发动机时,观察起动状况,确认故障症状并记录症状现象	□正确观察 □按8S要求整理
5.故障码检查和确定故障范围	(1)正确读取数据和清除故障码; (2)确定故障范围	□正确使用故障诊断仪 □正确记录 □按8S要求整理

续上表

步骤	操作方法及说明	质量标准及记录
6. 基本检查	(1) 检查燃油箱是否有损坏、泄漏、腐蚀等情况；  (2) 检查油箱盖垫片是否变形或者损坏,真空阀是否锈蚀或者粘住； 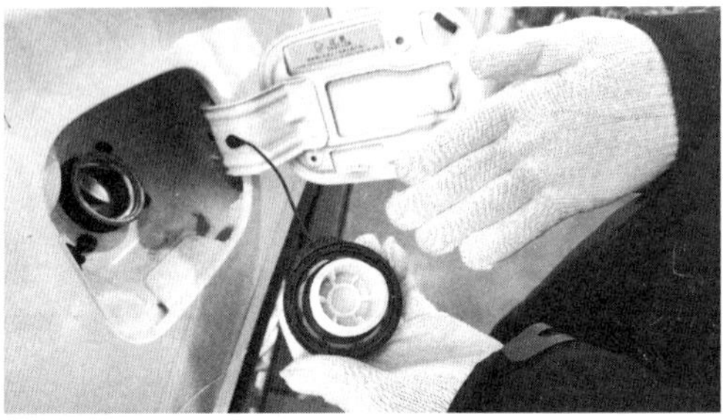 (3) 安装油箱盖,能发出咔嗒声而且能够自由转动 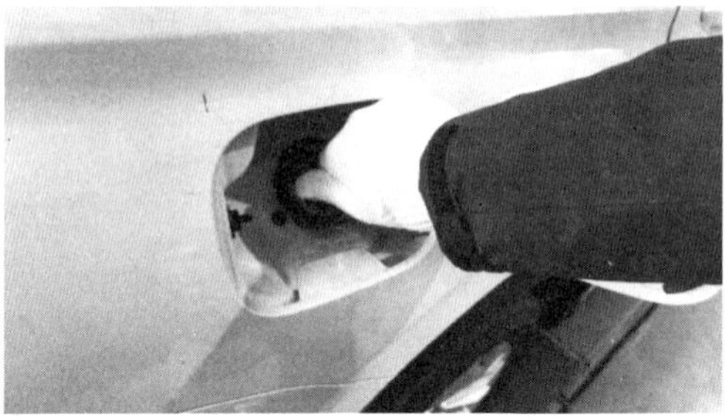	□正确检查安装状态
7. 检查燃油供给系统各部件连接是否良好	(1) 检查发动机舱盖燃油管路及接头有无泄漏,管路有无扭结、磨损、腐蚀或其他损坏； 	□正确检查各部件连接 □正确检查线束 □按 8S 要求整理

续上表

步骤	操作方法及说明	质量标准及记录
7. 检查燃油供给系统各部件连接是否良好	（2）检查底盘燃油管路的安装有无损坏、脱落； 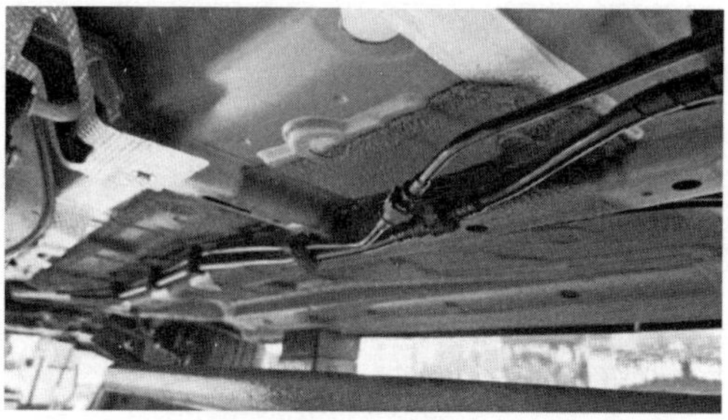 （3）检查底盘燃油管路有无泄漏，有无扭结、磨损、腐蚀或其他损坏 	
8. 起动发动机进行测试	起动发动机，检查发动机工作情况 	□正确点火测试 □按8S要求整理
9. 维修结果确认	修复后再次检查故障码和数据流	□正确使用故障诊断仪 □按8S要求整理
10. 现场恢复	（1）汽车故障诊断仪、数字万用表、接线盒、工具组套恢复到位； （2）车辆恢复； （3）地面卫生打扫干净	□按8S要求整理

四、评价反馈(表1-13)

评价表 表1-13

评分项目	评分标准	分值(分)	得分(分)
学习目标	能明确本任务的知识、技能、素养目标,理解任务在工作中的重要程度	5	
工作任务分析	能清晰描述完成本次工作任务内容	2	
	能清晰描述完成本次工作任务需必备的技能与知识点	2	
有效信息获取	能准确讲述燃油供给系统的作用,并在发动机上指明部件所在位置	5	
	能准确讲述燃油供给系统的组成	5	
	结合控制原理图,能准确讲述燃油供给系统的控制原理	5	
实施方案制订	能清晰地制订并填写本次燃油供给系统的故障诊断与排除的准备作业计划	5	
	能组织或协同工作小组成员,明确本次任务所需仪器设备、工具、材料的准备与清点,并准备记录	5	
	能组织或协同工作小组成员交流,优化检查方案并记录	5	
任务实施	能规范完成前期准备	2	
	能规范完成安全检查	3	
	能规范完成仪器连接	3	
	能规范完成故障现象确认	3	
	能规范完成故障码检查和确定故障范围	3	
	能规范完成基本检查	3	
	能规范完成燃油供给系统各部件的检查	10	
	能规范完成发动机的测试	10	
	能规范完成维修结果确认	3	
	能规范完成现场恢复	5	
任务评价	通过本次任务实施,结合自己在实训过程中的表现,进行自我评价及自我反思并记录	3	
职业素养	按规定时间完成项目作业	2	
	遵守实训室管理规定、劳动纪律	2	
	积极参与课堂活动、回答问题	2	
	能够按时出勤	2	

续上表

评分项目	评分标准	分值(分)	得分(分)
思政要求	有劳动精神、奋斗精神、奉献精神、团队合作精神	5	
总计		100	

改进建议：

教师签字：
日期：

学习活动 5　电控点火系统的故障诊断与排除

一、明确任务

根据任务描述，发动机故障指示灯点亮并闪烁，对故障车辆进行检测，需要对点火系统部件进行检查与更换，使其恢复正常使用性能。

二、工作准备与计划制订

(一)知识准备

1. 点火系统的作用

汽油发动机汽缸内的可燃混合气在压缩终了时，利用电火花点燃后燃烧所产生的强大的能量推动活塞运动，使发动机完成做功过程，能适时在燃烧室内产生电火花的装置，称为点火系统。点火系统的作用就是使火花塞产生_____，在汽缸内点燃_____。要点燃压缩过的燃油混合气，必须产生足以击穿火花塞的高压电(2～30kV或更高)，并且具有足够的点火能量，并将这种高电压按照汽缸的点火顺序分配到各汽缸的火花塞上，使其点火。

2. 高电压产生原理

点火系统主要运用互感原理将蓄电池的_____低电压转变成_____左右的

高电压。

两个绕组如图1-38所示放置,当一次绕组(初级线圈)的电流改变时,那么在二次绕组(次级绕组)会产生感应电动势,在方向上它阻止一次绕组(初级线圈)的磁通变化,这种现象称为互感效应。

3.微机控制点火系统的组成

微机控制点火系统主要由蓄电池、_____、_____、_____、_____组成,如图1-39所示。

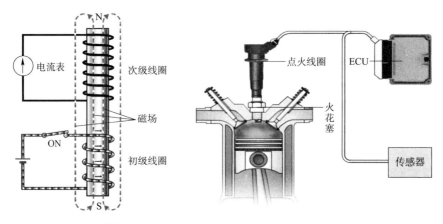

图1-38　互感效应　　　　图1-39　点火系统组成

1)传感器

传感器用来检测与点火有关的发动机的工作和状况信息,并将检测结果输入ECU,作为计算和控制点火时刻的依据,主要的传感器为_____、_____及_____。

2)ECU

ECU接收到各种传感器发送来的信号后,按预先编制的程序进行计算和判断,并向点火模块发送含有_____及_____的点火控制信号,该信号将控制点火模块产生_____以驱动火花塞跳火,最终点燃混合气,如图1-40所示。

图1-40　ECU

3)点火模块

目前,微机控制点火系统中主要采用有利用次级线圈两端作为输出端的点火模块和_____两种。

利用次级线圈两端作为输出端的点火模块也称为同时点火模块或分组点火模块,

如图1-41所示。这种点火模块中,一个次级线圈同时控制两个同位汽缸的火花塞,因此,仍需要分缸线将高压电传给火花塞。点火时,一个汽缸位于压缩行程上止点,而另一个汽缸位于排气行程上止点,由于点火时两个火花塞电极间的电阻不同,故处于压缩行程上止点的汽缸分得更多的能量,点燃混合气,所以,该点火系统仍有一定的能量损失。

所谓的独立点火模块,它将点火放大器与点火线圈集成一体,每一个汽缸均有一个点火模块,所以,这种点火方式也称独立点火,如图1-42所示。

图1-41 分组点火模块

图1-42 丰田卡罗拉独立点火模块

4)火花塞

火花塞在发动机上的作用主要是在发动机燃烧室中形成火花放电,使可燃混合气燃烧。火花塞的工作条件十分恶劣,承受很大的机械、化学及电负荷,因此必须能够承受冲击性高电压和强烈的温度变化,应有良好的热特性和足够的机械强度。火花塞的电极应采用耐高温、耐腐、耐蚀的材料制成。

火花塞的结构如图1-43所示。中心电极用镍铬合金制成,具有良好的耐高温、耐腐蚀性能,导电玻璃起密封作用。火花塞间隙多为 $0.6\sim0.7$ mm,采用高性能电子点火时,间隙可增大至 $1.1\sim1.3$ mm。

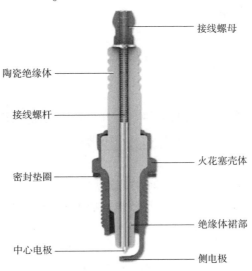
图1-43 火花塞的结构

（二）制订工作方案

1. 任务分工（表1-14）

学生任务分配表　　　　　　　　　　表1-14

班级		组号		指导老师	
组长		任务分工			
组员1		任务分工			
组员2		任务分工			
组员3		任务分工			
组员4		任务分工			
组员5		任务分工			
组员6		任务分工			

2. 工量具、仪器设备与耗材准备

（1）使用的工量具有：_____。

（2）使用的仪器设备有：_____。

（3）使用的耗材有：_____。

3. 具体方案描述

_____

_____

_____

_____

_____

三、计划实施

（一）安全注意事项及技能要点

1. 安全注意事项

(1)连接汽车故障诊断仪之前，需将点火开关处于关闭状态。

(2)拆拔电子部件线束之前，需要断开蓄电池负极。

2. 技能要点

(1)能正确使用数字万用表和汽车故障诊断仪。

(2)依据汽车维修操作要求，熟练规范地完成电控点火系统的故障诊断与排除。

（二）任务实施

电控点火系统检测的操作方法及说明见表1-15。

电控点火系统的检测

电控点火系统检测的操作方法及说明

表 1-15

步骤	操作方法及说明	质量标准及记录
1. 前期准备	（1）车辆信息填写； （2）安装防护三件套（座椅套、转向盘套、脚垫）； （3）安装翼子板布和前格栅布	□正确安装 □按 8S 要求整理
2. 安全检查	（1）安装车轮挡块； （2）插入尾气排放管； （3）检查驻车制动和挡位； （4）检查机油液位、冷却液液位、制动液液位、蓄电池电压	□正确安装 □正确使用数字万用表 □按 8S 要求整理
3. 仪器连接	点火开关关闭，正确连接汽车故障诊断仪	□正确连接 □按 8S 要求整理
4. 故障现象确认	（1）起动发动机前，确认车辆周围环境是否安全； （2）起动发动机时，观察起动状况，确认故障症状并记录症状现象	□正确观察 □按 8S 要求整理
5. 故障码检查和确定故障范围	（1）正确读取数据和清除故障码； （2）确定故障范围	□正确使用故障诊断仪 □正确记录 □按 8S 要求整理
6. 基本检查	（1）晃动蓄电池正、负极接线及电缆夹，应无氧化、污垢现象，连接牢固； 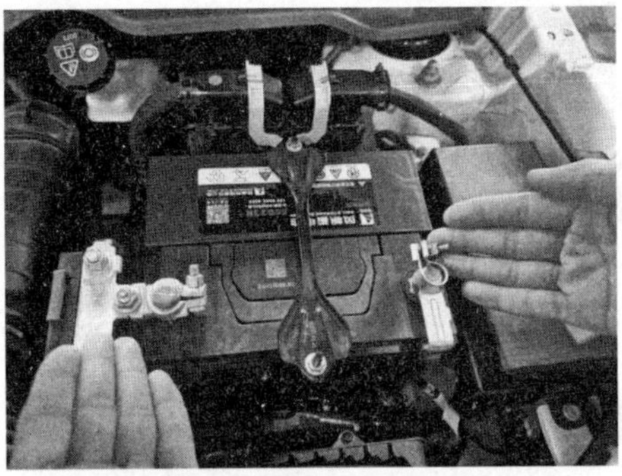 （2）用万用表检测蓄电池电压，应为 10～14V； 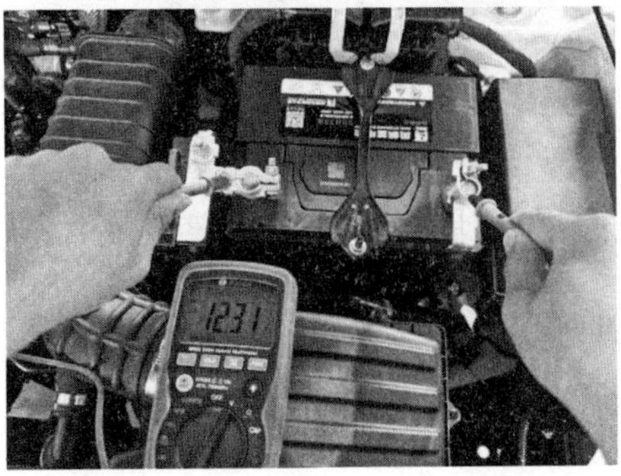	□正确检查安装状态

续上表

步骤	操作方法及说明	质量标准及记录
6.基本检查	（3）轻轻摇动点火模块，安装牢固，无松旷现象；  （4）轻轻摇动各导线，检查各导线是否从端子处脱开，线束外壳无明显损坏痕迹 	
7.检查点火模块	（1）按下点火模块连接器锁舌，将连接器向外拔出，断开线束连接器；  （2）选用内六角扳手，依次拧松点火模块固定螺栓，并用手取下；	□正确检查各部件 □正确检查火花塞 □按8S要求整理

续上表

步骤	操作方法及说明	质量标准及记录
7. 检查点火模块	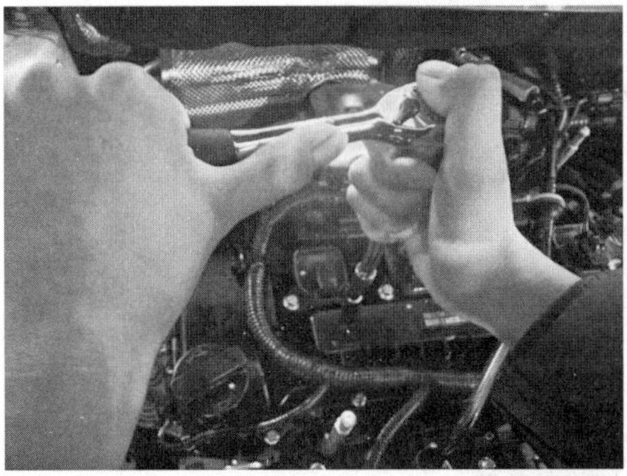 （3）用力拔出点火模块，使点火模块与火花塞脱离后按垂直方向拔出； （注意事项：拔出点火模块时，不要损坏发动机缸盖罩开口上的火花塞盖或火花塞套筒管顶部边缘）  （4）检查点火模块连接器，应无损坏、锈蚀、弯曲；  （5）检查点火模块外壳，应无损坏、破裂；	

续上表

步骤	操作方法及说明	质量标准及记录
7.检查点火模块	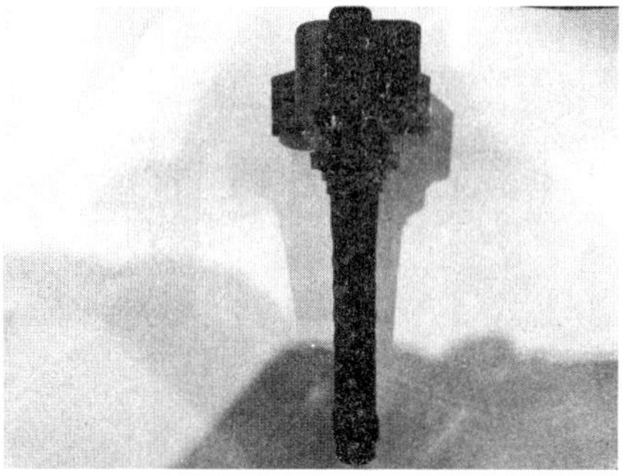 (6)检查点火模块橡胶部位,应无损坏、老化和裂纹; 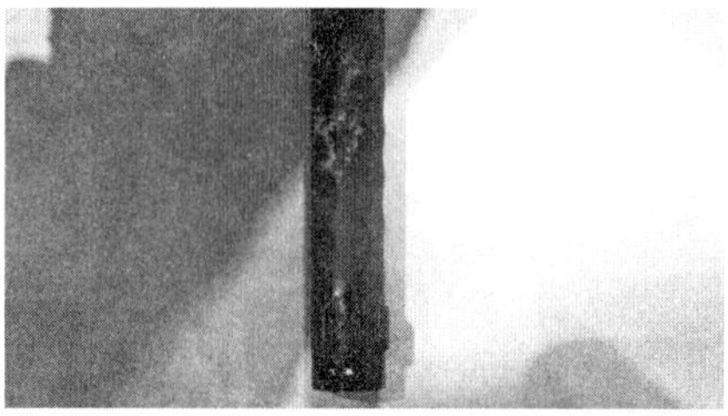 (7)选用加长杆、棘轮扳手及火花塞套筒拆卸火花塞; 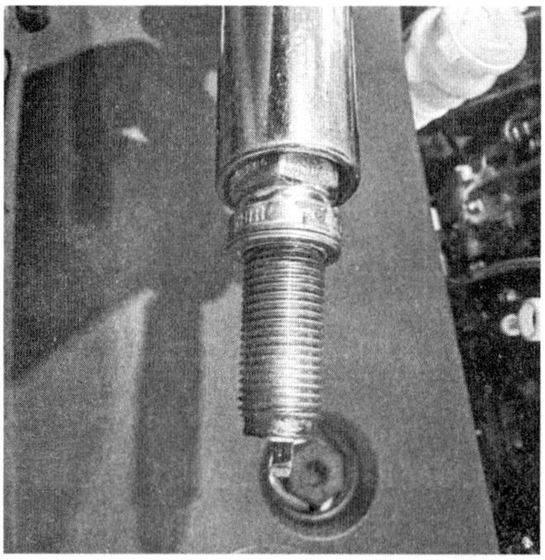 (8)检查导管,应无明显油迹、脏污; 	

续上表

步骤	操作方法及说明	质量标准及记录
7.检查点火模块	(9)目视检查火花塞,螺纹应完好,陶瓷部分应无裂纹;  (10)用厚薄规检查火花塞电极间隙,旧火花塞最大间隙为1.3mm,新火花塞间隙为0.9~1.1mm; 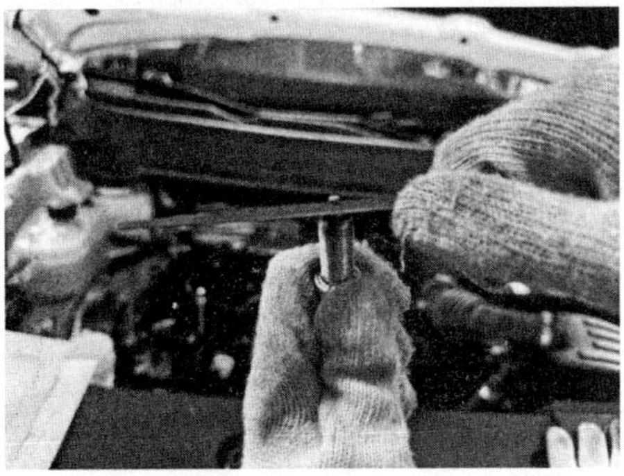 (11)更换火花塞,复装点火模块	
8.起动发动机进行测试	起动发动机,检查发动机工作情况 	□正确点火测试 □按8S要求整理
9.维修结果确认	修复后再次检查故障码和数据流	□正确使用故障诊断仪 □按8S要求整理
10.现场恢复	(1)汽车故障诊断仪、数字万用表、接线盒、工具组套恢复到位; (2)车辆恢复; (3)地面卫生打扫干净	□按8S要求整理

四、评价反馈(表1-16)

评价表 表1-16

评分项目	评分标准	分值(分)	得分(分)
学习目标	能明确本任务的知识、技能、素养目标,理解任务在工作中的重要程度	5	
工作任务分析	能清晰描述完成本次工作任务内容	2	
	能清晰描述完成本次工作任务需必备的技能与知识点	2	
有效信息获取	能准确讲述电控点火系统的作用,并在发动机上指明部件所在位置	5	
	能准确讲述电控点火系统的组成	5	
	结合控制原理图,能准确讲述电控点火系统的控制原理	5	
实施方案制订	能清晰地制订并填写本次电控点火系统的故障诊断与排除的准备作业计划	5	
	能组织或协同工作小组成员,明确本次任务所需仪器设备、工具、材料的准备与清点,并准备记录	5	
	能组织或协同工作小组成员交流,优化检查方案并记录	5	
任务实施	能规范完成前期准备	2	
	能规范完成安全检查	3	
	能规范完成仪器连接	3	
	能规范完成故障现象确认	3	
	能规范完成故障码检查和确定故障范围	3	
	能规范完成基本检查	3	
	能规范完成点火模块的检查	10	
	能规范完成发动机的测试	10	
	能规范完成维修结果确认	3	
	能规范完成现场恢复	5	
任务评价	通过本次任务实施,结合自己在实训过程中的表现,进行自我评价及自我反思并记录	3	
职业素养	按规定时间完成项目作业	2	
	遵守实训室管理规定、劳动纪律	2	
	积极参与课堂活动、回答问题	2	
	能够按时出勤	2	

续上表

评分项目	评分标准	分值(分)	得分(分)
思政要求	有劳动精神、奋斗精神、奉献精神、团队合作精神	5	
总计		100	

改进建议：

教师签字：
日期：

学习活动6 排放控制系统的故障诊断与排除

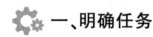 一、明确任务

根据任务描述,发动机故障指示灯点亮并闪烁,对故障车辆进行检测,需要对排放控制系统部件进行检查与更换,使其恢复正常使用性能。

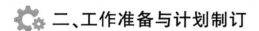 二、工作准备与计划制订

(一)知识准备

1. 发动机排放污染物的形成与影响因素

汽车的排放污染物有很多,但最主要的有害成分有三种:_____、_____和_____。如图1-44所示。

1)一氧化碳(CO)的形成

CO是可燃混合气在燃烧过程中,因氧气不足而生成的产物,其生成量主要取决于空燃比,当使用空燃比小于14.7的浓混合气时,因氧气相对不足,生成的CO较多。

2)碳氢化合物(HC)的形成

HC是燃料没有燃烧或不完全燃烧的产物,还有一部分是来自曲轴箱窜气(图1-45)和燃油箱燃料的蒸发。曲轴箱窜出的气体大部分是未燃烧的气体。燃油箱内的汽油在温度越高时,蒸发量_____。

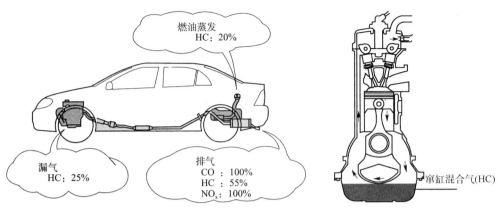

图1-44 汽车排放的污染物　　　　图1-45 曲轴箱窜气

3）氮氧化物（NO_x）的形成

NO_x是由空气中的氮和氧在燃烧室高温高压作用下发生化学反应生成的。它的生产量取决于燃烧的最高温度和高温持续时间等。柴油发动机压缩比高，燃烧后产生的温度高，因而_____是主要的有害排放物。

2. 三元催化转换器

1）作用

三元催化转换器是汽车排放系统中最重要的机外净化装置，它可将汽车尾气排出的CO、HC和NO_x等有害气体通过氧化和还原作用转变为无害的二氧化碳、水和氮气。

2）结构

三元催化转换器安装在排气消声器的前面，由_____和_____等组成。芯子是催化剂的载体，它是由陶瓷做成的蜂窝状的格栅，并在格栅上涂有贵金属材料铂（或钯）和铑，如图1-46所示。

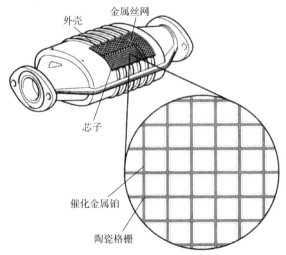

图1-46 三元催化转换器的结构

3. 废气再循环系统(Exhaust Gas Recirculation,EGR)

1)作用

废气再循环就是在 ECU 的控制下,根据发动机的不同工况,将一部分废气引入进气管与新鲜可燃混合气混合后,再进入汽缸,由于该部分废气不能参与燃烧,从而能够降低燃烧速度和最高燃烧温度,以减少 NO_x 生成量。

2)结构与工作原理

EGR 系统的结构主要由_____、_____和_____等组成,如图 1-47 所示。

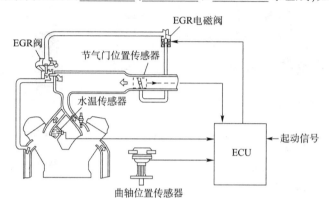

图 1-47 EGR 系统的结构

EGR 阀通过管道将排气管与进气总管连通,其真空气室的真空度受 EGR 电磁阀控制,ECU 根据发动机转速、空气流量、节气门位置、冷却液温度等信号控制 EGR 电磁阀通电时间的长短来控制进入 EGR 阀真空气室的真空度,从而控制 EGR 阀的开度来改变参与再循环的废气量。

4. 燃油蒸发排放控制系统(Evaporative Emission Control System,EVAP)

1)作用

EVAP 收集燃油箱蒸发的汽油蒸气,并将汽油蒸气在合适的时机导入汽缸参与燃烧,从而防止汽油蒸气直接排到大气而造成环境污染。同时,根据发动机工况,控制导入汽缸参加燃烧的汽油蒸气量。

2)结构

燃油蒸发排放控制系统主要由_____、_____、碳罐_____和_____等组成。

5. 曲轴箱强制通风装置(Positive Crankcase Ventilation,PCV)

1)作用

在发动机工作时,总有一部分可燃混合气和废气经活塞环窜到曲轴箱内,它会使机油变稀,润滑性能变差,如漏到大气中,会造成空气污染。PCV 通过管道将曲轴箱内的窜缸气体引入进气管进入汽缸燃烧,从而降低有害污染物(HC)。

2)结构与工作原理

曲轴箱强制通风装置结构如图 1-48 所示,它主要由_____、_____和

_____等组成。其核心部件是 PCV 阀,它由一个柱塞式阀门和弹簧构成,一般装在汽缸盖的上部,进气歧管的真空度决定了 PCV 阀开启和关闭的程度,当节气门开度小时,进气歧管的真空度较大,PCV 阀在真空的吸力下压缩弹簧关闭了通道,随着节气门开度的增加,进气歧管的真空度减小,对 PCV 阀的吸力减小,阀门在弹簧的作用下逐渐打开,此时将曲轴箱内的废气吸入汽缸再燃烧。

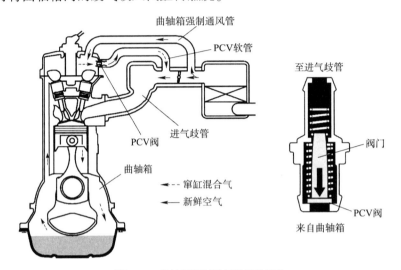

图 1-48 曲轴箱强制通风装置的结构

(二)制订工作方案

1. 任务分工(表 1-17)

学生任务分配表　　　　　　表 1-17

班级		组号		指导老师	
组长		任务分工			
组员 1		任务分工			
组员 2		任务分工			
组员 3		任务分工			
组员 4		任务分工			
组员 5		任务分工			
组员 6		任务分工			

2. 工量具、仪器设备与耗材准备

(1)使用的工量具有:_____。
(2)使用的仪器设备有:_____。
(3)使用的耗材有:_____。

3. 具体方案描述

_____
_____
_____
_____

三、计划实施

(一)安全注意事项及技能要点

1. 安全注意事项
(1)连接汽车故障诊断仪之前,需将点火开关处于关闭状态。
(2)拆拔电子部件线束之前,需要断开蓄电池负极。

2. 技能要点
(1)能正确使用数字万用表和汽车故障诊断仪。
(2)依据汽车维修操作要求,熟练规范地完成排放控制系统的故障诊断与排除。

(二)任务实施

排放控制系统检测的操作方法及说明见表1-18。

排放控制系统的检测

排放控制系统检测的操作方法及说明　　表1-18

步骤	操作方法及说明	质量标准及记录
1. 前期准备	(1)车辆信息填写; (2)安装防护三件套(座椅套、转向盘套、脚垫); (3)安装翼子板布和前格栅布	□正确安装 □按8S要求整理
2. 安全检查	(1)安装车轮挡块; (2)插入尾气排放管; (3)检查驻车制动和挡位; (4)检查机油液位、冷却液液位、制动液液位、蓄电池电压	□正确安装 □正确使用数字万用表 □按8S要求整理
3. 仪器连接	点火开关关闭,正确连接汽车故障诊断仪	□正确连接 □按8S要求整理
4. 故障现象确认	(1)起动发动机前,确认车辆周围环境是否安全; (2)起动发动机时,观察起动状况,确认故障症状并记录症状现象	□正确观察 □按8S要求整理
5. 故障码检查和确定故障范围	(1)正确读取数据和清除故障码; (2)确定故障范围	□正确使用故障诊断仪 □正确记录 □按8S要求整理

续上表

步骤	操作方法及说明	质量标准及记录
6. 外观基本检查	(1) 晃动检查燃油蒸发管路及接头部分是否松动;  (2) 检查燃油箱盖垫圈及阀门有无损坏; 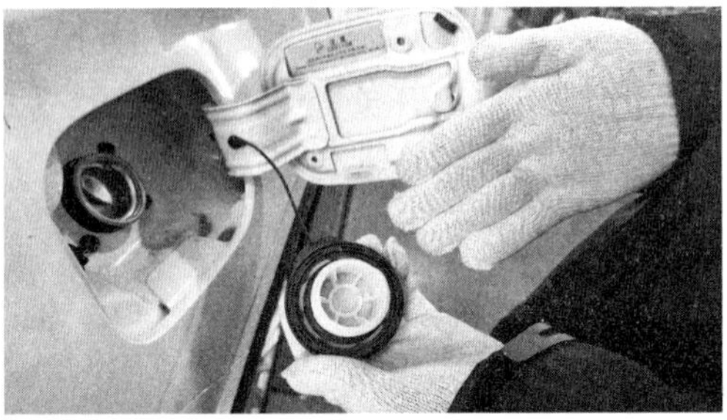 (3) 检查活性炭罐表面有无开裂和变形 	□正确检查安装状态
7. 检查活性炭罐和电磁阀	(1) 怠速检测:起动发动机,运转到正常温度后怠速运转,拔下活性炭罐通往电磁阀的真空软管,检查软管内应无真空吸力; 	□正确检查各部件 □正确检查电磁阀 □按8S要求整理

续上表

步骤	操作方法及说明	质量标准及记录
7.检查活性炭罐和电磁阀	(2)加速检测:踩下加速踏板,发动机转速维持在2500r/min,软管应有吸力;  (3)检查炭罐电磁阀电阻,一般应为15~30Ω;  (4)向炭罐电磁阀两端子施加蓄电池电压,应能听到"咔嗒"声 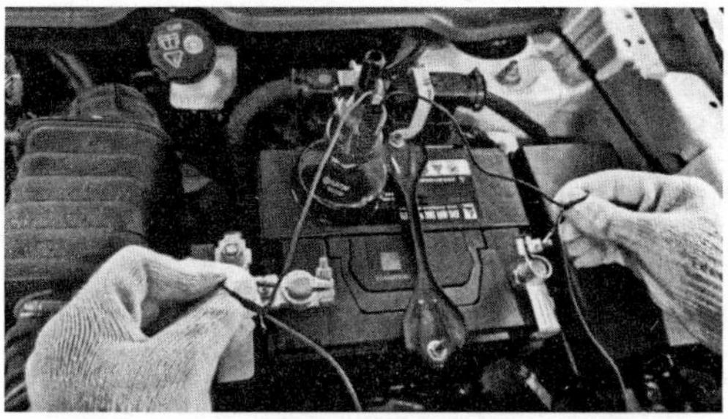	
8.起动发动机进行测试	起动发动机,检查发动机工作情况 	□正确点火测试 □按8S要求整理

续上表

步骤	操作方法及说明	质量标准及记录
9.维修结果确认	修复后再次检查故障码和数据流	□正确使用故障诊断仪 □按8S要求整理
10.现场恢复	(1)汽车故障诊断仪、数字万用表、接线盒、工具组套恢复到位； (2)车辆恢复； (3)地面卫生打扫干净	□按8S要求整理

四、评价反馈（表1-19）

评价表　　　　　　　　　　　　　　　　　　　　　　　　表1-19

评分项目	评分标准	分值(分)	得分(分)
学习目标	能明确本任务的知识、技能、素养目标，理解任务在工作中的重要程度	5	
工作任务分析	能清晰描述完成本次工作任务内容	2	
	能清晰描述完成本次工作任务需必备的技能与知识点	2	
有效信息获取	能准确讲述排放控制系统的作用，并在发动机上指明部件所在位置	5	
	能准确讲述排放控制系统的组成	5	
	结合控制原理图，能准确讲述排放控制系统的控制原理	5	
实施方案制订	能清晰地制订并填写本次排放控制系统的故障诊断与排除的准备作业计划	5	
	能组织或协同工作小组成员，明确本次任务所需仪器设备、工具、材料的准备与清点，并准备记录	5	
	能组织或协同工作小组成员交流，优化检查方案并记录	5	
任务实施	能规范完成前期准备	2	
	能规范完成安全检查	3	
	能规范完成仪器连接	3	
	能规范完成故障现象确认	3	
	能规范完成故障码检查和确定故障范围	3	
	能规范完成基本检查	3	
	能规范完成活性炭罐和电磁阀的检查	10	
	能规范完成发动机的测试	10	

续上表

评分项目	评分标准	分值(分)	得分(分)
任务实施	能规范完成维修结果确认	3	
	能规范完成现场恢复	5	
任务评价	通过本次任务实施,结合自己在实训过程中的表现,进行自我评价及自我反思并记录	3	
职业素养	按规定时间完成项目作业	2	
	遵守实训室管理规定、劳动纪律	2	
	积极参与课堂活动、回答问题	2	
	能够按时出勤	2	
思政要求	有劳动精神、奋斗精神、奉献精神、团队合作精神	5	
总计		100	

改进建议：

教师签字：
日期：

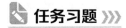

任务习题

1. 单选题

(1)起动机由直流电动机、(　　)和控制机构构成,负责产生动力、传递动力。

　　A. 传动机构　　　B. 转子　　　　C. 定子　　　　D. 传感器

(2)电子控制系统主要由传感器、(　　)和执行器三大部分组成。

　　A. 发动机电控单元(ECU)　　　　B. 磁场

　　C. 蓄电池　　　　　　　　　　　D. 发动机

(3)燃油供给系统的作用是根据发动机的工况不同,向发动机汽缸供给一定量的可燃混合气,它主要由燃油箱、电动燃油泵、进油管、燃油滤清器、燃油分配管、燃油压力调节器、回油管和(　　)等组成。

　　A. 传感器　　　B. 火花塞　　　C. 喷油器　　　D. 点火线圈

(4)进气系统为发动机可燃混合气的形成提供必需的空气,它主要是由空气滤清器、节气门、(　　)、进气总管和进气歧管等组成。

A. 转向盘 B. 燃油箱
C. 进气压力传感器 D. 燃油泵

(5) 发动机怠速控制的目的是用高怠速实现发动机起动后的快速暖机过程；自动维持发动机怠速在目标转速下稳定运转。其控制方法有节气门直动式和（　　）两种。

A. 热敏电阻式 B. 旁通道式
C. 金属片式 D. 热电耦式

(6) 燃油泵主要有涡轮式电动汽油泵、滚柱式电动汽油泵和（　　）。

A. 齿轮式电动汽油泵 B. 涡轮式手动汽油泵
C. 滚轮式电动汽油泵 D. 热电耦式电动汽油泵

(7) 微机控制点火系统主要由蓄电池、传感器、（　　）、点火模块、火花塞组成。

A. ECU B. 燃油箱 C. 发电机 D. 起动机

(8) 汽车的排放污染物有很多，但最主要的有害成分有三种：（　　）、HC（碳氢化合物）和 NO_x（氮氧化合物）。

A. 氧气 B. 水
C. 空气 D. CO（一氧化碳）

2. 判断题

(1) 汽车的起动电路相对简单，主要由蓄电池、起动机、起动继电器、点火开关组成。（　　）

(2) 直流电动机的作用是将蓄电池输入的电能转换为机械能，产生电磁转矩。（　　）

(3) 点火线圈安装在各缸火花塞的顶部，其作用是根据 ECU 的指令，适时产生高电压，使火花塞产生电火花，点燃汽缸内的可燃混合气。（　　）

(4) 空气供给系统作用是为发动机提供清洁的空气并控制发动机正常工作时的进气量。（　　）

(5) 空气滤清器的作用是清除空气中的微粒杂质。（　　）

(6) 燃油箱的作用是储存一定燃油，还起着散热、分离油液中的气泡、沉淀杂质等功能。（　　）

(7) 燃油压力调节器主要由壳体、膜片、回油阀门和校正弹簧组成，膜片将调节器分成上下两个腔。（　　）

(8) 点火系统主要运用互感原理将蓄电池的12V低电压转变成30kV左右的高电压。（　　）

(9) 目前，微机控制点火系统中主要采用有利用次级线圈两端作为输出端的点火模块和独立点火模块两种。（　　）

(10) 三元催化转换器安装在排气消声器的前面，由三元催化转换芯子和外壳等组成，芯子是催化剂的载体，它是由陶瓷做成的蜂窝状的格栅，并在格栅上涂有贵金属材料铂（或钯）和铑。（　　）

3. 实操练习题

(1)尝试完成起动系统的故障诊断与排除,并就测试结果做分析。

(2)尝试完成电子控制系统的故障诊断与排除,并就测试结果做分析。

(3)尝试完成空气供给系统的故障诊断与排除,并就测试结果做分析。

(4)尝试完成燃油供给系统的故障诊断与排除,并就测试结果做分析。

(5)尝试完成电控点火系统的故障诊断与排除,并就测试结果做分析。

(6)尝试完成进气控制系统的故障诊断与排除,并就测试结果做分析。

学习任务二

汽车柴油发动机起动困难故障诊断与排除

学习目标

1. 知识目标

(1) 能够讲述燃料供给系统的功用及组成。
(2) 能够讲述输油泵的结构及工作原理。
(3) 能够讲述柴油机电控系统的组成及工作原理。
(4) 能够讲述共轨式电控喷油系统的组成及工作原理。
(5) 能够讲述 CP3 型高压油泵的结构及工作过程。
(6) 能够讲述 CRI 共轨喷油器的结构及工作过程。
(7) 能够讲述 SCR 系统的工作原理。

2. 技能目标

(1) 能够规范使用常用汽车检测仪器及设备对车辆进行检测。
(2) 依据汽车维修操作要求,熟练规范地完成喷油器的检测。
(3) 依据汽车维修操作要求,熟练规范地完成共轨高压油泵的检测。
(4) 依据汽车维修操作要求,熟练规范地完成共轨喷油器的检测。
(5) 依据汽车维修操作要求,熟练规范地完成尿素喷嘴的检查。
(6) 依据汽车维修操作要求,熟练规范地完成尿素泵的检测。

3. 素养目标

(1) 培养爱党报国、敬业奉献、服务人民的意识。
(2) 培养正确的劳动精神,弘扬劳动精神、奋斗精神、奉献精神。
(3) 了解安全操作要求,养成安全文明操作的习惯。
(4) 养成组员之间互相协作的习惯。
(5) 实施操作结束后,按"8S"管理要求完成相关事项。

参考学时

48 学时。

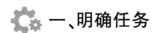

任务描述

一辆柴油汽车通过救援进厂维修,车主反映发动机起动困难,需对其进行故障诊断与排除。

学习活动1 柴油机燃料供给系统的故障诊断与排除

一、明确任务

根据任务描述,发动机故障指示灯点亮并闪烁,对故障车辆进行检测,需要对燃料供给系统部件进行检查与更换,使其恢复正常使用性能。

二、工作准备与计划制订

(一)知识准备

1. 燃料供给系统的功用

柴油机是以_____为燃料的内燃机,柴油与汽油相比,黏度大、蒸发性差。柴油机燃料供给系的功用是完成燃料的储存、滤清和输送工作,按柴油机各种不同工况的要求,定时、定量、定压并以一定的喷油量喷入燃烧室,使其与空气迅速且良好地混合后燃烧。

2. 燃料供给系统的组成

柴油机燃料供给系统由_____、_____、_____及_____组成。

(1)燃油供给装置(图2-1):油箱、低压油管、输油泵、柴油滤清器、喷油泵、高压油管、喷油器、回油管等。

(2)空气供给装置:空气滤清器、进气管道和汽缸盖内的进气道等。

(3)混合气形成装置:燃烧室。

(4)废气排出装置:排气管道、消声器。

3. 燃料供给系统基本油路

柴油机燃料供给系统的基本油路包括_____、_____和_____,如图2-2所示。

1)低压油路

从油箱到喷油泵入口这一段油路,其油压由输油泵建立,一般为150~300kPa,故称为低压油路。该油路主要完成柴油储存、输送和过滤等任务。

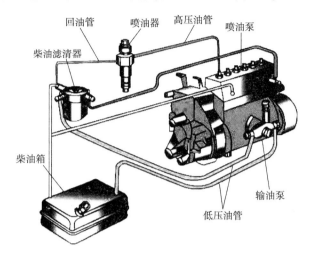

图 2-1　燃油供给装置组成

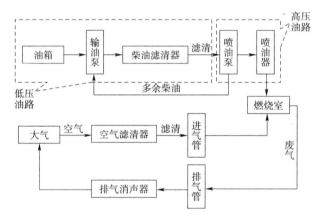

图 2-2　柴油机燃料供给系油路示意图

2）高压油路

从喷油泵到喷油器这一段油路,其油压由喷油泵建立,一般在 10MPa 以上,故称为高压油路。柴油供给任务主要由它来完成。

3）回油油路

由于输油泵供油量是喷油泵出油量的 3～4 倍,滤清器和喷油泵上都装有溢流阀,使多余燃油经溢流阀和回油管流回输油泵进口或直接流回油箱。

4. 可燃混合气的形成过程

柴油机采用高压喷射的方法,在压缩冲程结束稍前时刻,把燃油直接喷入燃烧室内部与空气混合形成可燃混合气。从喷油开始到喷油结束,混合过程所占的时间很短,如果柴油机的转速为 1500r/min,那么,在曲轴转角 30°内喷油完毕时,与空气混合的过程仅为 1/300s,速度越高,混合时间越短,当可燃混合气温度升至其自燃温度时,即自行着火燃烧。柴油机混合气燃烧过程中,汽缸压力与曲轴转角的关系曲线,如

图2-3所示,展示了在压缩行程和做功行程中,汽缸内的压力随曲轴转角变化的关系,以及柴油机可燃混合气的形成和燃烧过程。

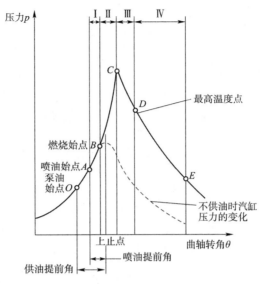

图2-3 柴油机燃烧过程中汽缸压力与曲轴转角的关系

图2-3中 O 点为泵油始点,指喷油泵开始供油的时刻;A 点为喷油始点,指喷油开始的时刻;B 点为燃烧始点,指汽缸内的可燃混合气开始燃烧时刻。供油提前角指从泵油始点至活塞到达压缩上止点时所对应的曲轴转角,各种柴油机给出的均为供油提前角;喷油提前角指喷油始点 A 开始至活塞到达压缩上止点时所对应的曲轴转角。

5. 柴油滤清器

1)作用

柴油滤清器的作用是除去柴油中的_____和_____。柴油在运输和储存的过程中,不可避免地会混入尘土和水分,若储存较久后,还会增加胶质。所有这些杂质对供油系精密偶件的危害最大,会导致运动阻滞,磨损加剧,造成各缸供油不均,功率下降和油耗增加。柴油机中的水分将引起零件的锈蚀。

2)结构

柴油滤清器通常由_____、_____和_____等构件组成,如图2-4所示。

6. 输油泵

1)作用

输油泵的作用是使柴油产生一定的压力克服滤清器及低压油管的阻力,保证连续不断地向喷油泵输送足够的柴油。其输出的柴油量通

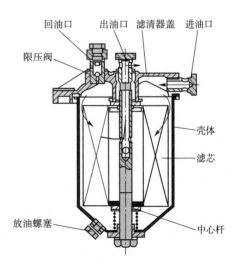

图2-4 柴油滤清器结构

常为发动机全负荷时需要的最大喷油量的 3~4 倍。

2）结构

输油泵的结构形式有＿＿＿＿、＿＿＿＿、＿＿＿＿和＿＿＿＿等几种。其中,活塞式输油泵由于工作可靠,目前应用广泛,如图 2-5 所示。

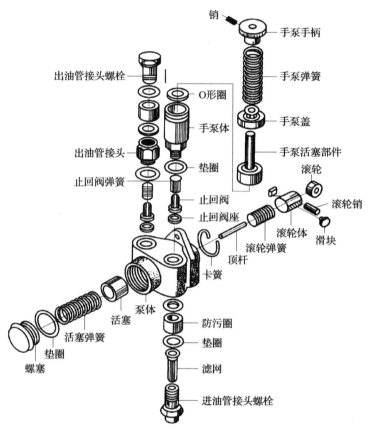

图 2-5　活塞式输油泵的结构

活塞式输油泵由＿＿＿＿、＿＿＿＿、＿＿＿＿、＿＿＿＿和＿＿＿＿等组成。它安装在喷油泵的一侧,由喷油泵凸轮轴上的偏心轮驱动。

7. 油水分离器

为了除去燃油中的水分,在一些柴油发动机的燃油箱与输油泵之间要装设油水分离器。油水分离器如图 2-6 所示,由＿＿＿＿、＿＿＿＿和＿＿＿＿等组成。

来自燃油箱的燃油经进油口进入油水分离器,并经出油口流出。燃油中的水分从分离器中分离出来并沉积在壳体的底部,浮子随着积水的增多而上浮,当浮子到达规定的放水水位时,液面传感器将电路接通,仪表板上的报警灯发出放水信号,这时,驾驶员应及时旋松放水塞放水,手压膜片泵供放水和排气时使用。另外,随着柴油机技术的发展,燃油滤清系统也将众多功能整合在一起,例如,将油水分离器和燃油精滤器合二为一,实现空间的有效利用,在燃油滤清器上加装传感器及燃油加热装置,实时监测燃油品质,满足在寒冷条件下燃油供给系统的稳定,如图2-7所示。

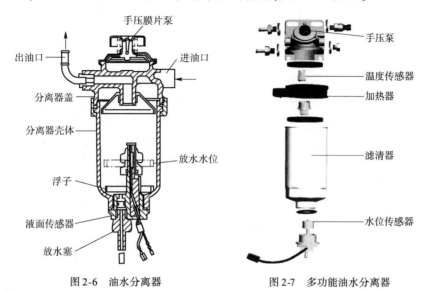

图2-6 油水分离器　　　　　图2-7 多功能油水分离器

8.喷油器

1)喷油器的作用

_____是柴油机燃油系统的重要部件之一,作用是使燃油在一定的压力下,以雾状喷入燃烧室并合理分布,以便与空气混合形成最有利于燃烧的可燃混合气。

2)喷油器的结构及工作原理

车用柴油机大多数采用_____和_____两种,如图2-8所示。

(1)孔式喷油器。

孔式喷油器主要由_____、_____、_____、_____、_____等组成,如图2-9所示。

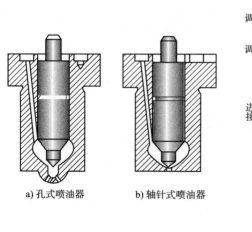

图2-8 喷油器的两种基本形式

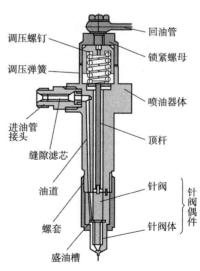

图2-9 孔式喷油器结构

针阀和针阀体是喷油器的主要部件,二者合称为_____,是用优质轴承钢制成的。针阀上部的圆柱表面与针阀体的相应内圆柱面为高精度的滑动配合,配合间隙为0.001~0.004mm。此间隙过大,则可能发生漏油而使油压下降,影响喷雾质量;间隙过小,针阀将不能自由滑动。

喷油器工作时,由喷油泵输来的高压柴油,经过油管接头进入喷油器,再经过喷油器体上的进油孔进入针阀体中部的环形高压油腔(盛油槽)。油压作用在针阀的承压锥面上,对针阀形成一个向上的轴向推力。当此推力大于调压弹簧的预紧压力及针阀偶件之间的摩擦力(此力很小)时,针阀立即上移,针阀下端密封锥面离开针阀体锥形环带,打开喷孔,于是柴油即以高压喷入燃烧室中。喷油泵停止供油时,高压油道内压力迅速下降,针阀在调压弹簧作用下及时回位,将喷孔关闭。

(2)轴针式喷油器。

轴针式喷油器的工作原理与孔式喷油器相同,只是结构上有所不同。在针阀下端的密封锥面以下延伸出一个伸出孔外的轴针,其形状是倒锥形或圆柱形,从而使喷孔成为圆环状的狭缝,如图2-10所示。这样,喷油时喷柱将呈空心的锥状或柱状。

轴针式喷油器的喷孔直径相对较大(一般为1~3mm),喷油压力低(一般为10~14MPa),自洁能力强(喷孔不易积炭和堵塞),喷油特性好(满足开始喷油少、中期喷油多、后期喷油少的要求),对柴油滤清质量要求低,它适用于对喷雾质量要求不高的涡流室式燃烧室和预燃室式燃烧室。例如,4125A4型柴油机的喷孔直径为1.5mm,喷油压力为12.7MPa。

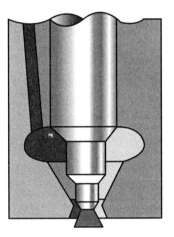

图2-10 轴针式喷油器的喷孔

轴针式喷油器一般分为_____、_____和_____,如图2-11所示。采用节流轴针式喷油器的主要目的是减少着火滞后期内喷入燃烧室的燃油量,以降低柴油机的压力升高率和最高燃烧压力,减小柴油机的噪声,使其工作柔和。

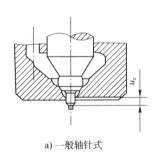

a) 一般轴针式

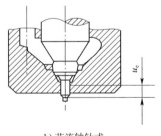

b) 节流轴针式

c) 分流轴针式

图2-11 轴针式喷油器

u_e-节流升程

(二)制订工作方案

1. 任务分工(表2-1)

学生任务分配表　　　　　　　　表2-1

班级		组号		指导老师	
组长		任务分工			
组员1		任务分工			
组员2		任务分工			
组员3		任务分工			
组员4		任务分工			
组员5		任务分工			
组员6		任务分工			

2. 工量具、仪器设备与耗材准备

(1)使用的工量具有：_____。

(2)使用的仪器设备有：_____。

(3)使用的耗材有：_____。

3. 具体方案描述

_____

_____

_____

_____

_____

三、计划实施

(一)安全注意事项及技能要点

1. 安全注意事项

(1)使用外接气源时注意气压及连接口状况。

(2)遵循发动机起动安全规范。

(3)拆卸喷油器之前,需要断开蓄电池负极。

2. 技能要点

(1)能够正确使用拆装工具。

(2)能够正确使用喷油器试验器判断喷油器喷油压力是否正常。

(3)能够正确使用喷油器试验器判断喷油器喷雾质量是否正常。

(4)能够正确使用喷油器试验器判断喷油器密封性能是否正常。

(二)任务实施

喷油器检测的操作方法及说明见表2-2。

喷油器检测的操作方法及说明　　　　　表2-2

步骤	操作方法及说明	质量标准及记录
1.喷油器总成的拆卸	(1)用呆扳手和活动扳手相配合将高压油管的接头螺母旋松;  (2)拆下高压油管的固定夹; 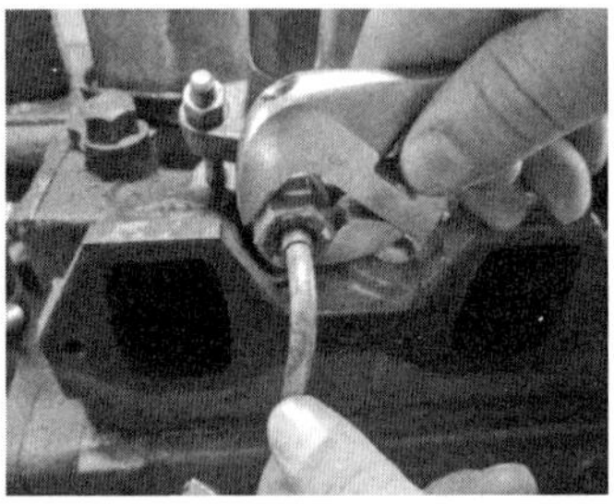 (3)拆下高压油管,在拆卸高压油管时,需在高压油管接头处垫一块干净的布,将油管内的油压释放,防止燃油飞溅;  (4)拆下喷油器回油管螺钉; 	□正确拆卸 □正确使用工具 □按8S要求整理

续上表

步骤	操作方法及说明	质量标准及记录
1.喷油器总成的拆卸	(5)拆下喷油器两端的固定螺母,注意拧紧力矩不要过大;  (6)用木锤振松喷油器,取出总成,视需要可用专用拉拔器拉出;  (7)从发动机上拆下喷油器总成后,应先清洗外部,然后逐一在喷油器手泵试验器上进行检验,如质量良好就不必解体 	
2.喷油器喷油压力的检测	(1)准备好喷油器试验器,将手动泵杆及表头连接到位;  (2)将油管一侧与测试仪器连接,连接油管时拧紧力矩不要过大,防止油管及表接头处损坏;	□正确使用喷油器试验器 □正确判断喷油器喷油压力是否正常 □按8S要求整理

续上表

步骤	操作方法及说明	质量标准及记录
2.喷油器喷油压力的检测	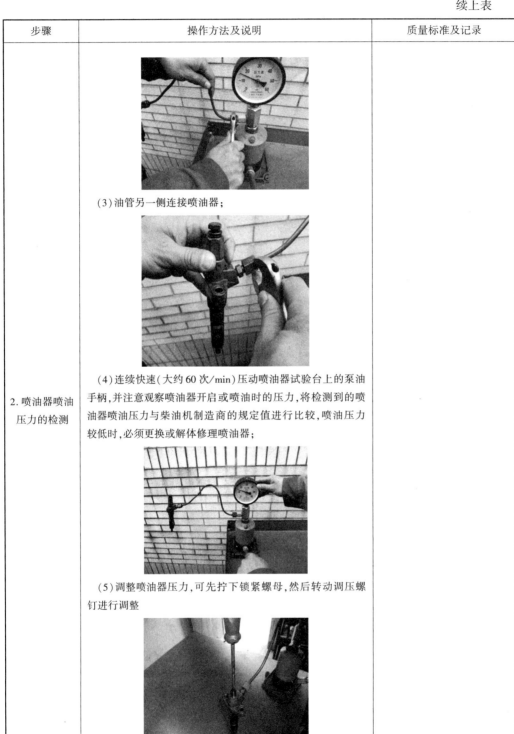 (3)油管另一侧连接喷油器; (4)连续快速(大约60次/min)压动喷油器试验台上的泵油手柄,并注意观察喷油器开启或喷油时的压力,将检测到的喷油器喷油压力与柴油机制造商的规定值进行比较,喷油压力较低时,必须更换或解体修理喷油器; (5)调整喷油器压力,可先拧下锁紧螺母,然后转动调压螺钉进行调整	

续上表

步骤	操作方法及说明	质量标准及记录
3.喷油器喷雾质量的检测	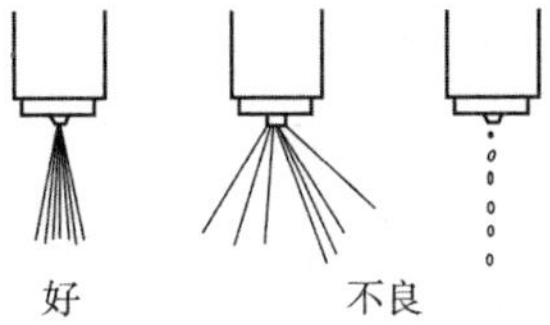 （1）在喷油器试验台上，按规定喷油压力，以60~80次/min的频率压动泵油手柄，使喷油器喷油；  （2）检查喷油器在规定压力下，能否把柴油喷射为细小、均匀的雾状油束，不允许滴油和飞溅，喷油开始和终了应有明显的清脆爆裂声，油束方向锥角与喷油器轴线呈15°~20° 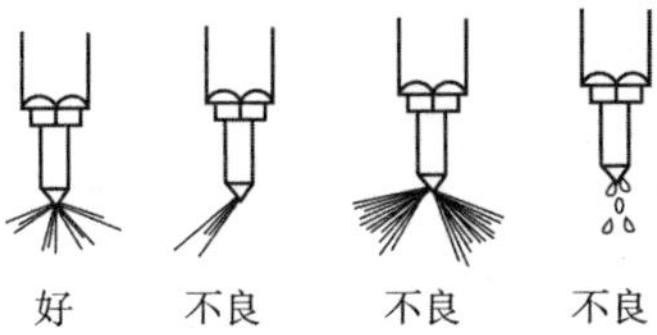 好　不良　不良　不良 a) 好　　不良 b)	□正确使用喷油器试验器 □正确判断喷油器喷雾质量是否正常 □按8S要求整理
4.喷油器密封性能的检测	（1）旋动调整螺钉，调整喷油器喷油压力至19.6MPa，测量油压下降2MPa所需时间，要求大于9s，否则，说明针阀与针阀体圆柱面配合间隙过大；  （2）拧动喷油器调压螺钉，并连续压动泵油手柄，将喷油压力调整到比规定的标定喷油压力低2MPa，喷油器在10s内不能有渗油甚至滴油现象，否则，说明针阀与针阀体密封锥面密封不良	□正确使用喷油器试验器 □正确判断喷油器密封性能是否正常 □按8S要求整理

续上表

步骤	操作方法及说明	质量标准及记录
4.喷油器密封性能的检测		
5.现场恢复	整理和复位	□按8S要求整理

四、评价反馈(表2-3)

评价表　　　　　　　　　　　　　　　　　　　表2-3

评分项目	评分标准	分值(分)	得分(分)
学习目标	能明确本任务的知识、技能、素养目标,理解任务在工作中的重要程度	5	
工作任务分析	能清晰描述完成本次工作任务内容	2	
	能清晰描述完成本次工作任务需必备的技能与知识点	2	
有效信息获取	能准确讲述柴油机燃料供给系统的作用,并在发动机上指明部件所在位置	5	
	能准确讲述燃料供给系统的基本油路	5	
	能准确讲述喷油器的结构及工作原理	5	
实施方案制订	能清晰地制订并填写本次柴油机燃料供给系统的故障诊断与排除的准备作业计划	5	
	能组织或协同工作小组成员,明确本次任务所需仪器设备、工具、材料的准备与清点,并准备记录	5	
	能组织或协同工作小组成员交流,优化检查方案并记录	5	
任务实施	能规范完成前期准备	4	
	能规范完成安全检查	4	
	能规范完成仪器连接	4	
	能规范完成故障现象确认	4	
	能规范完成基本检查	4	
	能规范完成喷油器总成的拆卸	4	
	能规范完成喷油器喷油压力的检测	4	

续上表

评分项目	评分标准	分值(分)	得分(分)
任务实施	能规范完成喷油器喷雾质量的检测	4	
	能规范完成喷油器密封性能的检测	4	
	能规范完成维修结果确认	4	
	能规范完成现场恢复	5	
任务评价	通过本次任务实施,结合自己在实训过程中的表现,进行自我评价及自我反思并记录	3	
职业素养	按规定时间完成项目作业	2	
	遵守实训室管理规定、劳动纪律	2	
	积极参与课堂活动、回答问题	2	
	能够按时出勤	2	
思政要求	有劳动精神、奋斗精神、奉献精神、团队合作精神	5	
总计		100	

改进建议:

教师签字:

日期:

学习活动 2　共轨式电控喷油系统的故障诊断与排除

一、明确任务

根据任务描述,发动机故障指示灯点亮并闪烁,对故障车辆进行检测,需要对共轨式电控喷油系统部件进行检查与更换,使其恢复正常使用性能。

二、工作准备与计划制订

(一)知识准备

1. 柴油机电控系统的组成及原理

1) 柴油机电控系统的组成

柴油机电控系统由_____、_____和_____三个部分组成,如图 2-12 所示。

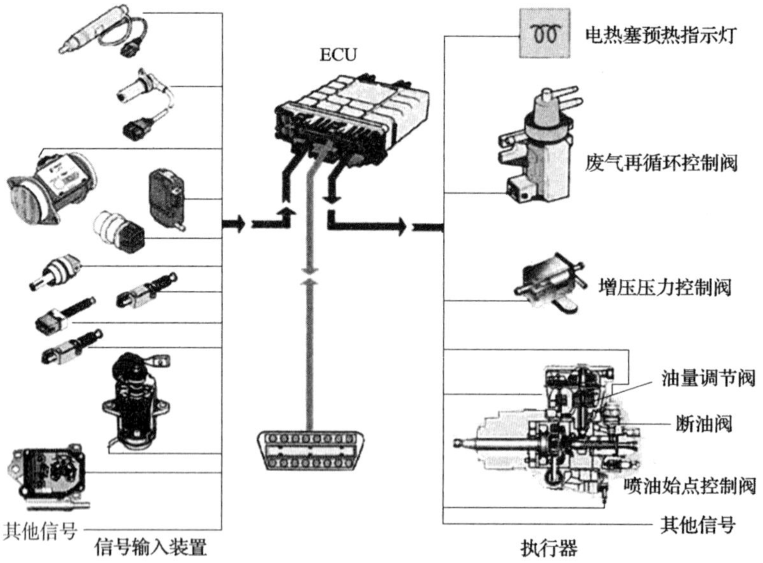

图 2-12　柴油机电控系统的基本组成

(1) 信号输入装置。

信号输入装置的作用是通过各种传感器或其他控制装置将各种控制信号输入ECU,它包括_____和_____。不同的电控燃油系统所选用的信号输入装置是不同的。

传感器包括_____、_____、_____、
_____、增压压力传感器、冷却液温度传感器、共轨压力传感器、燃油温度传感器、加速踏板位置传感器等。

信号开关包括_____、_____、_____、
_____。

（2）电子控制单元（ECU）。

电子控制单元是整个柴油机电控系统的核心，它利用内部存储的软件（各种函数、算法语言、数据、表格）与硬件（各种信号采集处理电路、微机系统、功率输出电路、通信电路），分析各传感器输入的诸多动态数据，制订出各种控制命令送到各个执行器，从而实现对柴油机的控制。

（3）执行器。

执行器是接受_____，具体执行某项控制功能的装置。柴油机电控喷油系统的类型不同，执行器也有所不同。如位置控制式电控燃油系统的执行器为电动调速器和电子提前器（时间正时器），时间控制式电控喷油系统的执行器为高速电磁阀，燃油共轨式电控喷油喷射系统的执行器为电控喷油器等。

2）柴油机电控系统的工作原理

如图 2-13 所示为柴油机电控系统的原理框图。柴油机上的各种信息通过传感器及其他信号开关输送到 ECU，经过与存储器中柴油机的各种调控参数或状态的目标数据进行运算比较，然后 ECU 给执行器发出控制指令信号，使柴油机按照最佳的状态运行。

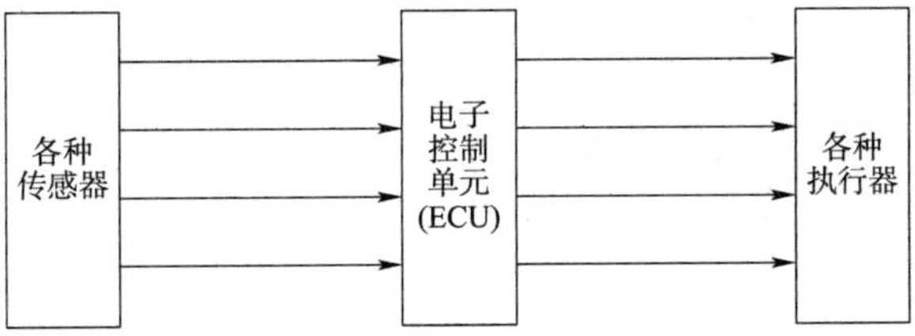

图 2-13　柴油机电控系统原理框图

2. 柴油机电控系统的控制内容

1）燃油喷射控制

燃油喷射控制主要包括_____、_____、_____和_____等。

2）怠速控制

怠速控制主要包括_____和_____。

3）进气控制

进气控制主要包括_____、_____和_____。

4）增压控制

增压控制主要包括_____和_____。

5）排放控制

排放控制主要是_____。ECU 主要根据柴油机的转速和负荷信号，按

内存程序控制 EGR 阀的开度,以调节 EGR 率。

6)起动控制

起动控制主要包括_____、_____和_____,其中供(喷)油量控制和供(喷)油正时控制与其他工况相同。

7)巡航控制

带有巡航控制功能的柴油机电控系统,当通过巡航控制开关选定巡航控制模式后,ECU 即可根据车速信号等自动维持汽车以一定车速行驶。

8)故障自诊断和失效保护

柴油机电控系统中也包含_____和_____两个子系统。柴油机电控系统出现故障时,自诊断系统将点亮仪表盘上的"故障指示灯",提醒驾驶员注意,并储存故障码,检修时可通过一定的操作程序调取故障码等信息;同时失效保护系统启动相应保护程序,使柴油能够继续保持运转或强制熄火。

9)柴油机与自动变速器的综合控制

在装用自动变速器的柴油车上,将柴油机控制 ECU 和自动变速器控制 ECU 合为一体,实现柴油机与自动变速器的综合控制,以改善汽车的变速性能。

3. 共轨式电控喷油系统的组成

共轨式电控喷油系统由_____和_____构成。其中,液力系统又分_____和_____,如图 2-14 所示。

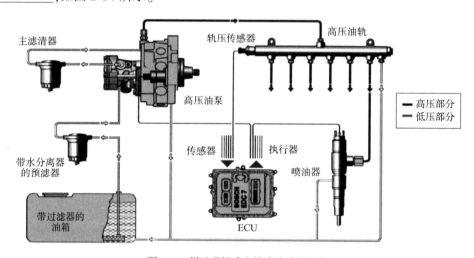

图 2-14 燃油共轨式电控喷油系的组成

低压液力系统包含_____、_____、_____和_____。
高压液力系统包含_____、_____和_____。
电子控制系统则由_____、_____、_____(包括带电磁阀的喷油器、压力控制阀、预热塞控制单元、增压压力调节器、废气循环调节器、节流阀等)以及线束组成。

其中,_____、_____、_____、_____为柴油共轨式电控喷油系统的四大核心部件,如图 2-15 所示。

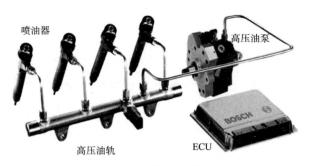

图 2-15　共轨系统的四大核心部件

4. 共轨式电控喷油系统的工作原理

发动机工作时,发动机的工作情况(如发动机转速、加速踏板位置、冷却液温度、进气温度等)被各种传感器检测到。ECU 根据上述传感器检测到的信号对喷油量、喷油时刻、喷油压力进行全面控制,确保发动机处于最佳的工作状态。

电控喷油器根据 ECU 发出的喷油指令脉冲起点控制喷油始点,即_____;喷油量由 ECU 发出的喷油指令脉冲宽度控制;喷油压力为_____,通过 ECU 给高压油泵发出共轨压力指令控制,由高压油泵控制共轨压力,共轨压力传感器将共轨压力反馈给 ECU,以实现共轨压力的闭环控制,如图 2-16 所示。

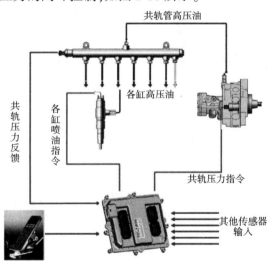

图 2-16　共轨式电控喷油系统工作原理

5. 高压共轨泵部分

1) CP1S 型共轨泵

(1) 低压部分。

由于 CP1S 型高压泵自身不配有输油泵,因此进油压力由车上电动输油泵来保证。电动输油泵有两种安装方式:安装在管路中和安装在燃油箱内。从发动机起动过程开始,电动输油泵就持续不断地运转,并且与发动机转速无关,它将燃油连续地从燃油箱经过燃油滤清器输往喷油装置。

（2）高压油泵结构。

CP1S 高压油泵包含三个沿油泵圆周呈 120°均匀布置的油泵元件,每一个油泵元件包含_____、_____、_____、_____、_____等,柱塞套通过进出油阀总成座压装在每一个泵盖和泵壳之间,弹簧下座支撑在驱动轴偏心轮上的驱动环上,柱塞弹簧始终使得柱塞抵靠在驱动环上,在高压油泵进油口具有安全阀,在不工作时,安全阀关闭油泵的进油通道,如图 2-17 所示。

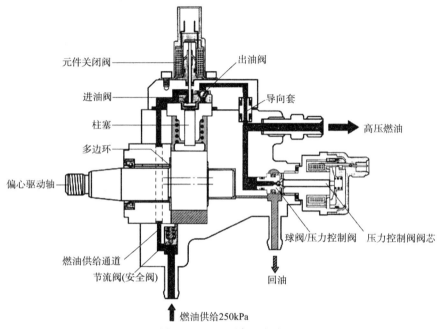

图 2-17　CP1S 型高压油泵

2）CP1H 型高压油泵

(1)低压部分。

CP1H 型高压油泵的低压压力主要通过齿轮泵 ZP26 来实现。齿轮泵主要由_____、_____、_____和_____组成。齿轮泵通过驱动齿轮带动从动齿轮转动,在进油口和出油口处造成压力差,将燃油吸入齿轮泵内,对高压泵腔进行供油,如图 2-18 所示。

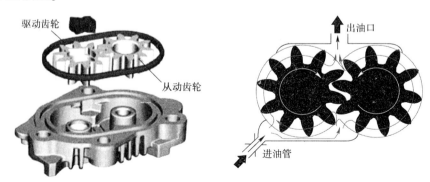

图 2-18　齿轮泵结构

(2)高压部分。

CP1H 高压油泵其泵壳部分与 CP1S 泵相似,不同之处在于将_____和_____加工成一体,进出油阀安装在泵盖内的座孔中,如图 2-19 所示。

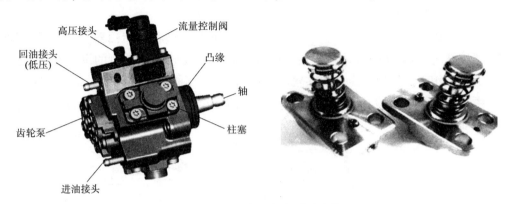

图 2-19　CP1H 高压油泵和柱塞实物

3)CP3 型高压油泵

(1)结构。

CP3 系列高压油泵不仅可用于轿车,而且也能用于载货车。在结构上与 CP1 相似,如图 2-20 所示。不同之处在于:CP3 高压油泵壳体为整体结构,取消了泵盖,高压油泵的柱塞套直接加工在高压油泵壳体上,进出油阀直接安装在高压油泵壳体的座孔中,这样有助于提高系统的最高压力,CP3 燃油系统的压力达到 180MPa。

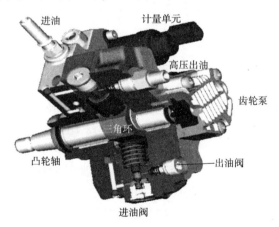

图 2-20　CP3 高压油泵结构

(2)工作过程。

安装在高压油泵上的齿轮泵将燃油从油箱泵出,流经燃油滤清器并输送到高压油泵内部的进油道,在此处燃油分成两路,一路流到阶跃回油阀,一方面阶跃回油阀使得进油道的压力保持相对的恒定(大约 0.5MPa),为进油计量元件提供工作条件,另一方面通过阶跃回油阀燃油流进油泵驱动轴腔,对油泵运动零件进行润滑冷却,并有助于系统排除空气,多余的燃油一起回到齿轮泵进油口,润滑冷却的燃油经过节流阀回到油箱;进油道的另一路燃油进入进油计量元件,然后经过进油计量元件和进油阀进入柱塞内腔,由于进油道的压力保持恒定,通过改变进油计量元件的开度,控制进入柱塞腔的燃油量,从而控制共轨的压力。接下来柱塞泵的工作过程与CP1H相同。

6. 高压共轨管部分

高压共轨管的作用是_____,并将高压燃油分配到各个喷油器。同时,保证在喷油器打开时,喷射压力维持稳定值。根据发动机的安装条件共轨的设计是可变的。共轨上装有用于测量燃油压力的共轨压力传感器、限压阀和流量限制器,如图2-21所示。由高压油泵过来的高压燃油经高压油管通过共轨的进油口进入共轨并被分配到各个喷油器。

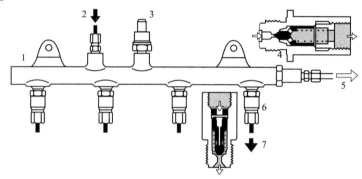

图 2-21 共轨管、限压阀与流量控制阀
1-共轨;2-自高压油泵来的供油;3-共轨压力传感器;4-限压阀;5-回油;6-流量限制器;7-高压油管

7. 共轨喷油器 CRI

1)CRI 共轨喷油器结构

图 2-22 电磁铁组件

喷油器 CRI 大体分为五大组件,分别是:_____、_____、_____、_____ 和 _____。各部分功能阐述如下。

(1)电磁铁组件:由 _____、_____、_____、_____ 等几部分组成,它在通电的情况下会产生电磁力,吸引衔铁盘上移,实现阀球的开启与关闭,如图2-22所示。

(2)衔铁组件:由_____、_____、_____等组成,它在电磁力的作用下上下运动,是控制喷油器喷射与否的控制部件之一,如图2-23所示。

a) 衔铁芯   b) 衔铁导向   c) 衔铁盘

图 2-23 衔铁组件

(3)阀组件:由_____和_____两个部件偶配而成,二者之间的配合间隙仅3~6μm。阀座上有两个微小的节流孔,座面的叫 A 孔,侧面的叫 Z 孔。阀组件是控制喷油器喷射与否的主要运动部件之一,如图 2-24 所示。

(4)喷油器体:喷油器体有_____,是主要的承压部件。目前,国内的 CRI 都是进口在外面、回油口在尾端的类型,如图 2-25 所示。

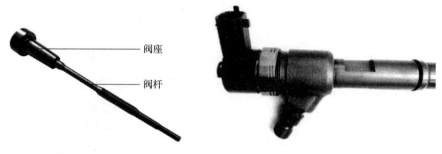

图 2-24　阀组件　　　　　图 2-25　CRI 喷油器体

(5)油嘴偶件:由_____和_____组成,结构上与传统的机械油嘴无异。只是偶配间隙更小(约 2.5μm),喷孔的加工更讲究(液力研磨成倒锥形孔等)。它负责向燃烧室内喷油,是实现精确喷射、油雾形成等的关键部件,如图 2-26 所示。

2)CRI 共轨喷油器工作过程

(1)静止关闭阶段。

电磁铁不通电,球阀在弹簧力的作用下紧紧封住阀座座面。由于通入阀环腔的燃油与通入喷嘴腔的燃油具有相

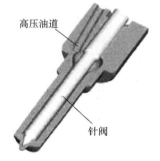

图 2-26　油嘴偶件

同的压强,且阀杆端面的液力受力面积远大于针阀端的液力受力面积,因此作用在整个运动部件上的合力向下,这时候针阀落座紧紧封住喷孔,没有喷油,如图 2-27a)所示。

(2)喷射阶段。

当电磁铁通电时,产生向上的电磁力,这时电磁力吸引衔铁盘向上运动,球阀在高压燃油的作用下被顶开,阀环腔内的高压燃油通过座面孔快速往上回油,阀环腔内的油压急剧下降。但是针阀端环腔内的燃油仍然保持与轨压相近的压强,因此作用在整个运动部件上的合力向上,迫使针阀抬起,高压燃油通过喷孔喷射入燃烧室,实现喷射。在电磁阀持续通电的情况下,喷油器持续喷油,如图 2-27b)所示。

(3)停止喷射。

一旦电磁铁停止通电,其产生的电磁力即刻消失,衔铁芯在弹簧力的作用下迫使球阀紧紧封住阀座座面。这时,阀环腔内油压迅速增加直至于接近油轨内的油压。作用在整个运动部件上的合力转为向下,针阀落座紧紧封住喷孔,停止喷油,如图 2-27c)所示。

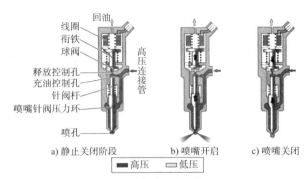

图 2-27 共轨喷油器工作过程

(二)制订工作方案

1. 任务分工(表 2-4)

学生任务分配表　　　　　　　　　　表 2-4

班级		组号		指导老师	
组长		任务分工			
组员 1		任务分工			
组员 2		任务分工			
组员 3		任务分工			
组员 4		任务分工			
组员 5		任务分工			
组员 6		任务分工			

2. 工量具、仪器设备与耗材准备

(1)使用的工量具有：_____。

(2)使用的仪器设备有：_____。

(3)使用的耗材有：_____。

3. 具体方案描述

_____
_____
_____
_____
_____

三、计划实施

(一)安全注意事项及技能要点

1. 安全注意事项

(1)使用外接气源时注意气压及连接口状况。

(2)遵循发动机起动安全规范。

(3)拆卸喷油器之前,需要断开蓄电池负极。

2. 技能要点

(1)能够正确使用拆装专用工具。

(2)能够正确完成共轨高压油泵的拆解与清洗。

(3)能够正确完成共轨喷油器的拆解与清洗。

(4)能够正确完成共轨高压油泵的检测。

(5)能够正确完成共轨喷油器的检测。

(二)任务实施

共轨高压油泵及共轨喷油器检测的操作方法及说明见表2-5。

共轨高压油泵及共轨喷油器检测的操作方法及说明 表2-5

步骤	操作方法及说明	质量标准及记录
1.拆卸共轨高压油泵	由于该油泵不需要对点火时间,因此只需要将齿轮泵进出油管,油泵进回油管及高压油管松开,拧开三颗固定泵体的螺栓(安装时的力矩要求为25~35N·m),同时松开锁轴的大螺母(安装时的力矩要求为100~110N·m),左右晃动油泵,取出油泵即可。有部分油泵是将油泵连同齿轮一起取下,拆装时需注意 	□正确拆卸 □正确使用工具 □按8S要求整理
2.拆卸共轨管	共轨管一般是通过两个螺栓固定在发动机机体上,只需要将固定螺栓松开,同时松开高压进油管、通往共轨喷油器的高压油管以及泄压阀的油管,然后拔掉轨压传感器的连线 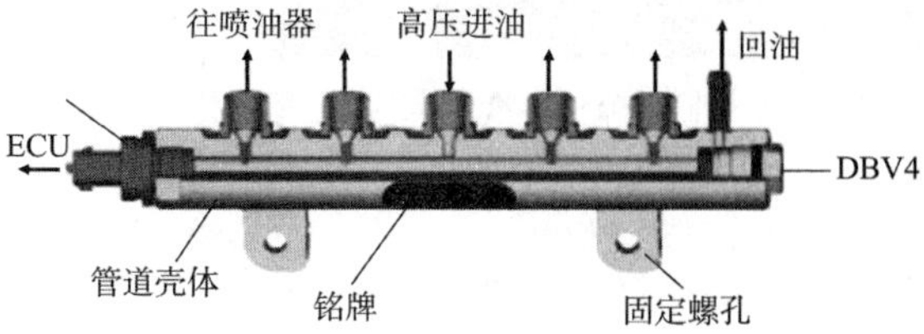	□正确拆卸 □正确使用工具 □按8S要求整理

续上表

步骤	操作方法及说明	质量标准及记录
3. 拆卸CRI共轨喷油器	首先取下喷油器回油管的卡簧，然后取下回油管，拆掉电磁阀接头，松开高压油管，最后松开喷油器压板锁紧螺栓，然后开始拉拔喷油器，在取出喷油器的过程中要注意，先使喷油器松动之后再开始拉拔喷油器，而且喷油器电磁阀处不可受力 电磁阀接头 回油管 回油管卡簧 喷油器压板锁紧螺栓 高压油管	□正确拆卸 □正确使用工具 □按8S要求整理
4. 共轨高压油泵的拆解与清洗	（1）工具准备，用带台钳的工作台及专用工具； （2）松开固定计量单元的三颗螺栓，取下计量单元，测量计量单元电子值为 2.5~3.5Ω，观察计量单元进出油口有无杂质，螺栓拧紧力矩为 6~7N·m； （3）松开固定齿轮泵的四颗螺栓，取出齿轮泵，注意观察驱动轴与驱动齿轮的磨损情况，拧紧力矩为 8~10N·m； （4）松开溢流阀，检查是否卡死； （5）松开固定凸缘的六颗螺栓，螺栓拧紧力矩为 7.5~8.5N·m，转动凸缘盘，用手按住驱动轴，边旋转边拔出，注意密封圈的数量，取出密封圈，取出驱动轴，观察驱动轴在油封位置的磨损情况，严重时需要更换； （6）使用专用工具，分别卡住三个柱塞座，旋紧，直到能顺利取出三角环； （7）依次取出柱塞座、弹簧和柱塞，记住每个柱塞对应的位置，观察柱塞磨损情况，由于此柱塞套是与壳体集成的，因此一旦柱塞磨损严重，则需要更换高压油泵总成； （8）依次拆开柱塞顶部的锁紧螺母，拧紧力矩为 35N·m，取出其中的回吸阀，观察其能否正常活动；	□正确拆解与清洗 □正确使用工具 □按8S要求整理

续上表

步骤	操作方法及说明	质量标准及记录
4. 共轨高压油泵的拆解与清洗	（9）拆开高压出油接头以及和其对应的另外两个锁紧螺母,拧紧力矩为35N·m,取出内部的弹簧和钢球,观察其是否磨损; （10）对各个部件进行清洗后,更换修理包,按与拆解相反的顺序安装	
5. 共轨管的拆解与清洗	共轨管的拆解主要是针对内部管路的清洗,包括各个高压油管的清洗,使用清洁干净的压缩空气清洗即可,必要时可将轨压传感器和限压阀拆下后清洗,轨压传感器的安装力矩为25N·m,限压阀安装力矩为45N·m	□ 正确拆解与清洗 □ 正确使用工具 □ 按8S要求整理
6. 共轨喷油器的拆解与清洗	（1）工具准备带拆装台架的工作台专用拆装工具专用测量工具; （2）取出共轨喷油器嘴头处的铜垫片,确认其厚度,安装时要更换新的相同厚度的垫片; （3）将共轨喷油器按照正确的方法进行夹装,松开油嘴压帽,依次取出内部构件; 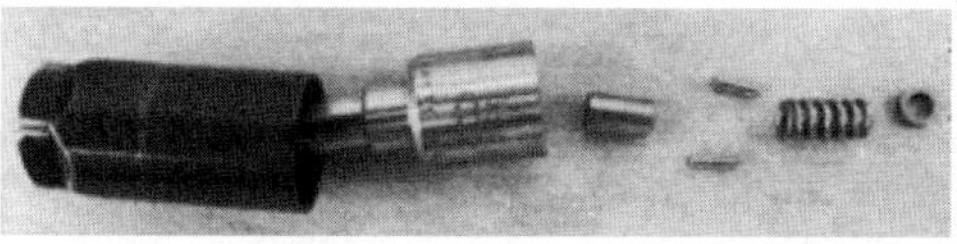 （4）将喷油器电磁阀朝上方夹装,使用专用工具对喷油器电磁阀进行拆解,拆之前注意电磁阀接头与高压接头之间的角度,松开电磁阀,取下电磁阀及内部调整垫片和弹簧; 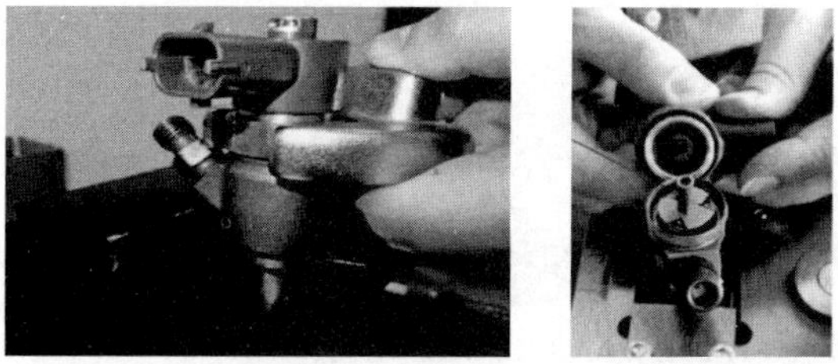 a) 夹装　　　　b) 取下电磁阀 （5）取出卡簧,拆卸衔铁盘,取出空气余隙垫片,使用专用工具,松开紧固螺母,依次取出内部构件,注意钢球及钢球座,小心存放; 	□ 正确拆解与清洗 □ 正确使用工具 □ 按8S要求整理

续上表

步骤	操作方法及说明	质量标准及记录
6. 共轨喷油器的拆解与清洗	(6) 使用专用工具,从喷油器嘴头方向将喷油器阀组件顶出,然后取出密封圈和支撑环;  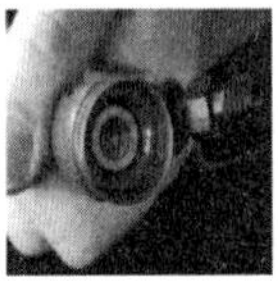  (7) 观察各部件的磨损情况,尤其是喷油器嘴头及阀组件座面孔,出现磨损即需更换,将部件初步清洗后放入超声波清洗机内,清洗 15min 以上,然后取出,用干净的燃油二次清洗,之后,将部件及所需更换零件统一放入干净的盘内,准备安装; 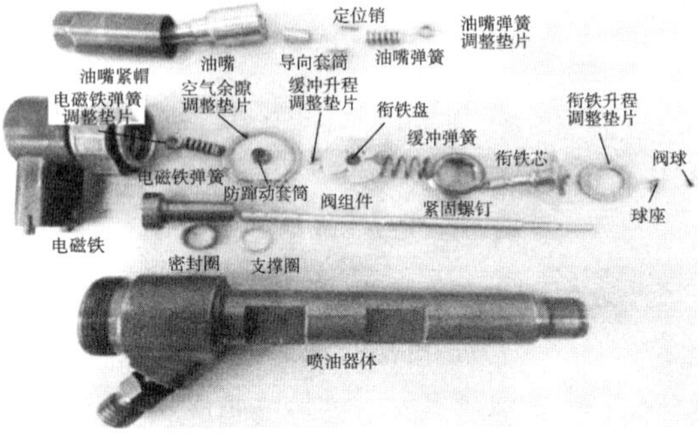 (8) 使用专用工具安装密封圈和支撑环,特别注意,支撑环的翘边向上方安装; 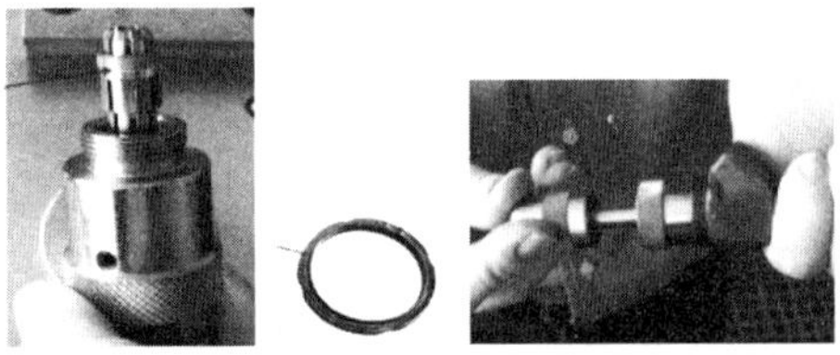 (9) 在喷油器嘴头位置装上专用的保护装置后,将阀组件从上方放入喷油器壳体内,用专用压入工具将阀组件压到壳体内; 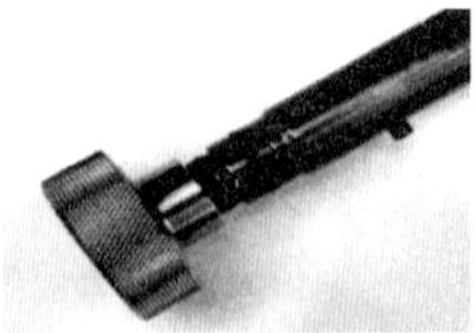 a) 安装专用工具 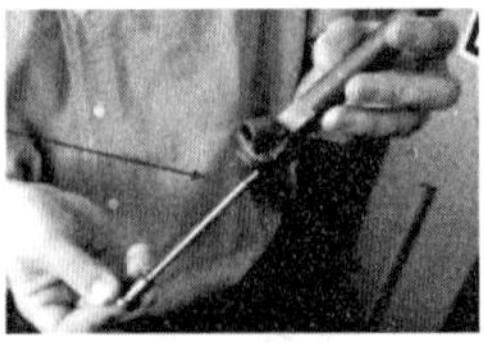　　b) 安装阀组 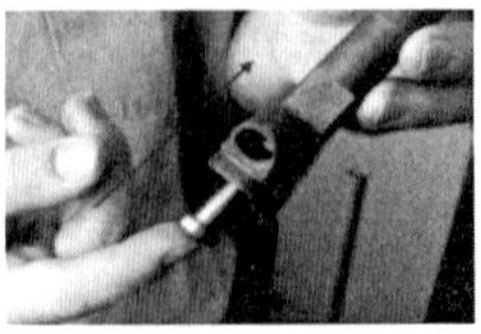 c) 用手顶入阀组 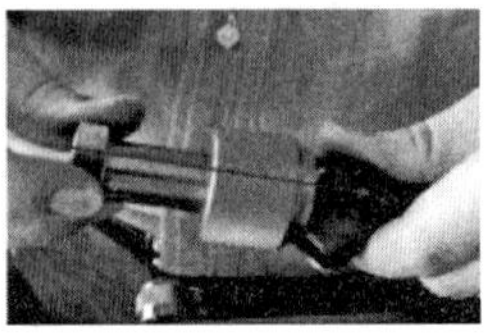　　d) 专用工具压入阀组	

续上表

步骤	操作方法及说明	质量标准及记录
6.共轨喷油器的拆解与清洗	(10)依次放入钢球、钢球座、衔铁升程调整垫片、衔铁芯,放入锁紧螺母,使用专用工具拧紧。拧紧力矩为35～45N·m,拧紧力矩过大或过小都会对喷油器最终的喷油量造成影响;  a)放入衔铁升程调整垫片 　　b)放入衔铁芯  c)放入锁紧螺母 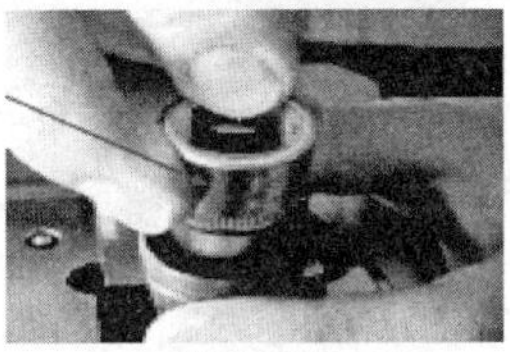　　d)使用工具上紧 (11)安装空气余隙调整垫片、弹簧、衔铁盘,装入卡簧,在电磁阀内放入垫片和弹簧后,将电磁阀安装到喷油器上,使用专用工具将电磁阀拧紧,拧紧力矩为25～35N·m; 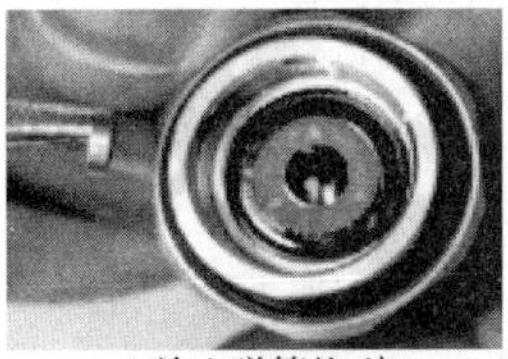 a)放入弹簧垫片 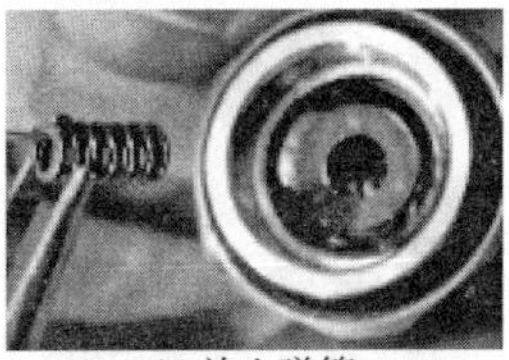　　b)放入弹簧 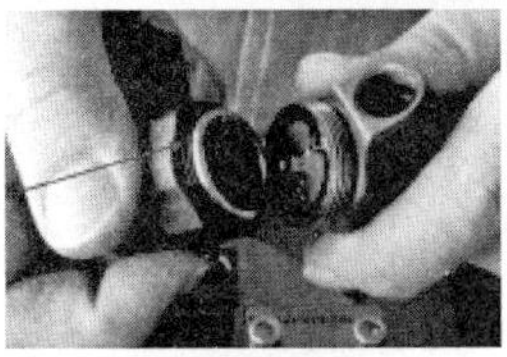 c)安装电磁阀 　　d)拧紧电磁阀 (12)将喷油器体倒置,依次放入垫片、弹簧、导向套、定位销和嘴头,拧紧油嘴压帽,拧紧力矩为45～55N·m;  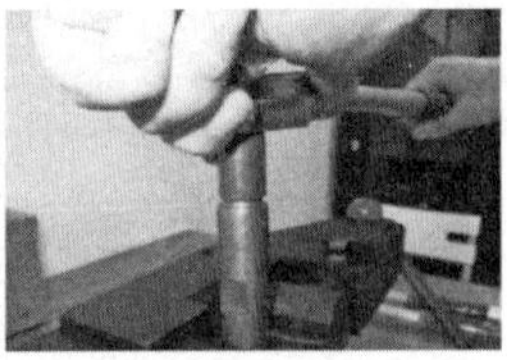 (在整个喷油器的安装过程中,为保证喷油器的精确性,必要时可以对喷油器内部衔铁升程、空气余隙、电磁阀弹簧力、针阀升程等参数进行测量,具体操作步骤参考配套的课程资源)	

续上表

步骤	操作方法及说明	质量标准及记录
7. 共轨高压油泵的检测	（1）试验台的准备和了解，对照产品说明书了解试验台结构； （2）共轨泵在试验台上的安装，选择合适的联轴器、凸缘盘，将高压泵连接到试验台飞轮上； 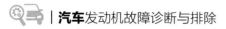飞轮　联轴器　专用凸缘　紧固角铁　专用紧固凸缘　共轨泵 （3）高压油泵在试验台上的连接，试验台上的进油管连接到油泵的进油口，回油管连接到油泵的回油口，如果高压油泵的齿轮泵上有进油口，则将试验台的进油管连接到齿轮泵上，齿轮泵上的出油口和高压油泵的进油口直接连接，油泵的高压出油和试验台的共轨管连接，选择正确的电气端口连接； （4）高压油泵的检测，打开试验台进入应用菜单界面，选择正确的应用软件，然后输入高压油泵对应的编号，选择检测程序，按<F8>确定开始检测，在检测开始后并在自动功能已开启的情况下，在达到规定额定值后，立即开始等待时间或测量时间，到达时间后，系统软件 EPS945 自动切换到下一检测步骤并同时保存测量结果，如果达到最后检测步骤并且测量时间已到，EPS708 关闭并且检测结束，按<F12>可以调出测量记录，通过<F4>可存储数据并且调出历史数据	□正确完成共轨高压油泵的检测 □正确使用工具 □按 8S 要求整理
8. CRI 共轨喷油器的检测	（1）共轨喷油器在试验台上的安装，由于检测共轨喷油器需要试验台提供一个较高压力，因此在检测喷油器的套件内配备了一台测试用的标准泵，该泵的连接方式与检测 CP3.3 高压油泵的连接方式相同，CRI 共轨喷油器需要通过一个支架安装到试验台上；	□正确完成共轨喷油器的检测 □正确使用工具 □按 8S 要求整理

续上表

步骤	操作方法及说明	质量标准及记录
8. CRI 共轨喷油器的检测	（2）共轨喷油器 CRI 在试验台上的连接，选择正确的回油管接头、油量适配器以及高压连接头，将高压油泵 CRI 共轨喷油器安装到支架上； （3）共轨喷油器的检测，打开试验台进入应用菜单界面，选择正确的应用软件，然后输入共轨喷油器对应的编号，选择检测程序，按 <F8> 确定开始检测，在检测开始后并在自动功能已开启的情况下，在达到规定额定值后，立即开始等待时间或测量时间，到达时间后，系统软件 EPS945 自动切换到下一检测步骤并同时保存测量结果，如果达到最后检测步骤并且测量时间已到，EPS708 关闭并且检测结束，按 <F12> 可以调出测量记录，通过 <F4> 可存储数据并且调出历史	
9. 共轨高压油泵及喷油器的安装	将检测正常的共轨高压油泵及喷油器装好附件，按照与拆卸相反的顺序安装	□正确完成共轨高压油泵及喷油器的安装 □正确使用工具 □按 8S 要求整理
10. 现场恢复	整理和复位	□按 8S 要求整理

四、评价反馈（表2-6）

评价表　　　　　　　　　　　　　　　　　表2-6

评分项目	评分标准	分值(分)	得分(分)
学习目标	能明确本任务的知识、技能、素养目标，理解任务在工作中的重要程度	5	
工作任务分析	能清晰描述完成本次工作任务内容	2	
	能清晰描述完成本次工作任务需必备的技能与知识点	2	
有效信息获取	能准确讲述共轨式电控喷油系统的组成，并在发动机上指明部件所在位置	5	
	能准确讲述共轨式电控喷油系统的工作原理	5	
	能准确讲述共轨喷油器的结构及工作原理	5	

续上表

评分项目	评分标准	分值(分)	得分(分)
实施方案制订	能清晰地制订并填写本次共轨式电控喷油系统的故障诊断与排除的准备作业计划	5	
	能组织或协同工作小组成员,明确本次任务所需仪器设备、工具、材料的准备与清点,并准备记录	5	
	能组织或协同工作小组成员交流,优化检查方案并记录	5	
任务实施	能规范完成前期准备	4	
	能规范完成安全检查	4	
	能规范完成仪器连接	4	
	能规范完成故障现象确认	4	
	能规范完成基本检查	4	
	能规范完成共轨高压油泵的拆解、清洗和检测	5	
	能规范完成共轨管的拆解、清洗	5	
	能规范完成共轨喷油器的拆解、清洗和检测	5	
	能规范完成维修结果确认	5	
	能规范完成现场恢复	5	
任务评价	通过本次任务实施,结合自己在实训过程中的表现,进行自我评价及自我反思并记录	3	
职业素养	按规定时间完成项目作业	2	
	遵守实训室管理规定、劳动纪律	2	
	积极参与课堂活动、回答问题	2	
	能够按时出勤	2	
思政要求	有劳动精神、奋斗精神、奉献精神、团队合作精神	5	
总计		100	

改进建议:

教师签字:
日期:

学习活动 3　柴油机后处理系统的故障诊断与排除

一、明确任务

根据任务描述,发动机故障指示灯点亮并闪烁,对故障车辆进行检测,需要对柴油机后处理系统部件进行检查与更换,使其恢复正常使用性能。

二、工作准备与计划制订

(一)知识准备

1. 实现国Ⅳ排放的技术路线

实现国Ⅳ排放的技术主要有两条:选择性催化还原技术(Selective Catalytic Reduction,SCR)、废气再循环系统(Exhaust Gas Recirculation,EGR)壁流式颗粒捕集器(Diesel Particulate Filter,DPF)。SCR利用尿素溶液与尾气中的NO_x混合、反应,还原成无毒的氮气,从而达到降低NO_x排放浓度的目的。废气再循环EGR、颗粒补集器DPF(POC),用于降低尾气中颗粒浓度,两种技术对比见表2-7。

国Ⅳ柴油机技术对比　　　　　　　　　　　　　　　　　　　表2-7

SCR	EGR + DPF
国Ⅲ、Ⅳ、Ⅴ可以采用相同的发动机平台	发动机本体变化较大,需要较大的中冷器空间
催化剂对燃油硫含量不敏感	过滤体对燃油硫含量比较敏感
油耗比国Ⅲ机型可下降5%~7%	油耗比国Ⅲ机型略有升高
需要控制氨泄漏,以防造成二次污染	DPF为防止堵塞需要再生
需要尿素加注站等基础建设	不需要基础建设
需要解决低温下尿素结晶问题	在一定程度上缓解低温下尿素结晶问题

2. SCR系统工作原理

SCR系统可分为三部分:_____、_____以及传感器等零部件。目前,喷射系统主要采用博世$DeNO_x2.2$系统。

博世$DeNO_x2.2$系统是一种成熟稳定的尿素喷射系统,如图2-28所示,主要包括:_____、_____、尿素箱、尿素管路及喷射控制单元(DCU)。博世$DeNO_x2.2$系统没有单独的DCU,其DCU的功能都集成在ECU里。

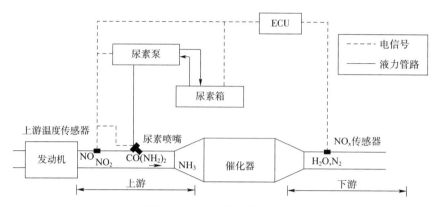

图 2-28　SCR 系统工作原理图

发动机起动后,传感器采集发动机信号,ECU 根据这些信号计算尿素的喷射量,控制尿素喷嘴开度,实现尿素喷射量的精确控制。

尿素水溶液经尿素吸液管由尿素箱吸入尿素泵,继而泵入尿素喷嘴。当系统压力达到预定值并且有喷射请求后,尿素喷嘴阀门开启,尿素水溶液以雾化形式喷入排气管内,尿素受热分解出氨气,进而在催化剂作用下加速将 NO_x 还原。

尿素水解为氨气(尿素喷射系统):

$$(NH_2)_2CO + H_2O \rightarrow 2NH_3 + CO_2 （要求温度 200℃ 以上）$$

SCR 后处理反应(SCR 催化转化器):

$$NO + NO_2 + 2NH_3 \rightarrow 2N_2 + 3H_2O$$

$$4NO + O_2 + 4NH_3 \rightarrow 4N_2 + 6H_2O$$

$$2NO_2 + O_2 + 4NH_3 \rightarrow 3N_2 + 6H_2O$$

3. 博世 $DeNO_x$ 2.2 系统零部件结构

1) 尿素泵结构

尿素泵负责将尿素箱中的尿素溶液加压并且送往尿素喷嘴,同时将多余的尿素溶液泵回尿素箱,将系统的压力维持在 9bar 左右。发动机停机后,尿素泵将系统中的尿素溶液倒抽回尿素箱,以避免残留的尿素溶液引起系统失效。图 2-29 为博世 $DeNO_x$ 2.2 系统尿素泵的外形结构图。

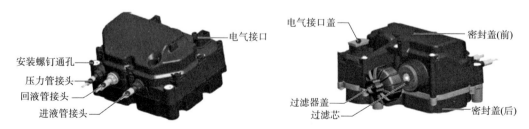

图 2-29　博世 $DeNO_x$ 2.2 系统尿素泵

尿素泵有三个液力管路接头,分别是_____、_____ 和 _____。提供尿素水溶液从尿素箱到尿素喷嘴的通路。接头规格满足美国 SAE J2044 标准,表 2-8 是三个接头的具体规格及定义。

尿素泵接头的具体规格及定义　　　　表 2-8

名称	规格	描述
进液管接头	SAE J2044 3/8″	入口,连接尿素吸液管
回液管接头	SAE J2044 3/8″	出口,连接尿素回液管
压力管接头	SAE J2044 5/16″	出口,连接尿素压力管

尿素泵内有一个可更换的过滤器,防止尿素溶液中的微尘颗粒(直径大于 30μm)进入喷射阀,滤芯及其附属平衡元件需定期更换。

尿素泵前端密封盖上留有电气接口,做 DCU/ECU 控制接口使用。

2)尿素喷嘴结构

尿素喷嘴将尿素泵加压的尿素喷入尾气中。图 2-30 所示为尿素喷嘴的外形结构,其中包含_____尿素管接头和_____冷却液接头,接头规格均满足 SAE J2044 标准。尿素管接头规格为 5/16″,与尿素压力管相连。

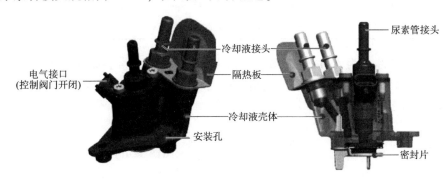

图 2-30　尿素喷嘴的外形结构

两个冷却液接头规格为 3/8″,它们是发动机冷却液对尿素喷嘴进行冷却的进水口和回水口,防止尿素喷嘴高温失效。冷却液接头不区分进水和回水,可以互换。尿素喷嘴冷却液在发动机上的取水位置可参考尿素箱加热冷却液的取水和回水位置。

3)尿素箱结构

尿素箱主要用来存储_____,潍柴集成式尿素箱将尿素泵集成在了尿素箱上,如图 2-31 所示为潍柴集成式尿素箱的外形结构。

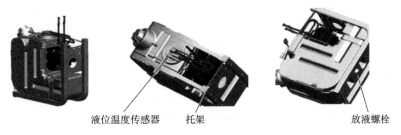

图 2-31　潍柴集成式尿素箱的外形结构

尿素箱液位温度传感器的外形结构如图 2-32 所示，其中回/出液接头和进/回水口的规格及定义，见表 2-9。

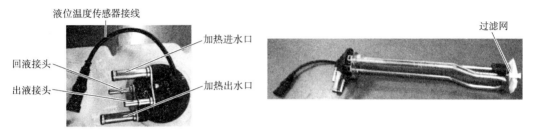

图 2-32　液位温度传感器

液位温度传感器回/出液接头和进/回水口的规格及定义　　　表 2-9

名称	规格	描述
出液管接头	SAE J2044 3/8″	出口，连接尿素吸液管
回液管接头	SAE J2044 5/16″	入口，连接尿素回液管
加热进水口	外径 14mm，内径 10mm	进口，连接加热进水
加热出水口	外径 14mm，内径 10mm	出口，连接加热出水

尿素溶液的冰点为 -11.5℃，系统在低温下工作时，尿素会结冰导致系统无法工作，因此需要对尿素箱进行解冻，尿素箱利用发动机的冷却液进行解冻和加热，加热水路的走向如图 2-33 所示。

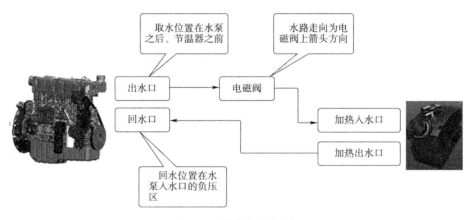

图 2-33　系统加热水路走向

4）尿素管路

尿素管路即_____的通道，在安装前保证两端防护良好，如图 2-34 所示，防止脏物和杂质进入管路，进而进入系统，导致系统失效。

尿素管路的安装要对应正确，否则会导致系统无法工作。安装前确认尿素管接头尺寸，各个快接头的型号与箱、泵和尿素喷嘴上的型号匹配正确。表 2-10 是尿素管与泵和尿素箱的匹配对应表。

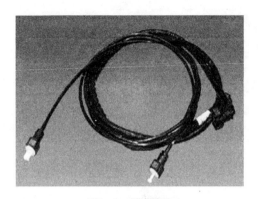

图 2-34 尿素管路

尿素管与泵和尿素箱的匹配对应表　　表 2-10

名称	管径（mm）	规格	特征
尿素吸液管路	外径 8，内径 6	SAE J2044 3/8″	3/8″直转弯,箱端直,泵端弯
尿素压力管路	外径 8，内径 7	SAE J2044 5/16″	5/16″直转弯,泵端直,嘴端弯
尿素回流管路	外径 8，内径 7	SAE J2044 5/16″	3/8″直转弯,箱端直,泵端弯
		SAE J2044 3/8″	5/16″直转弯,箱端直,泵端弯

安装时,尿素管不能弯折,若管路出现如图 2-35 所示的严重弯折,将导致系统不能正常工作。

图 2-35 尿素管路的严重弯折

5）SCR 箱

SCR 箱总成分为＿＿＿＿＿＿和＿＿＿＿＿＿两种,其中桶式 SCR 箱总成有两种外观,一种是侧面进气、后端出气（侧进端出）；一种是前端进气、后端出气（端进端出）。SCR 箱总成外观,如图 2-36 所示。

SCR 箱总成上集成了尿素喷嘴、排气温度传感器及氮氧传感器,为了防止在运输和搬运过程中的磕碰等造成尿素喷嘴和氮氧传感器失效,分别设计了尿素喷嘴保护架和氮氧传感器保护架,如图 2-37 所示。

SCR 箱总成通过进气凸缘与＿＿＿＿＿＿＿＿＿相连,如图 2-38 所示。

a) 箱式SCR箱总成　　b) 桶式SCR箱总成(侧进端出)　　c) 桶式SCR箱总成(端进端出)

图 2-36　SCR 箱总成外观图

图 2-37　SCR 箱总成图

图 2-38　进气凸缘与发动机排气连接管连接示意图

SCR 箱总成需要用 SCR 箱托架和拉带固定在整车上。

6)传感器

$DeNO_x 2.2$ 国Ⅳ/国Ⅴ系统与后处理相关的传感器除集成在尿素箱上的液位温度传感器外,还有排气温度传感器(图 2-39)、氮氧传感器(图 2-40)和环境温度传感器(图 2-41)。

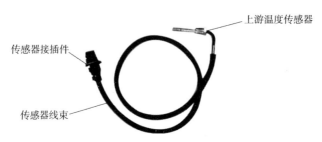

图 2-39　排气温度传感器结构示意图

图 2-40　氮氧传感器结构示意图

图 2-41　环境温度传感器结构示意图

（二）制订工作方案

1. 任务分工（表 2-11）

学生任务分配表　　　　　　表 2-11

班级		组号		指导老师	
组长		任务分工			
组员 1		任务分工			
组员 2		任务分工			
组员 3		任务分工			
组员 4		任务分工			
组员 5		任务分工			
组员 6		任务分工			

2. 工量具、仪器设备与耗材准备

（1）使用的工量具有：_____。
（2）使用的仪器设备有：_____。
（3）使用的耗材有：_____。

3. 具体方案描述

_____
_____
_____
_____
_____

三、计划实施

（一）安全注意事项及技能要点

1. 安全注意事项

（1）使用外接气源时注意气压及连接口状况。

(2)遵循发动机起动安全规范。

(3)拆卸喷油器之前,需要断开蓄电池负极。

2.技能要点

(1)能够正确使用拆装专用工具。

(2)能够正确完成尿素管路的检查。

(3)能够正确完成尿素箱的检查。

(4)能够正确完成尿素泵的拆解检查。

(5)能够正确完成尿素喷嘴的检查。

(二)任务实施

柴油机后处理系统检测的操作方法及说明见表 2-12。

柴油机后处理系统检测的操作方法及说明　　　表 2-12

步骤	操作方法及说明	质量标准及记录
1.尿素管路的检查	尿素管路最容易出现3类故障: (1)管路堵塞,一般由于尿素结晶或者尿素质量差引起,会影响尿素建压与喷射,造成排放不达标; (2)管路泄漏,一类是管路接口型号不符合或者接口密封不好,导致尿素泄漏,一类是管路老化或磨损,造成尿素泄漏; (3)管路弯折,管路弯折会造成尿素建压失败或者喷射故障,导致排放不达标; 检查 SCR 后处理系统中的各个管路,包括各个管路接头,如在检查过程中发现问题,则需对管路进行更换	□正确拆卸 □正确使用工具 □按 8S 要求整理
2.尿素箱的检查	(1)尿素箱上有通气孔,平衡内外压力差,和油箱一样;如果该孔堵塞不通风,造成吸尿素困难,可能造成建压失败; (2)如果尿素质量不好,导致各个部件堵塞卡滞等,可能造成建压失败; (3)尿素箱底部吸尿素的管路有个滤网,相当于油路的粗滤,如果该滤网堵塞,可能会造成建压失败; (4)确认尿素箱内尿素没有冻结	□正确拆卸 □正确使用工具 □按 8S 要求整理

续上表

步骤	操作方法及说明	质量标准及记录
3.尿素泵的拆解检查	（1）使用工具将尿素泵从车上拆下，注意各个管路的连接及线束接头； （2）松开端盖紧固螺栓，取下上盖，拧开滤芯固定螺栓，取出内部压差缓冲膜片，取出主滤清器； （3）拧开压力传感器固定螺栓，轻轻敲动两边的固定脚，取下压力传感器，注意传感器上的密封圈； （4）取下后端盖，松开尿素泵电机的固定螺栓，注意在松开的过程中，不要让尿素泵电机受到碰撞，取下固定卡片，撬开定位插脚，取下膜片、拨叉和反向电磁阀衔铁； （5）松开反向电磁阀固定螺栓，取下电磁阀； （6）撬开尿素泵电机的固定插脚和接线针脚，取下电机。 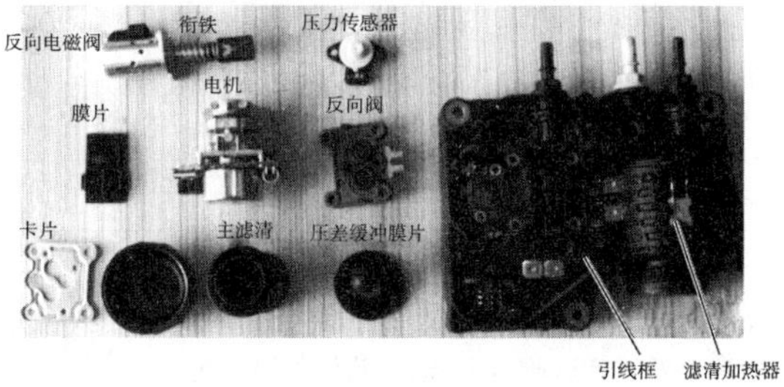 逐个部件进行检查： ①尿素泵内部管路有无结晶、堵塞等情况，可能会造成建压失败； ②换向电磁阀有异常，可能会导致拨片不能正常工作，拨片密封损坏会造成建压异常；    ③如果主泵损坏，会造成系统无法建压； ④主滤清器如果不及时维护，可能造成滤清器堵塞，系统建压失败；	□正确拆卸 □正确使用工具 □按8S要求整理

续上表

步骤	操作方法及说明	质量标准及记录
3.尿素泵的拆解检查	⑤尿素压力传感器安装在回流接头上方,如密封不好,可能会造成尿素泄漏,系统建压失败	
4.尿素喷嘴的检查	(1)在排气气管位置找到尿素喷嘴,使用工具将尿素喷嘴拆下; (2)尿素喷嘴如果结晶堵塞,系统第一次建压时压力下降不在范围内,会导致建压失败; (3)检查尿素喷嘴是否堵塞,喷孔堵塞分两种:一种是可溶于水的颗粒物,一般是由于倒抽不干净,尿素残留在喷孔处,尿素本身结晶导致的,因为尿素的结晶很容易溶于水,所以使用温水浸泡喷嘴的喷孔部位一段时间,大多数情况下都能够解决,另一种就是不溶于水的颗粒物,通常是由于尿素里面的杂质残留在喷孔处,或者尿素的结晶经过高温后变质形成不溶于水的颗粒,如果是这种情况,只能靠外部设备测试功能,使用诊断仪或测试台架将喷嘴频繁地开启和关闭,将堵塞的颗粒物振碎冲开	□正确拆解与清洗 □正确使用工具 □按8S要求整理
5.尿素泵的检测	(1)更换修理包后,将尿素泵按照与拆解相反的顺序安装,注意密封圈的安装; (2)将安装好的尿素泵安装到试验台上,通过软件的设定可检测尿素泵的各个性能,确定是否正常; (3)将尿素喷嘴安装到试验台上检测,看雾化和喷孔有无堵塞	□正确拆解与清洗 □正确使用工具 □按8S要求整理
6.现场恢复	整理和复位	□按8S要求整理

四、评价反馈(表2-13)

评价表　　　　　　　　　　　　　　　　　　　　　　表2-13

评分项目	评分标准	分值(分)	得分(分)
学习目标	能明确本任务的知识、技能、素养目标,理解任务在工作中的重要程度	5	
工作任务分析	能清晰描述完成本次工作任务内容	2	
	能清晰描述完成本次工作任务需必备的技能与知识点	2	
有效信息获取	能准确讲述博世$DeNO_x$2.2系统零部件的结构,并在发动机上指明部件所在位置	5	
	能准确讲述SCR系统的工作原理	5	
	能准确讲述SCR系统的工作过程	5	

续上表

评分项目	评分标准	分值(分)	得分(分)
实施方案制订	能清晰地制订并填写本次柴油机后处理系统的故障诊断与排除的准备作业计划	5	
	能组织或协同工作小组成员,明确本次任务所需仪器设备、工具、材料的准备与清点,并准备记录	5	
	能组织或协同工作小组成员交流,优化检查方案并记录	5	
任务实施	能规范完成作业准备	4	
	能规范完成安全检查	4	
	能规范完成仪器连接	4	
	能规范完成故障现象确认	4	
	能规范完成基本检查	4	
	能规范完成尿素管路的检查	4	
	能规范完成尿素箱的检查	4	
	能规范完成尿素喷嘴的检查	4	
	能规范完成尿素泵的拆解、检查与检测	4	
	能规范完成维修结果确认	4	
	能规范完成现场恢复	5	
任务评价	能过本次任务实施,结合自己在实训过程中的表现,进行自我评价及自我反思并记录	3	
职业素养	按规定时间完成项目作业	2	
	遵守实训室管理规定、劳动纪律	2	
	积极参与课堂活动、回答问题	2	
	能够按时出勤	2	
思政要求	有劳动精神、奋斗精神、奉献精神、团队合作精神	5	
总计		100	

改进建议:

教师签字:
日期:

任务习题

1. 单选题

(1) 电控柴油机基本喷油量和基本供油正时取决于(   )的信号。
　　A. 机油压力传感器　　　　　　　　B. 冷却液温度传感器
　　C. 曲轴位置传感器　　　　　　　　D. 加速踏板传感器

(2) 电控柴油发动机的凸轮轴位置传感器安装位置,根据凸轮轴的位置不同而不同,当凸轮轴上置于缸盖时,凸轮轴位置传感器位于(   )上。
　　A. 高压泵　　　B. 单体泵　　　C. 缸盖　　　D. 缸体

(3) 电控柴油机将曲轴位置传感器插头拔掉,起动发动机能否着火?(   )
　　A. 不能着火　　　B. 能着火　　　C. 不一定,应结合具体机型分析

(4) 高压共轨式燃油控制系统是目前世界上最先进的燃油控制系统,其最大优点是可实现高压喷射,其最高的喷油压力可以达到(   )MPa。
　　A. 50　　　B. 100　　　C. 150　　　D. 200

(5) 在电控柴油发动机中,一般加装有废气再循环控制系统,加装这个系统是为了减少排气中的(   )生成量。
　　A. HC　　　B. CO　　　C. NO　　　D. CO_2

2. 判断题

(1) 柴油机电控燃油喷射系统一般对供油量采用开环控制。　　　　　　　(   )
(2) 电控柴油机运转时可以拧松高压油管的接头来进行判断。　　　　　　(   )
(3) 电控柴油机的 ECU 缺失常电源,发动机不能着车。　　　　　　　　 (   )
(4) 电控柴油机的 ECU 缺失 ON 电源,发动机不能着车。　　　　　　　(   )
(5) 目前国六柴油机中,共轨系统主要的生产厂家有 Bosch、Delphi 及 Denso 三家公司。　　　　　　　　　　　　　　　　　　　　　　　　　　　　(   )
(6) 在电控柴油发动机中,ECU 一般具有故障自诊断功能,当控制系统出现故障时,它会进行识别,当确认为故障时,以故障码的形式进行存储,并使指示灯点亮。
　　　　　　　　　　　　　　　　　　　　　　　　　　　　　　(   )
(7) 电子控制高压共轨燃油喷射系统中,高压油泵的主要作用是将低压燃油加压成高压燃油,储存在共轨内,等待 ECU 的喷射指令。　　　　　　　　　(   )

3. 实操练习题

(1) 尝试完成喷油器的检测,并就测试结果做分析。
(2) 尝试完成共轨高压油泵的检测,并就测试结果做分析。
(3) 尝试完成共轨喷油器的检测,并就测试结果做分析。
(4) 尝试完成尿素喷嘴的检查,并就测试结果做分析。
(5) 尝试完成喷油器的尿素泵的检测,并就测试结果做分析。

学习任务三

汽车发动机加速抖动故障诊断与排除

学习目标

1. 知识目标

(1) 能够讲述曲轴位置传感器的作用及工作原理。
(2) 能够讲述凸轮轴位置传感器的作用及工作原理。
(3) 能够讲述点火线圈的作用及工作原理。
(4) 能够讲述爆震传感器的作用及工作原理。
(5) 能够讲述喷油器的作用及工作原理。

2. 技能目标

(1) 能够规范使用常用汽车检测仪器及设备对车辆进行检测。
(2) 熟练规范地完成曲轴位置传感器的故障诊断与排除。
(3) 熟练规范地完成凸轮轴位置传感器的故障诊断与排除。
(4) 熟练规范地完成点火线圈的故障诊断与排除。
(5) 熟练规范地完成爆震传感器的故障诊断与排除。
(6) 熟练规范地完成喷油器的故障诊断与排除。

3. 素养目标

(1) 培养爱党报国、敬业奉献、服务人民的意识。
(2) 培养正确的劳动精神,弘扬劳动精神、奋斗精神、奉献精神。
(3) 了解安全操作要求,养成安全文明操作的习惯。
(4) 养成组员之间互相协作的习惯。
(5) 实施操作结束后,按"8S"管理要求完成相关事项。

参考学时

48 学时。

任务描述

一辆汽车进厂维修,客户反映发动机怠速运转时有抖动现象,急加速时抖动变明显,需对其进行故障诊断与排除。

学习活动1　曲轴位置传感器的故障诊断与排除

一、明确任务

根据任务描述,发动机故障指示灯点亮并闪烁,使用汽车故障诊断仪对故障车辆进行检测,需要对曲轴位置传感器部件进行检查与更换,使其恢复正常使用性能。

二、工作准备与计划制订

(一)知识准备

1. 曲轴位置传感器的作用

活塞在汽缸中的运行位置可用作确定点火点的测量参数。所有汽缸中的活塞均是通过连杆与曲轴相连的,所以安装在曲轴上的传感器能提供活塞在汽缸中位置的信号。

曲轴位置的改变速度即是发动机的转动速度,该速度定义为曲轴每分钟的转数(r/min),这也就给出了另一个重要的发动机控制系统的输入变量,该变量由曲轴位置信号进行计算。尽管曲轴传感器所发出的信号从根本上说所反映的是曲轴的位置,但因为这一信号在ECU中被转换成了发动机的转速信号,因而这一装置也被认为是发动机转速或者转速传感器,曲轴位置传感器安装示意图和实物图如图3-1所示。

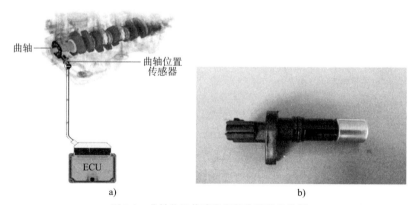

图3-1　曲轴位置传感器安装位置及实物图

2. 曲轴位置传感器的类型

根据检测并输入到发动机微机控制装置的信号类型,曲轴位置传感器包括_____和_____两种。而根据信号形成的原理分类,曲轴位置传感器又可分为_____、_____、_____和_____四大类,其中磁感应式曲轴位置传感器产生的是模拟信号,如图3-2所示,霍尔式曲轴位置传感器、光电式曲轴位置传感器、磁阻式曲轴位置传感器产生的是数字方波信号,霍尔式曲轴位置传感器的信号如图3-3所示。

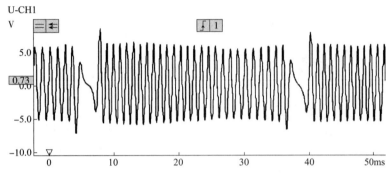

图3-2 磁感应式曲轴位置传感器信号波形

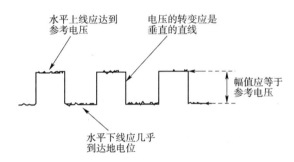

图3-3 霍尔式曲轴位置传感器信号波形

3. 磁感应式曲轴位置传感器

磁感应式曲轴位置传感器的核心元件是一个_____,该线圈缠绕在一个永久性磁铁上,它被螺栓固定在传感器安装支架上。绕组的两端与电器引线相连,如图3-4所示。在电磁线圈的对面,安装着一个用作信号发生器的磁阻轮,该磁阻轮随发动机曲轴的转动而转动。对应特定的曲轴转角,磁阻轮上都有相应的一个凸齿与之相对应,磁阻轮转动时这些凸齿以很小的间隙扫过传感器线圈。由于传感器线圈是用螺栓固定在传感器安装支架上的,因而磁阻轮凸齿与传感器之间的间隙通常是可调的。

当磁阻轮凸齿与传感线圈不对中时,凸齿与感应线圈之间的空气间隙比较大,因而磁场比较弱,如图3-5a)所示。当磁阻轮的凸齿接近与传感器线圈对中时,空气间隙比较小,因而围绕传感器的磁场强度增大,如图3-5b)所示。这种交替变化的磁场使传感器线圈内感应出交流电压信号。

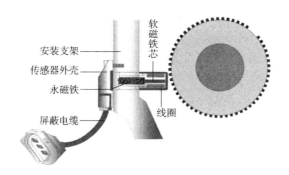

图 3-4　磁感应式曲轴位置传感器

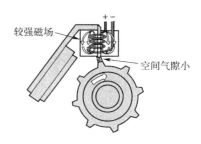

a) 磁阻轮凸齿与传感器线圈不对中时，磁阻轮凸齿和感应线圈之间空气间隙大而磁场弱　　b) 当磁阻轮凸齿与传感器线圈对中时，传感器空气间隙较小而磁场较强

图 3-5　磁感应式曲轴位置传感器工作原理

在磁阻轮凸齿正好对准感应线圈中心线的瞬间，磁场不再变化，感应电压降为零，磁阻轮凸齿离开传感器线圈中心线时，磁场减弱到某一程度或消失，这种磁场的变化在传感器线圈内感应出负电压。所以，每当磁阻轮的一个凸齿转过传感器时，曲轴位置传感器线圈就产生一个电压信号，电脑根据这些信号来计算和确定曲轴的位置和转速。

4. 霍尔式曲轴位置传感器

霍尔式曲轴位置传感器利用_____产生相对应的电压脉冲信号，如图 3-6 所示。

图 3-6　霍尔式曲轴位置传感器

霍尔效应是指当电流 I 以垂直于磁场方向通过置于磁场中的半导体基片(称霍尔元件)时，在垂直于电流和磁场的霍尔元件横向侧面上，将产生一个与电流和磁场强度成正比的霍尔电压 U_H，即 $U_H = KIB$（K 为常数，I 为电流，B 为磁场强度），如图 3-7 所示。

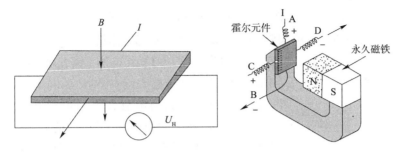

图 3-7　霍尔效应原理

当叶片旋转进入霍尔元件和磁铁之间时,由于磁场被隔离,霍尔元件上没有磁场通过,所以不产生霍尔电压 U_H;当叶片转到其缺口对着霍尔元件时,永久磁铁所产生的磁场在导板的引导下,垂直通过通电的霍尔元件,于是产生霍尔电压 U_H,再经信号处理后以整齐的矩形脉冲信号输出,如图 3-8 所示。

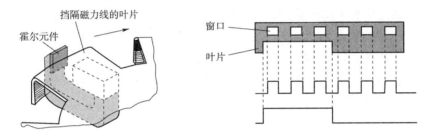

图 3-8　霍尔式曲轴位置传感器工作原理

5. 光电式曲轴位置传感器

光电式曲轴位置传感器是应用_____来检测曲轴转角的一种传感器,如图 3-9 所示。

图 3-9　光电式曲轴位置传感器

光电式曲轴位置传感器主要由_____、_____、_____和_____等组成,遮光转盘上制有一定数量的透光孔,利用发光二极管作为信号源,随遮光转盘的转动,交替地阻断从发光二极管射向光敏二极管的光线,使光敏二极管导通或截止,由此产生脉冲信号。

6. 磁控电阻式（Magnetic Resistor, MR）曲轴位置传感器

磁阻效应原理即材料电阻随外加磁场的大小而成比例变化，电阻式窄形条，沉积在薄层的高载子传输半导体（锑化铟 InSb 或砷化铟 InAs）上，且垂直于电流流入方向，如图 3-10 所示。半导体磁敏感材料受到与电流方向相垂直方向的磁场作用时，由于洛伦兹力的作用，电子流动的方向发生改变，路径加长，半导体阻值增大，即磁控电阻值，随施加在其上的磁力线的方向而改变。

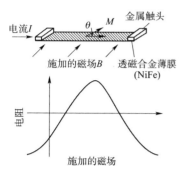

图 3-10　磁阻效应原理图

磁控电阻式传感器采用微电子信号集成处理技术，传感元件和信号处理装置集成在一块芯片上。该传感器的优点是：可传感零转速、传感器空气间隙最大可达 3mm、具有良好的温度稳定性（最高工作温度可达 200℃）。这使得磁控电阻式传感器可应用于零转速旋转运动的检测。它们的另一个重要应用就是用于巡航系统中检测车速。该传感器的缺点是：尺寸中等、价格中等、需要外接电源 12V。

为了检测转速，一种方式是将嵌齿轮装在曲轴上，由其驱动旋转，将永久磁铁和磁控电阻安装在嵌齿轮附近，如图 3-11 所示。另一种方式是将永久磁铁做成磁环装在转轴上，将磁控电阻偏置在磁环附近，如图 3-12 所示，两种结构都满足磁阻效应，都能产生转速信号。

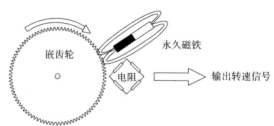

图 3-11　磁控电阻传感方式一

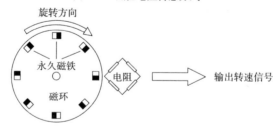

图 3-12　磁控电阻传感方式二

硅片中的霍尔效应与透磁合金薄膜中的磁阻效应的比较如图 3-13 所示，两种技术都可用于集成电路的制造，也可以用于制造全集成的单片传感器，两种效应都会在非时变磁场中发生并可用来构造零转速传感器，但是磁控电阻的敏感性约是硅片中霍尔效应的 100 倍，而且通过选择薄膜厚度和线宽还可对其敏感度进行调节。在用环形磁铁计算转速的应用中用磁控电阻效应代替霍尔效应的传感器有另一个优点：由于 MR

式曲轴位置传感器的全向极性(使用 N 极或 S 极工作)而使分辨率翻倍。尽管霍尔效应所具有的优点是它对机枪的磁场具有高线性响应而无饱和效应,霍尔效应薄膜只对传感器的法向磁场作出响应而不对切向磁场作出响应。

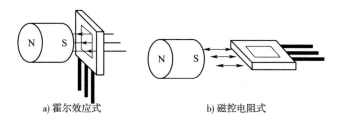

a) 霍尔效应式　　　　　　b) 磁控电阻式

图 3-13 霍尔效应式与磁控电阻式的比较

磁控电阻式传感器采用上拉电路,即传感差动放大信号驱动电源与信号线的导通,输出数字信号的幅值为电源电压值。霍尔效应式传感器采用下拉电路,即传感差动放大信号驱动 ECU 内的限流电阻是否搭铁,所以输出数字信号的幅值不会超过 ECU 内部供电电压,即输出数字信号的幅值一定会小于电源电压。

(二)制订工作方案

1. 任务分工(表 3-1)

学生任务分配表　　　　　　　　　　表 3-1

班级		组号		指导老师	
组长		任务分工			
组员 1		任务分工			
组员 2		任务分工			
组员 3		任务分工			
组员 4		任务分工			
组员 5		任务分工			
组员 6		任务分工			

2. 工量具、仪器设备与耗材准备

(1)使用的工量具有:_____。

(2)使用的仪器设备有:_____。

(3)使用的耗材有:_____。

3. 具体方案描述

_____
_____
_____
_____

三、计划实施

(一)安全注意事项及技能要点

1. 安全注意事项

(1)连接汽车故障诊断仪之前,需将点火开关处于关闭状态。

(2)拆拔发动机电子控制单元线束之前,需要断开蓄电池负极。

2. 技能要点

(1)能正确使用数字万用表和汽车故障诊断仪。

(2)依据汽车维修操作要求,熟练规范地完成曲轴位置传感器的故障诊断与排除。

(二)任务实施

1. 雪佛兰科鲁兹轿车曲轴位置传感器电路图(图3-14)

B26 曲轴位置传感器 1 号线为信号电路;B26 曲轴位置传感器 2 号线为低电平参考电压电路(搭铁电路);B26 曲轴位置传感器 3 号线为 5V 参考电压电路。

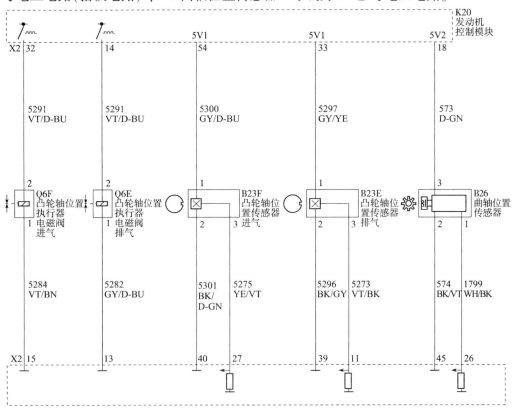

图3-14 曲轴位置传感器电路图

2. 检测曲轴位置传感器电路的操作方法及说明(表3-2)

检测曲轴位置传感器电路的操作方法及说明　　　　　表3-2

步骤	操作方法及说明	质量标准及记录
1. 前期准备	(1) 车辆信息填写; (2) 安装防护三件套(座椅套、转向盘套、脚垫); (3) 安装翼子板布和前格栅布	□正确安装 □按8S要求整理
2. 安全检查	(1) 安装车轮挡块; (2) 插入尾气排放管; (3) 检查驻车制动和挡位; (4) 检查机油液位、冷却液液位、制动液液位、蓄电池电压	□正确安装 □正确使用数字万用表 □按8S要求整理
3. 仪器连接	点火开关关闭,正确连接汽车故障诊断仪	□正确连接 □按8S要求整理
4. 故障现象确认	(1) 起动发动机前,确认车辆周围环境是否安全; (2) 起动发动机时,观察起动状况,确认故障症状并记录症状现象	□正确观察 □按8S要求整理
5. 故障码检查和确定故障范围	(1) 正确读取数据和清除故障码; (2) 确定故障范围	□正确使用故障诊断仪 □正确记录 □按8S要求整理
6. 基本检查	检查曲轴位置传感器的安装状态	□正确检查安装状态
7. 曲轴位置传感器电路测量	将点火开关置于"OFF(关闭)"位置并关闭所有车辆系统,断开B26曲轴位置传感器的线束连接器,可能需要2min才能让所有车辆系统断电,测试低电平参考电压电路端子2和搭铁之间的电阻是否小于5Ω,具体情况如下。 (1) 如果等于或高于5Ω(图中数值为无穷大),将点火开关置于"OFF(关闭)"位置,断开蓄电池负极接线柱,断开K20发动机控制模块的线束连接器X2,测试低电平参考电压端对端的电阻是否小于2Ω,如果为2Ω或更大(图中数值为无穷大),则修理电路中的开路/电阻过大故障(断路故障),如果等于或小于2Ω,则更换K20发动机控制模块。  	□正确使用故障诊断仪 □正确使用数字万用表 □正确测量电路 □按8S要求整理

续上表

步骤	操作方法及说明	质量标准及记录
7. 曲轴位置传感器电路测量	 （2）如果小于5Ω，将点火开关置于"ON（打开）"位置。测试5V参考电压电路端子3和搭铁之间的电压是否为4.8~5.2V。 ①如果小于4.8V，将点火开关置于"OFF（关闭）"位置，断开蓄电池负极接线柱，断开K20发动机控制模块的线束连接器X2，测试5V参考电压电路端子和搭铁之间的电阻是否为无穷大，如果电阻不为无穷大，则修理电路上的对搭铁短路故障，如果电阻为无穷大（图中数值为无穷大），测试5V参考电压电路端对端的电阻是否小于2Ω，如果为2Ω或更大，则修理电路中的开路/电阻过大故障（断路故障），如果小于2Ω（图中数值为1.6Ω），则更换K20发动机控制模块。   ②如果大于5.2V，将点火开关置于"OFF（关闭）"位置，断开蓄电池负极接线柱，断开K20发动机控制模块的线束连接器X2，再将点火开关置于"ON（打开）"位置。测试5V参考电压和搭铁之间的电压是否低于1V，如果是1V或更高，则修理电路上的对电压短路故障，如果低于1V，则更换K20发动机控制模块。	

续上表

步骤	操作方法及说明	质量标准及记录
7. 曲轴位置传感器电路测量	（3）如果在4.8~5.2V之间（图中数值为5.04V），测试信号电路端子1和搭铁之间的电压是否为4.8~5.2V。  ①如果小于4.8V，将点火开关置于"OFF（关闭）"位置，断开蓄电池负极接线柱，断开K20发动机控制模块的线束连接器X2，测试信号电路和搭铁之间的电阻是否为无穷大，如果电阻不为无穷大（图中数值为1.1Ω），则修理电路上的对搭铁短路故障，如果电阻为无穷大。测试信号电路端对端的电阻是否小于2Ω，如果为2Ω或更大，则修理电路中的开路/电阻过大故障（断路故障），如果小于2Ω（图中数值为0.7Ω）则更换K20发动机控制模块。   ②如果大于5.2V，将点火开关置于"OFF（关闭）"位置，断开蓄电池负极接线柱，断开K20发动机控制模块的线束连接器X2，再将点火开关置于"ON（打开）"位置。测试信号电路和搭铁之间的电压是否低于1V。如果是1V或更高，则修理电路上的对电压短路故障。如果低于1V，则更换K20发动机控制模块。	

续上表

步骤	操作方法及说明	质量标准及记录
7. 曲轴位置传感器电路测量	（4）如果在4.8～5.2V之间，将点火开关置于"OFF（关闭）"位置，连接一条带3A保险丝的跨接线到信号电路端子1，将点火开关置于"ON（打开）"位置，将带保险丝的跨接线重复碰触搭铁，确保故障诊断仪的"Crankshaft Position Sensor Active-Counter（曲轴位置传感器激活计数器）"参数增加（左图为0计数，右为碰触搭铁一次后，为7计数），如果计数器的读数不增加，更换K20发动机控制模块  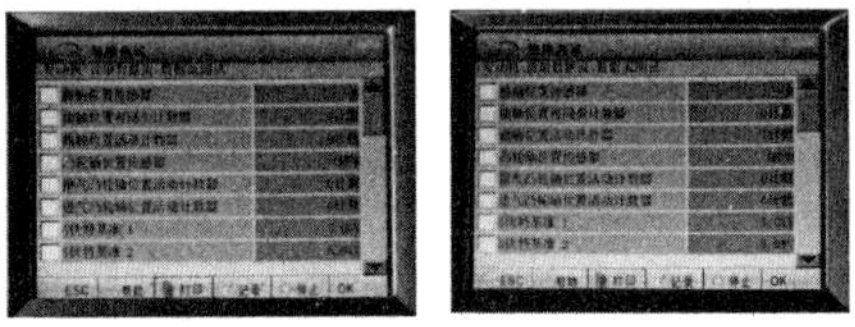	
8. 曲轴位置传感器部件测试	以上测量都正常，测试或更换B26曲轴位置传感器	□ 正确使用故障诊断仪 □ 正确使用数字万用表 □ 正确测量部件 □ 按8S要求整理
9. 维修结果确认	修复后再次检查故障码和数据流	□ 正确使用故障诊断仪 □ 按8S要求整理
10. 现场恢复	（1）汽车故障诊断仪、数字万用表、接线盒、工具组套恢复到位； （2）车辆恢复； （3）地面卫生打扫干净	□ 按8S要求整理

四、评价反馈（表3-3）

评价表　　　　　　　　　　　　　　　表3-3

评分项目	评分标准	分值（分）	得分（分）
学习目标	能明确本任务的知识、技能、素养目标，理解任务在工作中的重要程度	5	
工作任务分析	能清晰描述完成本次工作任务内容	2	
	能清晰描述完成本次工作任务需必备的技能与知识点	2	

续上表

评分项目	评分标准	分值(分)	得分(分)
有效信息获取	能准确讲述曲轴位置传感器的作用,并在发动机上指明部件所在位置	5	
	能准确讲述曲轴位置传感器的类型	5	
	结合控制原理图,能准确讲述各类曲轴位置传感器的工作原理	5	
实施方案制订	能清晰地制订并填写本次曲轴位置传感器的故障诊断与排除的准备作业计划	5	
	能组织或协同工作小组成员,明确本次任务所需仪器设备、工具、材料的准备与清点,并准备记录	5	
	能组织或协同工作小组成员交流,优化检查方案并记录	5	
任务实施	能规范完成前期准备	2	
	能规范完成安全检查	3	
	能规范完成仪器连接	3	
	能规范完成故障现象确认	3	
	能规范完成故障码检查和确定故障范围	3	
	能规范完成基本检查	3	
	能规范完成曲轴位置传感器电路测量	10	
	能规范完成曲轴位置传感器部件测试	10	
	能规范完成维修结果确认	3	
	能规范完成现场恢复	5	
任务评价	通过本次任务实施,结合自己在实训过程中的表现,进行自我评价及自我反思并记录	3	
职业素养	按规定时间完成项目作业	2	
	遵守实训室管理规定、劳动纪律	2	
	积极参与课堂活动、回答问题	2	
	能够按时出勤	2	
思政要求	有劳动精神、奋斗精神、奉献精神、团队合作精神	5	
总计		100	

改进建议:

教师签字:
日期:

学习活动 2　凸轮轴位置传感器的故障诊断与排除

一、明确任务

根据任务描述,发动机故障指示灯点亮并闪烁,对故障车辆进行检测,需要对凸轮轴位置传感器部件进行检查与更换,使其恢复正常使用性能。

二、工作准备与计划制订

(一)知识准备

1. 凸轮轴位置传感器的作用

ECU 根据曲轴位置传感器的信号能计算出曲轴的位置和发动机转速,但无法判断是哪两个汽缸的活塞正向上止点运动,也无法判断这两个汽缸的活塞,哪个处于压缩行程,哪个处于排气行程,因此,需要凸轮轴位置传感器的信号输入。

凸轮轴位置传感器又称_____,一般安装在凸轮轴罩盖前端对着进排气凸轮轴前端的位置,如图 3-15 所示,主要用来检测_____,发动机控制模块用此信号确定发动机某汽缸(如一缸)上止点的位置。

图 3-15　凸轮轴位置传感器的位置及实物图

G 信号指活塞运行到压缩上止点前某一角度的判别信号(不同车型角度不同),它是根据凸轮轴位置传感器产生的信号经过整形和转换而获得的信号。

NE 信号指_____,它是根据曲轴位置传感器产生的信号经过整形和转换而获得的信号。

在有些发动机上,将曲轴位置传感器、凸轮轴位置传感器分开安装,一般曲轴位置传感器主要用来检测发动机的转速、曲轴的位置,而凸轮轴位置传感器主要用来发送上止点信号。随着发动机可变气门正时等新技术的出现,需要分别检查凸轮轴和曲轴的位置,这时的凸轮轴位置传感器与传统的凸轮轴位置传感器的作用完全不同。

2. 凸轮轴位置传感器的结构类型

与曲轴位置传感器类似,凸轮轴位置传感器也可以分为三种:_____、_____和_____,如图3-16所示,其中常用的是霍尔式凸轮轴位置传感器。

a) 霍尔式　　　　b) 光电式　　　　c) 电磁式

图3-16　凸轮轴位置传感器的类型

霍尔式凸轮轴位置传感器主要由_____、_____、_____、_____等组成,如图3-17所示。

3. 凸轮轴位置传感器的工作原理

以霍尔式凸轮轴位置传感器为例,霍尔式凸轮轴位置传感器是利用触发叶片改变通过霍尔元件的磁场强度,从而使霍尔元件产生脉冲的_____,经过放大整形后即为凸轮轴位置传感器的磁场信号,如图3-18所示。

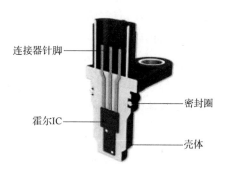

图3-17　霍尔式凸轮轴位置传感器结构

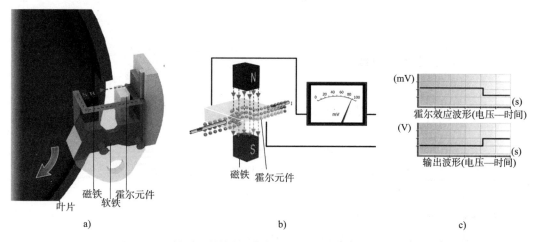

图3-18　霍尔式凸轮轴位置传感器的组成、工作原理及信号波形

(二)制订工作方案

1. 任务分工(表3-4)

学生任务分配表　　　　表3-4

班级		组号		指导老师	
组长		任务分工			
组员1		任务分工			
组员2		任务分工			
组员3		任务分工			
组员4		任务分工			
组员5		任务分工			
组员6		任务分工			

2. 工量具、仪器设备与耗材准备

(1)使用的工量具有：_____。

(2)使用的仪器设备有：_____。

(3)使用的耗材有：_____。

3. 具体方案描述

_____

_____

_____

_____

_____

三、计划实施

(一)安全注意事项及技能要点

1. 安全注意事项

(1)连接汽车故障诊断仪之前，需将点火开关处于关闭状态。

(2)拆拔发动机电子控制单元线束之前，需要断开蓄电池负极。

2. 技能要点

(1)能正确使用数字万用表和汽车故障诊断仪。

(2)依据汽车维修操作要求，熟练规范地完成凸轮轴位置传感器的故障诊断与排除。

(二)任务实施

1. 雪佛兰科鲁兹轿车凸轮轴位置传感器电路图(图3-19)

B23E排气凸轮轴位置传感器1号线为5V参考电压电路;B23E排气凸轮轴位置传感器2号线为低电平参考电压电路(搭铁电路);B23E排气凸轮轴位置传感器3号线为信号电路。

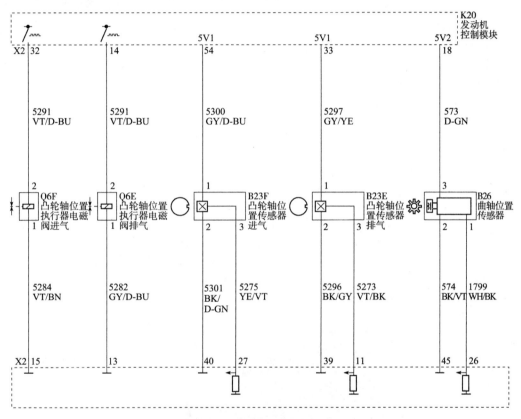

图3-19 凸轮轴位置传感器电路图

2. 检测凸轮轴位置传感器电路的操作方法及说明(表3-5)

检测凸轮轴位置传感器电路的操作方法及说明　　　　表3-5

步骤	操作方法及说明	质量标准及记录
1. 前期准备	(1)车辆信息填写; (2)安装防护三件套(座椅套、转向盘套、脚垫); (3)安装翼子板布和前格栅布	□正确安装 □按8S要求整理
2. 安全检查	(1)安装车轮挡块; (2)插入尾气排放管; (3)检查驻车制动和挡位; (4)检查机油液位、冷却液液位、制动液液位、蓄电池电压	□正确安装 □正确使用数字万用表 □按8S要求整理

续上表

步骤	操作方法及说明	质量标准及记录
3.仪器连接	点火开关关闭,正确连接汽车故障诊断仪	□正确连接 □按8S要求整理
4.故障现象确认	(1)起动发动机前,确认车辆周围环境是否安全; (2)起动发动机时,观察起动状况,确认故障症状并记录症状现象	□正确观察 □按8S要求整理
5.故障码检查和确定故障范围	(1)正确读取数据和清除故障码; (2)确定故障范围	□正确使用故障诊断仪 □正确记录 □按8S要求整理
6.基本检查	检查凸轮轴位置传感器的安装状态	□正确检查安装状态
7.凸轮轴位置传感器电路测量	将点火开关置于"OFF(关闭)"位置并关闭所有车辆系统,断开相应的B23E排气凸轮轴位置传感器的线束连接器。可能需要2min才能让所有车辆系统断电。测试低电平参考电压电路端子2和搭铁之间的电阻是否小于5Ω。 (1)如果等于或高于5Ω(图中数值为无穷大),将点火开关置于"OFF(关闭)"位置,断开蓄电池负极接线柱,断开K20发动机控制模块的线束连接器X2,测试低电平参考电压端对端的电阻是否小于2Ω,如果为2Ω或更大(图中数值为无穷大),则修理电路中的开路/电阻过大故障(断路故障),如果等于或小于2Ω,则更换K20发动机控制模块。    (2)如果小于5Ω,将点火开关置于"ON(打开)"位置,测试5V参考电压电路端子1和搭铁之间的电压是否为4.8~5.2V。	□正确使用故障诊断仪 □正确使用数字万用表 □正确测量电路 □按8S要求整理

续上表

步骤	操作方法及说明	质量标准及记录
7. 凸轮轴位置传感器电路测量	①如果小于4.8V,将点火开关置于"OFF(关闭)"位置,断开蓄电池负极接线柱,断开K20发动机控制模块的线束连接器X2,测试5V参考电压电路端子和搭铁之间的电阻是否为无穷大,如果电阻不为无穷大,则修理电路上的对搭铁短路故障。如果电阻为无穷大(图中数值为无穷大),测试5V参考电压电路端对端的电阻是否小于2Ω,如果为2Ω或更大,则修理电路中的开路/电阻过大故障(断路故障),如果小于2Ω(图中数值为0.8Ω),则更换K20发动机控制模块。   ②如果大于5.2V,将点火开关置于"OFF(关闭)"位置,断开蓄电池负极接线柱,断开K20发动机控制模块的线束连接器X2,再将点火开关置于"ON(打开)"位置,测试5V参考电压电路和搭铁之间的电压是否低于1V,如果是1V或更高,则修理电路上的对电压短路故障,如果低于1V,则更换K20发动机控制模块。 (3)如果在4.8~5.2V之间,测试信号电路端子3和搭铁之间的电压是否为4.8~5.2V(图中数值为5.03V)。 	

续上表

步骤	操作方法及说明	质量标准及记录
7.凸轮轴位置传感器电路测量	①如果小于4.8V,将点火开关置于"OFF(关闭)"位置,断开蓄电池负极接线柱,断开K20发动机控制模块的线束连接器X2,测试信号电路和搭铁之间的电阻是否为无穷大,如果电阻不为无穷大,则修理电路上的对搭铁短路故障,如果电阻为无穷大(图中数值为无穷大),测试信号电路端对端的电阻是否小于2Ω,如果为2Ω或更大,则修理电路中的开路/电阻过大故障(断路故障),如果小于2Ω(图中数值为0.9Ω),则更换K20发动机控制模块。②如果大于5.2V,将点火开关置于"OFF(关闭)"位置,断开蓄电池负极接线柱,断开K20发动机控制模块的线束连接器X2,再将点火开关置于"ON(打开)"位置,测试信号电路和搭铁之间的电压是否低于1V,如果是1V或更高,则修理电路上的对电压短路故障,如果低于1V,则更换K20发动机控制模块  	
8.凸轮轴位置传感器部件测试	如果在4.8~5.2V之间,确认未设置DTC P0366,如果没有设置故障诊断码,更换B23E排气凸轮轴位置传感器	□正确使用故障诊断仪 □正确使用数字万用表 □正确测量部件 □按8S要求整理
9.维修结果确认	修复后再次检查故障码和数据流	□正确使用故障诊断仪 □按8S要求整理
10.现场恢复	(1)汽车故障诊断仪、数字万用表、接线盒、工具组套恢复到位; (2)车辆恢复; (3)地面卫生打扫干净	□按8S要求整理

四、评价反馈(表3-6)

评价表　　　　　　　　　　　　　　　　　　　　　　表3-6

评分项目	评分标准	分值(分)	得分(分)
学习目标	能明确本任务的知识、技能、素养目标,理解任务在工作中的重要程度	5	
工作任务分析	能清晰描述完成本次工作任务内容	2	
	能清晰描述完成本次工作任务需必备的技能与知识点	2	
有效信息获取	能准确讲述凸轮轴位置传感器的作用,并在发动机上指明部件所在位置	7	
	能准确讲述凸轮轴位置传感器的类型	7	
实施方案制订	能清晰地制订并填写本次凸轮轴位置传感器的故障诊断与排除的准备作业计划	5	
	能组织或协同工作小组成员,明确本次任务所需仪器设备、工具、材料的准备与清点,并准备记录	5	
	能组织或协同工作小组成员交流,优化检查方案并记录	5	
任务实施	能规范完成前期准备	3	
	能规范完成安全检查	3	
	能规范完成仪器连接	3	
	能规范完成故障现象确认	3	
	能规范完成故障码检查和确定故障范围	3	
	能规范完成基本检查	3	
	能规范完成凸轮轴位置传感器电路测量	10	
	能规范完成凸轮轴位置传感器部件测试	10	
	能规范完成维修结果确认	3	
	能规范完成现场恢复	5	
任务评价	通过本次任务实施,结合自己在实训过程中的表现,进行自我评价及自我反思并记录	3	
职业素养	按规定时间完成项目作业	2	
	遵守实训室管理规定、劳动纪律	2	
	积极参与课堂活动、回答问题	2	
	能够按时出勤	2	

续上表

评分项目	评分标准	分值(分)	得分(分)
思政要求	有劳动精神、奋斗精神、奉献精神、团队合作精神	5	
总计		100	

改进建议：

教师签字：
日期：

学习活动3 点火线圈的故障诊断与排除

一、明确任务

根据任务描述，发动机故障指示灯点亮并闪烁，对故障车辆进行检测，需要对点火线圈部件进行检查与更换，使其恢复正常使用性能。

二、工作准备与计划制订

(一)知识准备

1. 点火系统的作用

点火系统是发动机管理系统的重要组成部分，如图3-20所示。其作用是将汽车电源提供的_____转变为_____，并按照发动机各缸的点火顺序和点火时刻的要求，适时准确地将高压电送至各缸的火花塞，使火花塞跳火，点燃汽缸内的可燃混合气。

2. 微机控制点火系统的组成

微机控制点火系统是如今广泛采用的一种点火系统，主要由与点火有关的各种传感器、_____、_____、_____、_____、_____等组成，如图3-21所示。

(1)与点火有关的各种传感器：用来检测与点火有关的发动机工况信息，并将信息输入电子控制单元，作为运算和控制_____的依据。

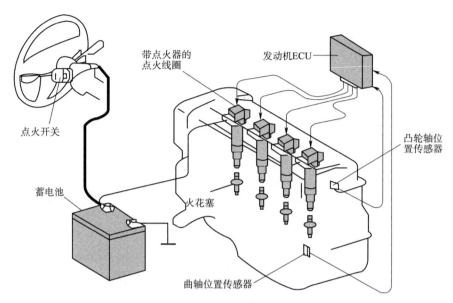

图 3-20 点火系统

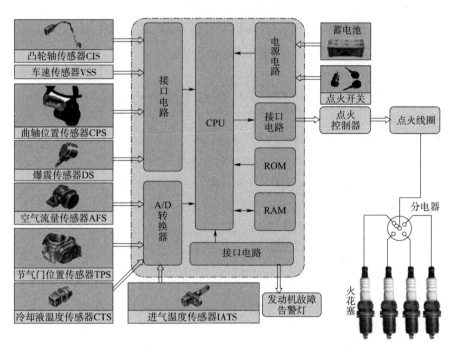

图 3-21 微机控制油分电器式点火系统的组成

(2)电子控制单元(ECU):本身就是一台微机,它是微机控制点火系统的核心,在点火系统工作时,接收前述各种传感器传来的信号,按照特定的程序进行判断,运算后,给点火器输出_____和_____的控制信号。

(3)点火器:是微机控制点火系统的执行器之一,主要作用是根据 ECU 的指令,通过内部的大功率晶体管的导通和截止,控制一次电流的通断,完成点火工作。

（4）点火线圈：主要由_____和_____组成，将低压电转变为能击穿火花塞电极间隙的高压电。点火线圈和点火器往往配套设计、配套使用，如果将不配套的点火线圈和点火器一起使用，有可能造成点火线圈和点火器的损坏。在无分电器微机控制点火系统中，点火线圈和点火器做成了一个整体，整体统称为"点火线圈"。点火线圈

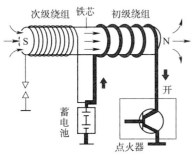

图3-22 点火线圈的内部结构和工作原理

的内部结构和工作原理如图3-22所示，在点火线圈的铁芯上绕有初级绕组和次级绕组，次级绕组的匝数大约是初级绕组匝数的100倍（如初级线圈为300匝时，次级绕组为30000匝），初级绕组与蓄电池和点火器连接，次级绕组与火花塞连接。当点火器控制切断初级绕组的电流时，初级绕组产生的自感电动势为500V左右，次级绕组则产生30000V左右的互感电动势。

（5）高压线：将点火线圈次级产生的_____传送给火花塞。

（6）火花塞：将点火线圈产生的高压电引入发动机的燃烧室内，通过本身的间隙产生电火花放电，点燃可燃混合气。火花塞的工作条件十分恶劣，它受到高温、高压及燃烧产物腐蚀的作用，因此，火花塞必须具有足够的强度、良好的绝缘性和耐腐蚀性，能够承受温度的剧烈变化，要有合适的热特性。

3. 微机控制点火系统的分类

微机控制点火系统按是否保留分电器（实质上是指配电器）可分为_____和_____。

1）有分电器微机控制点火系统

仍保留分电器的微机控制点火系统称为非直接点火系，该系统中，点火线圈产生的高压电是经过分电器中的配电器进行分配的，即由分火头和分电器盖组成的配电器依据点火顺序适时地将高压电分配至各汽缸，使各缸火花塞依次点火。凌志LS400、桑塔纳2000的AFE发动机等采用了这种点火方式，如图3-23所示。

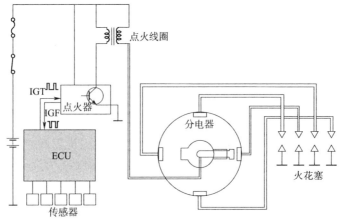

图3-23 有分电器微机控制点火系统

有分电器微机控制点火系统只有一个_____，ECU 根据各传感器信号确定某缸点火时，向点火器发出指令信号（IGT 信号），点火器则根据 ECU 的指令控制点火线圈内初级电路通电或断电。当点火线圈中的初级电路断电时，次级线圈产生的高压电经分电器输送到点火缸的火花塞，以实现点火。

2）无分电器微机控制点火系统

无分电器微机控制点火系统去掉了传统的分电器（主要指配电器），称为直接点火系统，如图 3-24 所示。工作时，点火线圈产生的高压电直接送至各火花塞，由微机根据各传感器输入的信息，依照发动机的点火顺序，适时地控制各缸火花塞点火。

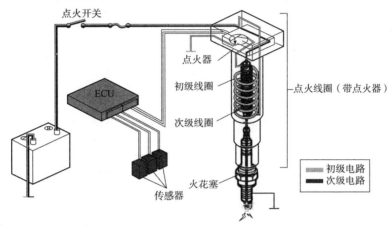

图 3-24　无分电器微机控制点火系统

无分电器微机控制点火系统按点火方式可分为_____和_____两种方式。

（1）独立点火方式。

独立点火方式有两种类型：一种是点火线圈共用一个点火器；另一种是每个点火线圈都有一个单独的点火器，并且点火器和点火线圈集成一体，称为"集成点火线圈"（一般统称点火线圈），如图 3-25 所示。

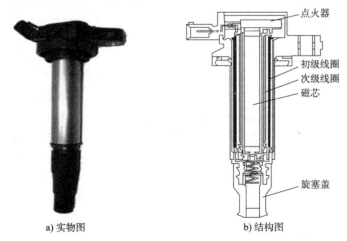

a）实物图　　　　b）结构图

图 3-25　集成点火线圈

独立点火方式是每缸一个_____，点火线圈的数量与汽缸数相同，点火线圈安装在火花塞的上方，取消了_____，由点火线圈直接向火花塞供电。发动机工作时，ECU按各缸工作顺序向点火器发出点火信号，点火器内相应的晶体管截止，使对应汽缸点火线圈初级绕组断开，在次级绕组上感应出高压，火花塞产生电火花，点燃可燃混合气。这也是目前点火系统发展的最高阶段，直接点火可使高压电能的传递损失和对无线电的干扰降到最低水平，如图3-26所示。

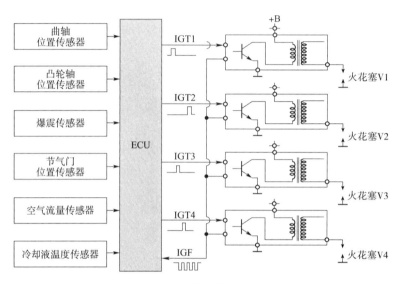

图3-26　独立点火方式

（2）同时点火方式。

对同时点火方式，按配电方式又分为_____和_____两种方式。

①点火线圈分配式。

点火线圈分配式是一种直接用点火线圈分配高压电的同时点火方式，几个相互屏蔽的、结构独立的点火线圈组合成一体，称为_____。

点火线圈分配式的电路原理如图3-27所示，点火线圈组件由两个（四缸发动机）或三个（六缸发动机）独立的点火线圈组成，每个点火线圈供给成对的两个火花塞工作（四缸发动机的1、4缸和2、3缸分别共用一个点火线圈；六缸发动机1、6缸、2、5缸和3、4缸分别共用一个点火线圈）。点火器中配有与点火线圈数量相等的功率三极管，分别控制一个点火线圈工作。点火器根据ECU输出的点火控制信号，按点火顺序触发功率三极管导通、截止，从而控制每个点火线圈轮流产生高压电，再通过高压线直接输送到成对的两缸火花塞电极间隙上跳火，点燃可燃混合气。

②二极管分配式。

二极管分配式是利用二极管的_____特性，对点火线圈产生的高压电进行分配的同时点火方式。点火线圈有两个初级绕组和一个次级绕组构成，次级绕组的两端通过四只高压二极管与火花塞构成回路。四只二极管有内装式(安装在点火线圈内部)和外装式两种。对于点火顺序为 1-3-4-2 的发动机,1、4 缸为一组,2、3 缸为另一组。点火器中的两只功率三极管分别控制一个初级绕组,两只功率三极管由电子控制单元按点火顺序交替控制其导通与截止。

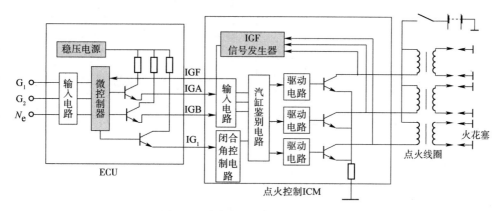

图 3-27　点火线圈分配式的电路原理图

二极管分配式的电路原理如图 3-28 所示,当 ECU 将 1、4 缸的点火触发信号输入点火器时,功率三极管 VT1 截止,初级绕组 A 中的电流切断,次级绕组中就会产生高压电动势,方向如图 3-13 中实线箭头方向所示。在该电动势的作用下,二极管 D1、D4 正向导通,1、4 缸火花塞电极上的电压迅速升高直至跳火,高压放电电流镜图中实线箭头所指方向构成回路;D2、D3 反向截止,不能构成放电回路,因此,2、3 缸火花塞电极上无高压火花放电电流而不能跳火。当 ECU 将 2、3 缸点火触发信号输入点火器时,三极管 VT2 截止,初级绕组 B 中电流切断,次级绕组产生高压电动势,方向如图中虚线箭头方向所示。此时,二极管 D1、D4 反向截止,D2、D3 正向导通,因此,2、3 缸火花塞电极上的电压迅速升高直至跳火,高压放电电流经图中虚线箭头所指方向构成回路。

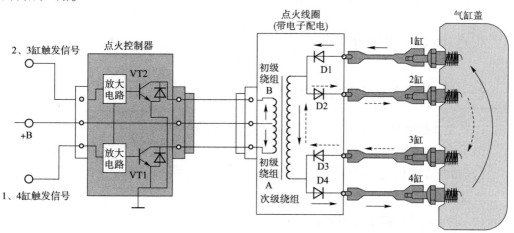

图 3-28　二极管分配式的电路原理图

(二)制订工作方案

1. 任务分工(表3-7)

学生任务分配表 表3-7

班级		组号		指导老师	
组长		任务分工			
组员1		任务分工			
组员2		任务分工			
组员3		任务分工			
组员4		任务分工			
组员5		任务分工			
组员6		任务分工			

2. 工量具、仪器设备与耗材准备

(1)使用的工量具有:_____。

(2)使用的仪器设备有:_____。

(3)使用的耗材有:_____。

3. 具体方案描述

_____

_____

_____

_____

三、计划实施

(一)安全注意事项及技能要点

1. 安全注意事项

(1)连接汽车故障诊断仪之前,需将点火开关处于关闭状态。

(2)拆拔发动机电子控制单元线束之前,需要断开蓄电池负极。

2. 技能要点

(1)能正确使用数字万用表和汽车故障诊断仪。

(2)依据汽车维修操作要求,熟练规范地完成点火线圈的故障诊断与排除。

(二)任务实施

1. 雪佛兰科鲁兹轿车点火线圈电路图(图 3-29)

T8 点火线圈 A 号线为点火电压电路;T8 点火线圈 B 号线为搭铁电路;T8 点火线圈 C 号线为低电平参考电压电路;T8 点火线圈 D 号线为点火控制电路。

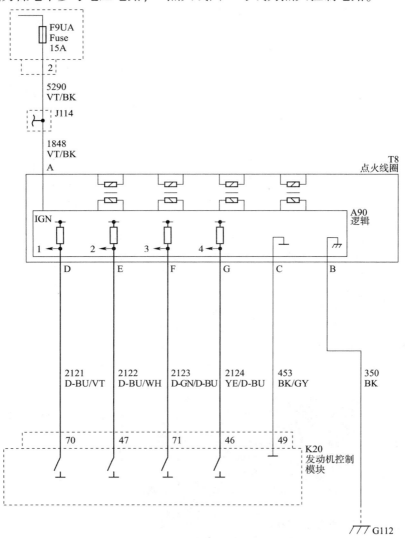

图 3-29 点火线圈电路图

2. 检测点火线圈电路的操作方法及说明(表 3-8)

检测点火线圈电路的操作方法及说明　　　　表 3-8

步骤	操作方法及说明	质量标准及记录
1. 前期准备	(1) 车辆信息填写; (2) 安装防护三件套(座椅套、转向盘套、脚垫); (3) 安装翼子板布和前格栅布	□正确安装 □按 8S 要求整理

续上表

步骤	操作方法及说明	质量标准及记录
2. 安全检查	(1) 安装车轮挡块； (2) 插入尾气排放管； (3) 检查驻车制动和挡位； (4) 检查机油液位、冷却液液位、制动液液位、蓄电池电压	□正确安装 □正确使用数字万用表 □按8S要求整理
3. 仪器连接	点火开关关闭，正确连接汽车故障诊断仪	□正确连接 □按8S要求整理
4. 故障现象确认	(1) 起动发动机前，确认车辆周围环境是否安全； (2) 起动发动机时，观察起动状况，确认故障症状并记录症状现象	□正确观察 □按8S要求整理
5. 故障码检查和确定故障范围	(1) 正确读取数据和清除故障码； (2) 确定故障范围	□正确使用故障诊断仪 □正确记录 □按8S要求整理
6. 基本检查	检查点火线圈的安装状态	□正确检查安装状态
7. 点火线圈电路测量	将点火开关置于"OFF(关闭)"位置并关闭所有车辆系统，断开T8点火线圈模块处的线束连接器。可能需要2分钟才能让所有车辆系统断电。测试搭铁电路端子B和搭铁之间的电阻是否小于5Ω。 (1) 如果等于或高于5Ω(图中数值为无穷大)，将点火开关置于"OFF(关闭)"位置，测试搭铁电路端的电阻是否小于2Ω，如果为2Ω或更大，则修理电路中的开路/电阻过大故障(断路故障)，如果小于2Ω(图中数值为0.5Ω)，则修理搭铁连接中的开路/电阻过大故障(接触不良故障)。   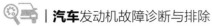	□正确使用故障诊断仪 □正确使用数字万用表 □正确测量电路 □正确测量保险丝 □按8S要求整理

续上表

步骤	操作方法及说明	质量标准及记录
7.点火线圈电路测量	（2）如果小于5Ω，测试低电平参考电压电路端子C和搭铁之间的电阻是否小于5Ω。 如果等于或高于5Ω，将点火开关置于"OFF（关闭）"位置，断开蓄电池负极接线柱，断开K20发动机控制模块的线束连接器X2，测试低电平参考电压端对端的电阻是否小于2Ω，如果为2Ω或更大（图中数值为无穷大），则修理电路中的开路/电阻过大故障（断路故障），如果小于2Ω，则更换K20发动机控制模块。 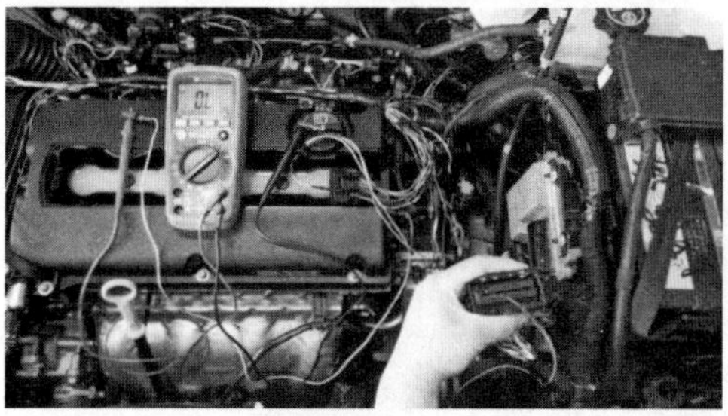 （3）如果小于5Ω，将点火开关置于"ON（打开）"位置，确认点火电路端子A和搭铁之间的测试灯点亮。 ①如果测试灯未点亮，则电路保险丝状态良好（图中数值为0.4Ω），将点火开关置于"OFF（关闭）"位置，拆下测试灯，测试点火电路端对端的电阻是否小于2Ω，如果为2Ω或更大，则修理电路中的开路/电阻过大故障（断路故障），如果小于2Ω（图中数值为0.8Ω），则确认保险丝未熔断且保险丝处有电压。  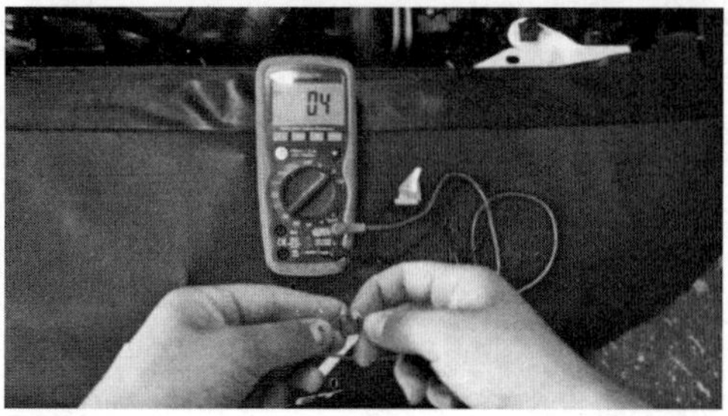	

续上表

步骤	操作方法及说明	质量标准及记录
7.点火线圈电路测量	 ②如果测试灯未点亮,则电路保险丝熔断(图中数值为无穷大),将点火开关置于"OFF(关闭)"位置,拆下测试灯,测试点火电路和搭铁之间的电阻是否为无穷大,如果电阻不为无穷大,则修理电路上的对搭铁短路故障,如果电阻为无穷大(图中数值为无穷大),则更换 T8 点火线圈模块。 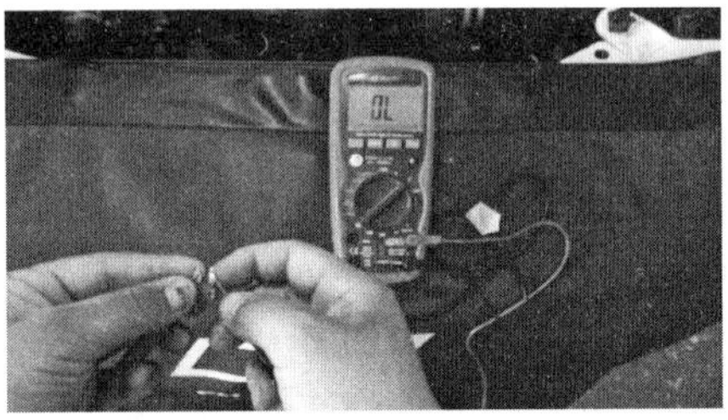  (4)如果测试灯点亮,断开相应的 Q17 喷油器处的线束连接器,将数字式万用表连接在下列相应的点火控制电路和搭铁之间:点火线圈1端子 D、点火线圈2端子 E、点火线圈3端子 F、点火线圈4端子 G,测试在发动机起动期间读数是否大于1.5Hz。 如果小于1.5Hz,将点火开关置于"OFF(关闭)"位置,断开蓄电池负极接线柱,断开 K20 发动机控制模块的线束连接器 X2,测试控制电路和搭铁之间的电阻是否为无穷大,如果电阻不为无穷大,则修理电路上的对搭铁短路故障,如果电阻为无穷大(图中数值为无穷大),测试控制电路端对端的电阻是否小于2Ω,如果为2Ω或更大,则修理电路中的开路/电阻过大故障(断路故障),如果小于2Ω(图中数值为0.6Ω),将点火开关置于"ON(打开)"位置,测试控制电路和搭铁之间的电压是否低于1V,如果是1V或更高,则修理电路上的对电压短路故障,如果低于1V,则更换 K20 发动机控制模块	

续上表

步骤	操作方法及说明	质量标准及记录
7.点火线圈电路测量	 	
8.点火线圈部件测试	如果大于1.5Hz(图中数值为0.059kΩ),更换T8点火线圈模块 	□正确使用故障诊断仪 □正确使用数字万用表 □正确测量部件 □按8S要求整理
9.维修结果确认	修复后再次检查故障码和数据流	□正确使用故障诊断仪 □按8S要求整理
10.现场恢复	(1)汽车故障诊断仪、数字万用表、接线盒、工具组套恢复到位; (2)车辆恢复; (3)地面卫生打扫干净	□按8S要求整理

四、评价反馈(表3-9)

评价表　　　　　表3-9

评分项目	评分标准	分值(分)	得分(分)
学习目标	能明确本任务的知识、技能、素养目标,理解任务在工作中的重要程度	5	
工作任务分析	能清晰描述完成本次工作任务内容	2	
	能清晰描述完成本次工作任务需必备的技能与知识点	2	

续上表

评分项目	评分标准	分值(分)	得分(分)
有效信息获取	能准确讲述点火系统的作用,并在发动机上指明部件所在位置	5	
	能准确讲述微机控制点火系统的类型	5	
	结合控制原理图,能准确讲述各类微机控制点火系统的工作原理	5	
实施方案制订	能清晰地制订并填写本次点火线圈的故障诊断与排除的准备作业计划	5	
	能组织或协同工作小组成员,明确本次任务所需仪器设备、工具、材料的准备与清点,并准备记录	5	
	能组织或协同工作小组成员交流,优化检查方案并记录	5	
任务实施	能规范完成前期准备	2	
	能规范完成安全检查	3	
	能规范完成仪器连接	3	
	能规范完成故障现象确认	3	
	能规范完成故障码检查和确定故障范围	3	
	能规范完成基本检查	3	
	能规范完成点火线圈电路测量	10	
	能规范完成点火线圈部件测试	10	
	能规范完成维修结果确认	3	
	能规范完成现场恢复	5	
任务评价	通过本次任务实施,结合自己在实训过程中的表现,进行自我评价及自我反思并记录	3	
职业素养	按规定时间完成项目作业	2	
	遵守实训室管理规定、劳动纪律	2	
	积极参与课堂活动、回答问题	2	
	能够按时出勤	2	
思政要求	有劳动精神、奋斗精神、奉献精神、团队合作精神	5	
总计		100	

改进建议:

教师签字:
日期:

学习活动 4　爆震传感器的故障诊断与排除

一、明确任务

根据任务描述,发动机故障指示灯点亮并闪烁,对故障车辆进行检测,需要对爆震传感器部件进行检查与更换,使其恢复正常使用性能。

二、工作准备与计划制订

(一)知识准备

1.点火提前角控制

汽油机点火系统电子控制的核心问题是_____。点火提前角对发动机动力性、经济性和排放有十分重要的影响,是继燃油喷射量控制之后的第二个必不可少的控制参数,应根据发动机负荷和转速加以优化。

1)点火提前角对发动机性能的影响

点火提前角是从火花塞发出电火花,到该缸活塞运行至压缩上止点时曲轴转过的角度,如图3-30所示。

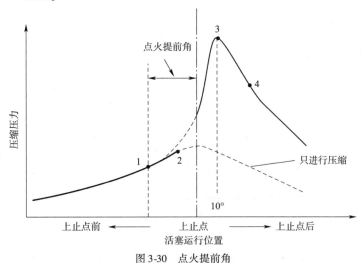

图3-30　点火提前角

1-点火;2-开始燃烧(火焰开始传播);3-最大燃烧压力;4-燃烧结束

对应于发动机每一工况都存在一个"最佳"点火提前角,对于现代汽车而言,最佳的点火提前角不仅保证发动机的动力性和燃油经济性都达到最佳值,还必须保证排放污染最小。

点火提前角过大(点火过早),则大部分混合气在压缩过程中燃烧,活塞所消耗的压缩功增加,且缸内最高压力升高,末端混合气自燃所需的时间缩短,爆燃倾向增大。

点火提前角过小(点火过迟),则燃烧延长至膨胀过程,燃烧最高压力和温度下降,传热损失增多,排气温度升高,功率、热效率降低,但爆燃倾向减小,NO_x排放量降低。试验证明,最佳的点火提前角,应使发动机汽缸内的最高压力出现在上止点后10°~15°范围内。适当的点火提前角,可使发动机每循环所做的机械功最多(曲线3下阴影部分),如图3-31所示。

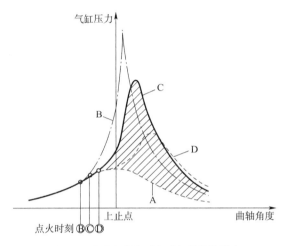

图3-31 点火提前角对发动机性能的影响
A—不点火;B—点火过早;C—点火适当;D—点火过迟

2)影响点火提前角的因素

不同发动机有不同的最佳点火提前角,而且同一发动机在不同工况和不同使用条件下的最佳点火提前角也不相同。影响最佳点火提前角的因素主要有:_____、_____、_____以及其他因素。

(1)发动机转速。

点火提前角应随发动机转速升高而增大。因为随发动机转速的提高,以秒计的燃烧过程所需时间缩短,但燃烧过程所占的曲轴转角增大,为保证发动机汽缸内的最高压力出现在上止点后10°~15°的最佳位置,就必须适当提前点火(即增大点火提前角),如图3-32所示。与采用机械式离心提前器的传统点火系统相比,采用ESA点火系统,可以使发动机的实际点火提前角接近于理想的点火提前角。

(2)发动机负荷。

点火提前角随着发动机负荷的增大而减小,汽油发动机的负荷调节是通过节气门进行的量调节,随着负荷的减小,进气管真空度增大,进气量减少,汽缸内的温度和压力均降低,燃烧速度变慢,燃烧过程所占的曲轴转角增大,应适当增大点火提前角。与采用真空提前器的传统点火系统相比,采用ESA点火系统时,可以使发动机的实际点火提前角接近于理想的点火提前角。

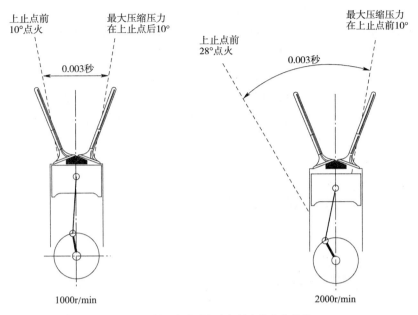

图 3-32　转速变化时点火提前角的变化趋势

（3）燃油辛烷值。

汽油的辛烷值越高,抗爆性越好,点火提前角可适当增大;辛烷值越低,点火提前角则应相应减小,否则容易产生爆震。有的发动机在发动机控制模块(ECU)中存储了两张点火正时图,在实际使用中,可根据使用的燃料不同进行选择,在出厂时一般开关设定在无铅优质汽油的位置。

（4）其他因素。

除以上因素外,最佳点火提前角还与发动机燃烧室结构、燃烧室内温度、空燃比、大气压力、冷却液温度等因素有关。空燃比增大,缸内燃烧温度下降、大气压力下降及冷却液温度降低时,点火提前角应增大。在传统点火系统中,当上述因素变化时,系统无法对点火提前角进行调整,而微机控制点火系统能综合地考虑发动机工况的变化和运行条件,选择最佳的点火提前角,不仅能保证发动机的动力性和燃油经济性都达到最佳值,还能使排放污染最小。

3）控制点火提前角的基本方法

点火提前角控制可分为_____和_____。

（1）起动时点火提前角控制。

发动机起动时,按 ECU 内存储的初始点火提前角(设定值)对点火提前角进行控制。起动时点火提前角的设定值随发动机而异,对一定的发动机而言,起动时的点火提前角是固定的,一般为 10°。在发动机起动过程中,发动机转速变化大,且由于转速较低(一般低于 500r/min)。进气管绝对压力传感器信号或空气流量传感器信号不稳定,ECU 无法正确计算点火提前角,一般将点火时刻固定在设定的初始点火提前角。

此时的控制信号为发动机转速信号(Ne)和起动开关信号(STA)。

(2)起动后点火提前角控制。

发动机起动后,电控点火系统对点火正时实行最佳点火提前角控制。最佳点火提前角的基本控制过程是:首先,ECU根据发动机转速和负荷(空气流量、进气压力或节气门信号)确定基本点火提前角,然后,根据有关传感器的信号,确定修正点火提前角,这两项点火提前角的代数和,再加上作为计算基准的初始点火提前角,得到实际的最佳点火提前角,如图3-33所示,实际最佳点火提前角可用下式表达。

实际最佳点火提前角 = _____ + _____ + _____

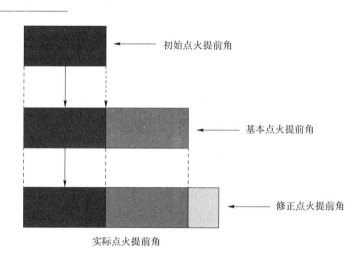

图3-33 点火提前角的计算

2.通电时间(闭合角)控制

1)通电时间的概念

通电时间指_____与点火功率输出级形成通路这一段时间内转过的曲轴转角,也被称为闭合角。

对于电感储能式电控点火系统,为了使火花塞能够提供尽可能大的点火能量,必须保证点火线圈的初级电路有足够的通电时间,即应使闭合角足够大,以致它对应的时间超过点火线圈充磁所需的时间,也就是让初级电流在点火之前达到限定的最大值。在发动机转速下降和蓄电池电压较高时,在相同的通电时间里初级电流所达到的值将会减小,因此,还必须根据蓄电池电压对通电时间进行修正。

2)通电时间的控制方法

由于闭合角是以曲轴转角来度量的,对于不同的转速,单位曲轴转角所代表的绝对时间各不相同。另外,当蓄电池电压发生变化时,初级线圈达到饱和电流所需的绝对时间也将发生变化。为了达到闭合角控制的主要目标,通过试验把不同的蓄电池电压和不同转速下使初级线圈流过电流达到饱和所需要的闭合角编制成闭合角数据表(也称闭合角脉谱图)储存在ECU中,如图3-34所示。发动机工作时,ECU根据输入蓄电池电压信号和发动机转速信号,从闭合角数据表中选出相应的闭合角,对初级线圈通电时间进行控制。

3)点火线圈的恒流控制

在电控点火系统中,为了减小转速对次级电压的影响,提高点火能量,采用了初级线圈电阻很小的高能点火线圈,其初级电流最高可达30A以上。为了防止初级电流过大烧坏点火线圈,在部分电控点火系统的点火控制电路中增加了恒流控制电路,保证在任何转速下初级电流均为规定值(7A),既改善了点火性能,又能防止初级电流过大而烧坏点火线圈。恒流控制的基本方法是:在点火器功率晶体管的输出回路中增设一个电流检测电阻,用电流在该电阻上形成的电压降反馈控制晶体管的基极电流,只要这种反馈为负反馈,就可使晶体管的集电极电流稳定,从而实现恒流控制。

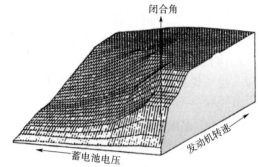

图3-34 闭合角与发动机转速和蓄电池电压的关系

3. 爆震控制

_____是发动机不正常燃烧引起的故障现象,如果发动机发生持续的严重爆震,火花塞电极或活塞就可能因过热而发生熔损,导致发动机损坏,因此,在发动机运转过程中不允许发生持续的爆震。另一方面,为了最大限度地发挥发动机的潜能,应使实际最佳点火提前角尽可能接近理想最佳点火提前角,而理想最佳点火提前角实际是发动机可能发生爆震的临界点,为了使发动机既具有最佳的点火提前角,又不发生爆震,除了必须采用微机控制点火系统外,还必须对实际最佳点火提前角实行反馈控制,根据发动机是否爆震,对实际最佳点火提前角进行实时反馈修正。为此,需要对发动机是否发生爆震进行检测,ECU根据检测结果做出相应的控制响应。

1)爆震产生的原因

(1)点火提前角过大。

点火提前角过大是发动机发生爆震最主要的原因。为了使活塞在压缩上止点结束后,一进入做功行程就能立即获得动力,通常都会在活塞达到上止点前提前点火(因为从点火到完全燃烧需要一段时间),而过早点火,会使活塞还在压缩行程时,大部分燃油混合气已经燃烧,此时未燃烧的燃油混合气会承受极大的压力自燃,会形成一股下行力,与活塞上行的力产生冲撞,造成爆震。

(2)发动机过度积炭。

汽车用久了以后,发动机汽缸内就可能产生积炭,尤其是常常在堵车严重的城市里行驶的汽车,由于汽油不能够充分燃烧,其中的碳原子和氧分子不能全部转化为CO_2和CO,导致产生的碳分子粘在汽缸壁上形成积炭。积炭是易燃的物质,在汽缸高温高压的环境中,更容易燃烧,造成混合气在燃烧室内提前被点燃,所以积炭的生成增加了爆震的可能性,当发动机处于压缩行程的时候,刚刚参与过燃烧的积炭会提前点燃混合气，从而导致爆震。

(3) 燃油辛烷值过低。

辛烷值时燃油抗爆震的指标，辛烷值越高，抗爆震性_____。压缩比高的发动机，燃烧室的压力_____，若是使用抗爆震性低的燃油，则容易发生爆震。

(4) 空燃比不正确。

过于稀的燃料空气混合比，会使得燃烧温度提升，造成发动机温度提升，导致容易爆震。

(5) 发动机温度过高。

发动机在太热的环境使得进气温度过高，或是发动机冷却液循环不良，都会造成发动机高温而产生爆震。

2) 爆震的控制方法

爆震控制也叫_____，主要是通过改变_____来实现的。当通过爆震传感器 (Knock Sensor, KS) 监测到有爆震发生时，爆震传感器会向 ECU 输入爆震信号，电控点火系统将采用闭环控制模式，ECU 逐步减小点火提前角，直至爆震完全消失。当爆震完全消失后并在若干个循环里不再出现时，ECU 会逐渐将点火提前角增大，将点火提前角恢复到爆震前的水平，直到爆震再次发生，然后又重复上述过程，如图 3-35 所示。因此，对爆燃的控制实际上是对点火提前角延迟和提前的控制。

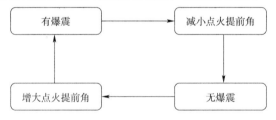

图 3-35 爆震时点火提前角反馈控制

发动机负荷很小时，发生爆震的可能性为零，所以电控点火系统在此负荷范围内采用开环控制模式。而当发动机的负荷超过一定值时，电控点火系统自动转入闭环控制模式。发动机工作时，ECU 根据节气门位置传感器信号判断发动机负荷大小，从而决定点火系统采用闭环控制或开环控制。

(1) 爆震的检测方法。

发动机爆震的检测方法有：_____、_____、_____等。其中，发动机机体震动检测法是一种非接触式检测方法，检测机体壁面振动的传感器（爆震传感器）安装在机体上，通过检测机体壁面振动获得发动机是否发生爆震的信息。机体振动检测法具有较高的检测精度，传感器安装方便灵活，耐久性也较好，是目前广泛采用的爆震检测方法。

(2) 爆震传感器。

爆震传感器通常安装在发动机缸体侧面且靠近燃烧室的爆震传感器装配凸台上，以四缸机为例安装在 2 缸和 3 缸之间。其作用是将发动机机体的振动转换成电压信号输送到 ECU，ECU 根据输入电压信号进行爆震判断，以控制点火提前角，抑制爆震的产生，如图 3-36 所示。

图 3-36　爆震传感器

爆震传感器按结构不同分 _____ 和 _____ ，按检测方法不同可分为 _____ 和 _____ 。目前应用比较广泛的是 _____ 和 _____ 。

（二）制订工作方案

1. 任务分工（表 3-10）

学生任务分配表　　　　表 3-10

班级		组号		指导老师	
组长		任务分工			
组员 1		任务分工			
组员 2		任务分工			
组员 3		任务分工			
组员 4		任务分工			
组员 5		任务分工			
组员 6		任务分工			

2. 工量具、仪器设备与耗材准备

（1）使用的工量具有：_____。

（2）使用的仪器设备有：_____。

（3）使用的耗材有：_____。

3. 具体方案描述

_____
_____
_____
_____
_____

三、计划实施

(一)安全注意事项及技能要点

1. 安全注意事项

(1)连接汽车故障诊断仪之前,需将点火开关处于关闭状态。

(2)拆拔发动机电子控制单元线束之前,需要断开蓄电池负极。

2. 技能要点

(1)能正确使用数字万用表和汽车故障诊断仪。

(2)依据汽车维修操作要求,熟练规范地完成爆震传感器的故障诊断与排除。

(二)任务实施

1. 丰田卡罗拉轿车爆震传感器电路图(图3-37)

D1 爆震传感器 1 号线为低电平参考电路;D1 爆震传感器 2 号线为5V 信号电路。

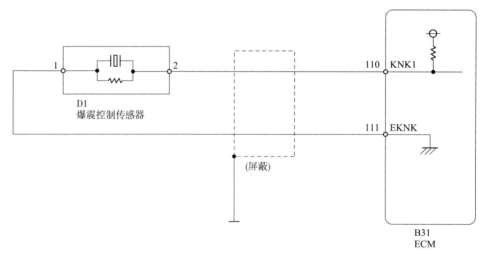

图 3-37　爆震传感器电路图

2. 检测爆震传感器电路的操作方法及说明(表 3-11)

检测爆震传感器电路的操作方法及说明　　　　表 3-11

步骤	操作方法及说明	质量标准及记录
1. 前期准备	(1)车辆信息填写; (2)安装防护三件套(座椅套、转向盘套、脚垫); (3)安装翼子板布和前格栅布	□正确安装 □按8S要求整理

续上表

步骤	操作方法及说明	质量标准及记录
2.安全检查	(1)安装车轮挡块； (2)插入尾气排放管； (3)检查驻车制动和挡位； (4)检查机油液位、冷却液液位、制动液液位、蓄电池电压	□正确安装 □正确使用数字万用表 □按8S要求整理
3.仪器连接	点火开关关闭,正确连接汽车故障诊断仪	□正确连接 □按8S要求整理
4.故障现象确认	(1)起动发动机前,确认车辆周围环境是否安全； (2)起动发动机时,观察起动状况,确认故障症状并记录症状现象	□正确观察 □按8S要求整理
5.故障码检查和确定故障范围	(1)正确读取数据和清除故障码； (2)确定故障范围	□正确使用故障诊断仪 □正确记录 □按8S要求整理
6.基本检查	检查爆震传感器的安装状态	□正确检查安装状态
7.爆震传感器电路测量	(1)检查ECM(KNK1电压),关闭点火开关,断开爆震传感器连接器,将点火开关置于ON位置,测量电压,检测仪连接为D1-2~D1-1,标准电压规定状态为4.5~5.5V,线束连接器前视图(至爆震传感器)如下,测量结果异常,转至(2)。 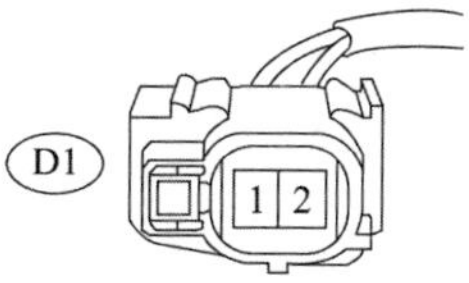 D1 (2)检查线束和连接器(ECM-爆震控制传感器),断开蓄电池负极接线柱,断开ECM连接器。 ①测量电阻(断路检查)。 a.检测仪连接:D1-2~B31-110(KNK1);条件:始终; 标准电阻规定状态:小于1Ω。 b.检测仪连接:D1-1~B31-111(EKNK);条件:始终; 标准电阻规定状态:小于1Ω。 ②测量电阻(短路检查)。 检测仪连接:D1-2或B31-110(KNK1)—车身塔铁;条件:始终;标准电阻规定状态:10kΩ或更大。 线束连接器前视图(至ECM)如下图,测量结果异常,维修或更换线束或连接器 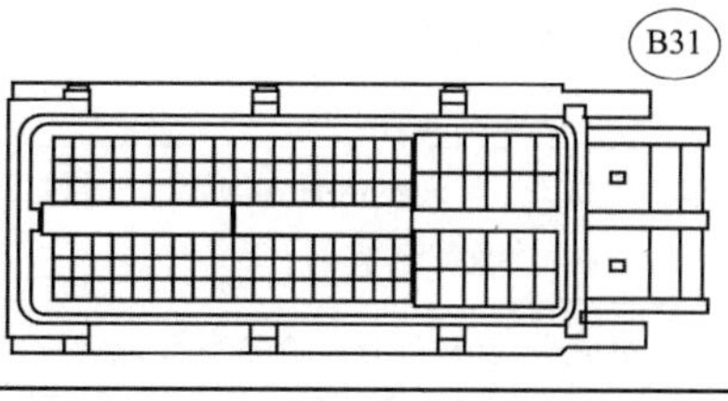 B31	□正确使用故障诊断仪 □正确使用数字万用表 □正确测量电路 □按8S要求整理

续上表

步骤	操作方法及说明	质量标准及记录
8. 爆震传感器部件测试	(1) 拆下爆震传感器,测量电阻。 (2) 检测仪连接:D1-D2;开关状态:20℃;标准电阻规定状态:120~280kΩ。 (3) 测量结果异常,更换爆震传感器,没有线束连接的零部件(爆震传感器)如下图 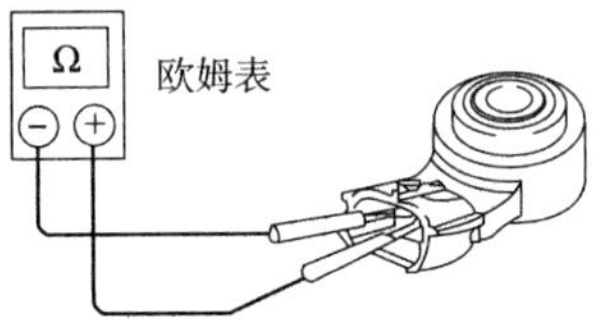 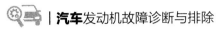	□ 正确使用故障诊断仪 □ 正确使用数字万用表 □ 正确测量部件 □ 按8S要求整理
9. 维修结果确认	修复后再次检查故障码和数据流	□ 正确使用故障诊断仪 □ 按8S要求整理
10. 现场恢复	(1) 汽车故障诊断仪、数字万用表、接线盒、工具组套恢复到位; (2) 车辆恢复; (3) 地面卫生打扫干净	□ 按8S要求整理

四、评价反馈(表3-12)

评价表　　　　表3-12

评分项目	评分标准	分值(分)	得分(分)
学习目标	能明确本任务的知识、技能、素养目标,理解任务在工作中的重要程度	5	
工作任务分析	能清晰描述完成本次工作任务内容	2	
	能清晰描述完成本次工作任务需必备的技能与知识点	2	
有效信息获取	能准确讲述爆震传感器的作用,并在发动机上指明部件所在位置	5	
	能准确讲述控制点火提前角的基本方法	5	
	能准确讲述通电时间的控制方法	5	
实施方案制订	能清晰地制订并填写本次爆震传感器的故障诊断与排除的准备作业计划	5	
	能组织或协同工作小组成员,明确本次任务所需仪器设备、工具、材料的准备与清点,并准备记录	5	
	能组织或协同工作小组成员交流,优化检查方案并记录	5	

续上表

评分项目	评分标准	分值(分)	得分(分)
任务实施	能规范完成前期准备	2	
	能规范完成安全检查	3	
	能规范完成仪器连接	3	
	能规范完成故障现象确认	3	
	能规范完成故障码检查和确定故障范围	3	
	能规范完成基本检查	3	
	能规范完成爆震传感器电路测量	10	
	能规范完成爆震传感器部件测试	10	
	能规范完成维修结果确认	3	
	能规范完成现场恢复	5	
任务评价	通过本次任务实施,结合自己在实训过程中的表现,进行自我评价及自我反思并记录	3	
职业素养	按规定时间完成项目作业	2	
	遵守实训室管理规定、劳动纪律	2	
	积极参与课堂活动、回答问题	2	
	能够按时出勤	2	
思政要求	有劳动精神、奋斗精神、奉献精神、团队合作精神	5	
总计		100	

改进建议：

教师签字：
日期：

学习活动 5　喷油器的故障诊断与排除

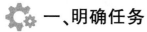

一、明确任务

根据任务描述,发动机故障指示灯点亮并闪烁,对故障车辆进行检测,需要对喷油器部件进行检查与更换,使其恢复正常使用性能。

二、工作准备与计划制订

(一)知识准备

1. 喷油器的作用

喷油器是电控燃油喷射系统中的重要执行器,如图3-38所示,主要功用是根据发动机ECU发出的喷油脉冲信号,将精确计量的燃油喷入节气门附近的进气歧管内或直接喷入汽缸内,同时,也可将喷射后的燃油雾化。喷油器是一种加工精度非常高的精密器件,要求其动态流量范围大,雾化性能好,抗堵塞抗污染能力强,电控燃油喷射系统一般都采用_____。

图3-38 喷油器实物图

2. 喷油器的类型

根据喷油器在发动机上的安装位置不同可分为_____和_____两大类,如图3-39所示,进气管喷射又分为_____和_____,单点喷射系统的喷油器安装在节气门体空气入口处,多点喷射系统的喷油器安装在各缸进气歧管或汽缸盖上的各缸进气道处,如图3-40所示。

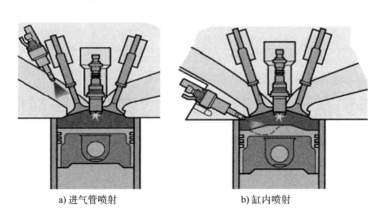

a) 进气管喷射　　　　　　b) 缸内喷射

图3-39 喷射的类型

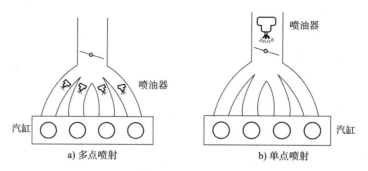

图 3-40 进气管喷射

多点燃油喷射的喷油器按喷油孔的形状可分为_____和_____。孔式喷油器又分为_____和_____,如图 3-41 所示。

a) 轴针式喷油器

b) 单孔式喷油器

c) 多孔式喷油器

图 3-41 喷油器

3. 喷油器的控制原理

发动机控制模块可通过控制喷油器的电源或搭铁来实现对喷油器的控制,电控燃油喷射系统控制原理图,如图 3-42 所示,图中发动机控制模块是通过控制喷油器的搭铁信号实现对喷油器的控制。

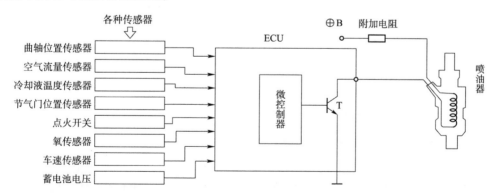

图 3-42 喷油器的控制电路

在发动机运行过程中,发动机控制模块(ECU)根据各种传感器输入的信号,确定合适的喷油时刻和喷油脉冲宽度,并向喷油器提供搭铁信号使喷油器开始喷油,切断搭铁信号使喷油器停止喷油。喷油器喷油量的大小,取决于针阀的升程、喷孔的截面积、燃油系统和进气歧管气体之间的压差等因素,当这些因素确定后,则喷油量就由针阀的开启时间,即电磁线圈的通电时间的长短来决定。

4. 喷油器的驱动方式

喷油器的驱动方式可分为_____和_____两种方式,如图3-43所示,电流驱动方式只适用于低电阻的喷油器(喷油器电磁线圈的电阻值为0.6～3Ω),一般应用在单点喷射(节气门体喷射)系统中。电压驱动方式既可适用于低电阻的喷油器,又可适用于高电阻的喷油器(喷油器电磁线圈的电阻值为13～17Ω),一般应用在多点喷射系统中。

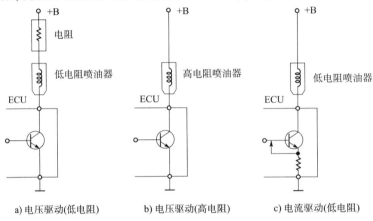

图3-43 喷油器驱动方式

1)电压驱动方式

电压驱动方式(低电阻)喷油器的控制回路,如图3-44所示,在打开点火开关或发动机工作时,EFI继电器闭合,向喷油器电磁线圈提供正极电源(+B),而喷油器是否通电喷油则取决于发动机控制模块(ECU)是否提供搭铁信号。

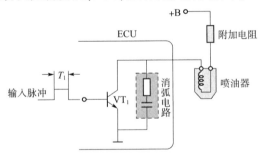

图3-44 电压驱动方式(低电阻)喷油器的控制回路

电压驱动方式与低电阻喷油器配合使用时,应在驱动回路中加入附加电阻,附加电阻与喷油器的连接方式,如图3-45所示。低电阻喷油器中电磁线圈的匝数较少,电感效应较小,因此,喷油器的响应特性比较好,但由于电磁线圈电阻的减少会使电流增加,容易造成喷油器电磁线圈因温度过高而烧损,为此在喷油器以外的控制回路中加入了附加电阻,但附加电阻的加入不但增加了故障点,还会使流过喷油器的电流减小,喷油器产生的电磁力也随之降低,喷油器开启的滞后时间较长。

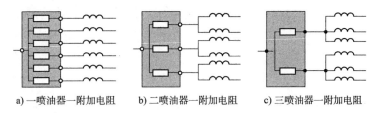

a) 一喷油器—附加电阻　　b) 二喷油器—附加电阻　　c) 三喷油器—附加电阻

图3-45　附加电阻与喷油器的连接方式

电压驱动方式与高电阻喷油器配合使用,回路更为简单,从成本和安装方面考虑都更加有利。在发动机工作中,当发动机控制模块(ECU)根据传感器信号确认该喷油时,便会向喷油器的电磁线圈提供搭铁信号,接通喷油器电磁线圈的驱动电路,发动机控制模块每输出一次喷油脉冲信号,喷油器便喷油一次。

由于在发动机控制模块(ECU)切断喷油器的搭铁回路时,喷油器电磁线圈两端会产生很高的感应电动势,此反向电压与电源电压一起加在发动机控制模块(ECU)的功率三极管上,可能会将其击穿而损坏,因此,为了保护发动机控制模块,通常在喷油器的驱动回路中设有消弧电路。

2) 电流驱动方式

电流驱动方式喷油器的控制回路中没有附加电阻,如图3-46所示。低电阻喷油器直接与蓄电池连接,因而回路阻抗小,当发动机控制模块(ECU)向喷油器提供搭铁信号后,喷油器电磁线圈内的电流很快上升,针阀便快速打开。如果喷油器长时间大电流通电,就有可能烧损喷油器的电磁线圈,因而在电流驱动方式的回路中,增加了电流控制回路,当发动机控制模块以一个较大的电流使电磁线圈打开后,它能控制回路中的工作电流,用一个较小的电流使喷油器针阀保持在完全打开的位置,或用脉冲电流保持喷油器针阀的有效开度。

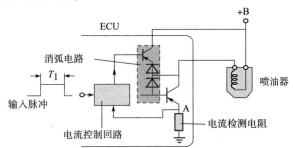

图3-46　电流驱动方式喷油器的控制回路

电压驱动方式中的喷油器驱动电路较简单,但因其回路中的阻抗大,喷油器的喷油滞后时间长。其中,电压驱动高电阻喷油器的喷油滞后时间最长,电压驱动低电阻喷油器次之,电流驱动的喷油器最短。

5. 喷油正时的控制

喷油正时就是指喷油器在什么时刻(相对于发动机曲轴转角位置)开始喷油。

对于采用多点间歇燃油喷射方式的发动机来说,按照喷油时刻和曲轴转角的关系可分为_____和_____两类。同步喷射是指与发动机曲轴转动同步,在固定的曲轴转角位置时进行喷射,异步喷射与曲轴旋转角度无关,如发动机冷起动和急加速时的临时性喷射。

在同步喷射发动机中,又分为_____、_____和_____三种基本类型。他们对喷油正时的要求各不相同。

(二)制订工作方案

1. 任务分工(表3-13)

学生任务分配表　　　　　　　　　　　表3-13

班级		组号		指导老师	
组长		任务分工			
组员1		任务分工			
组员2		任务分工			
组员3		任务分工			
组员4		任务分工			
组员5		任务分工			
组员6		任务分工			

2. 工量具、仪器设备与耗材准备

(1)使用的工量具有:_____。

(2)使用的仪器设备有:_____。

(3)使用的耗材有:_____。

3. 具体方案描述

_____

_____

_____

_____

三、计划实施

(一)安全注意事项及技能要点

1. 安全注意事项

(1)连接汽车故障诊断仪之前,需将点火开关处于关闭状态。

(2)拆拔发动机电子控制单元线束之前,需要断开蓄电池负极。

2.技能要点

(1)能正确使用数字万用表和汽车故障诊断仪。

(2)依据汽车维修操作要求,熟练规范地完成喷油器的故障诊断与排除。

(二)任务实施

1.雪佛兰科鲁兹轿车喷油器电路图(图3-47)

Q17A 燃油喷射器 A 号线为点火电压电路;Q17A 燃油喷射器 B 号线为低电平控制电路。

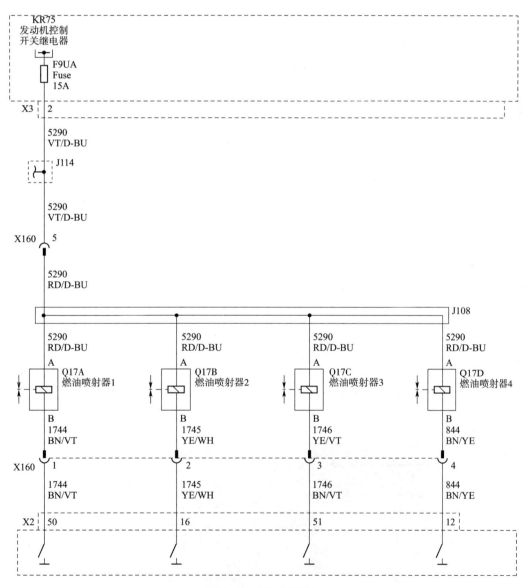

图 3-47 喷油器电路图

2. 检测喷油器电路的操作方法及说明(表3-14)

检测喷油器电路的操作方法及说明　　　　　表3-14

步骤	操作方法及说明	质量标准及记录
1. 前期准备	(1) 车辆信息填写； (2) 安装防护三件套(座椅套、转向盘套、脚垫)； (3) 安装翼子板布和前格栅布	□正确安装 □按8S要求整理
2. 安全检查	(1) 安装车轮挡块； (2) 插入尾气排放管； (3) 检查驻车制动和挡位； (4) 检查机油液位、冷却液液位、制动液液位、蓄电池电压	□正确安装 □正确使用数字万用表 □按8S要求整理
3. 仪器连接	点火开关关闭,正确连接汽车故障诊断仪	□正确连接 □按8S要求整理
4. 故障现象确认	(1) 起动发动机前,确认车辆周围环境是否安全； (2) 起动发动机时,观察起动状况,确认故障症状并记录症状现象	□正确观察 □按8S要求整理
5. 故障码检查和确定故障范围	(1) 正确读取数据和清除故障码； (2) 确定故障范围	□正确使用故障诊断仪 □正确记录 □按8S要求整理
6. 基本检查	检查Q17A燃油喷射器1的安装状态	□正确检查安装状态
7. 喷油器电路测量	将点火开关置于"OFF(关闭)"位置,断开相应的Q17A燃油喷射器1处的线束连接器,再将点火开关置于"ON(打开)"位置,确认点火电路端子1(LDE/LLU)或电路端子A(2H0)和搭铁之间的测试灯点亮。 (1) 如果测试灯未点亮,则电路保险丝状态良好(图中显示测试灯不亮,数值为0.4Ω),将点火开关置于"OFF(关闭)"位置,测试点火电路端对端的电阻是否小于2Ω,如果为2Ω或更大,则修理电路中的开路/电阻过大故障(断路故障),如果小于2Ω(图中数值为0.9Ω),则确认熔断丝未熔断且保险丝处有电压。 	□正确使用故障诊断仪 □正确使用数字万用表 □正确测量电路 □正确测量保险丝 □按8S要求整理

续上表

步骤	操作方法及说明	质量标准及记录
7.喷油器电路测量	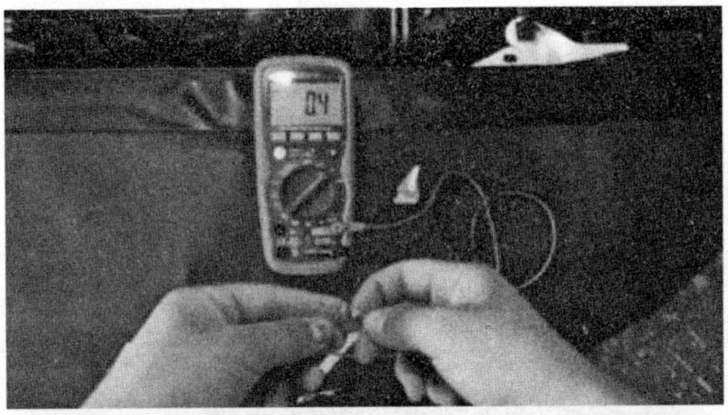  （2）如果测试灯未点亮，则电路熔断丝熔断（图中数值为无穷大），将点火开关置于"OFF（关闭）"位置，测试点火电路和搭铁之间的电阻是否为无穷大，如果电阻不为无穷大（图中数值为0.3Ω），则修理电路上的对搭铁短路故障，如果电阻为无穷大，则更换Q17A燃油喷射器1。 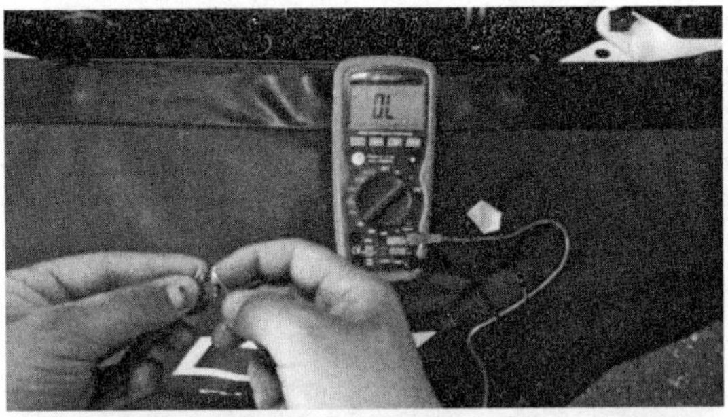 	

续上表

步骤	操作方法及说明	质量标准及记录
7. 喷油器电路测量	（3）如果测试灯点亮，将点火开关置于"OFF（关闭）"位置，将测试灯两端分别连接至 Q17A 燃油喷射器 1 线束连接器端子 A 和端子 B，发动机在起动或运行时，确认测试灯是否闪烁。  （4）如果测试灯探针组件未闪烁，将点火开关置于"OFF（关闭）"位置，断开蓄电池负极接线柱，断开 K20 发动机控制模块的线束连接器 X2，测试低电平控制电路端子 2（LDE/LLU）或电路端子 B（2H0）和搭铁之间的电阻是否为无穷大，如果电阻不为无穷大（图中数值为 0.2Ω），则修理电路上的对搭铁短路故障，如果电阻为无穷大，测试低电平控制电路端对端的电阻是否小于 2Ω，如果为 2Ω 或更大，则修理电路中的开路/电阻过大故障（断路故障），如果小于 2Ω（图中数值为 0.7Ω），将点火开关置于"ON（打开）"位置，测试低电平控制电路端子 2（LDE/LLU）或电路端子 B（2H0）和搭铁之间的电压是否低于 1V，如果是 1V 或更高，则修理电路上的对电压短路故障，如果低于 1V，则更换 K20 发动机控制模块  	

续上表

步骤	操作方法及说明	质量标准及记录
8.喷油器部件测试	如果测试灯探针组件闪烁,测试 Q17A 燃油喷射器 1(图中数值为 13.0Ω),如不在规定范围内(一般为 13~18Ω),更换 Q17A 燃油喷射器 1 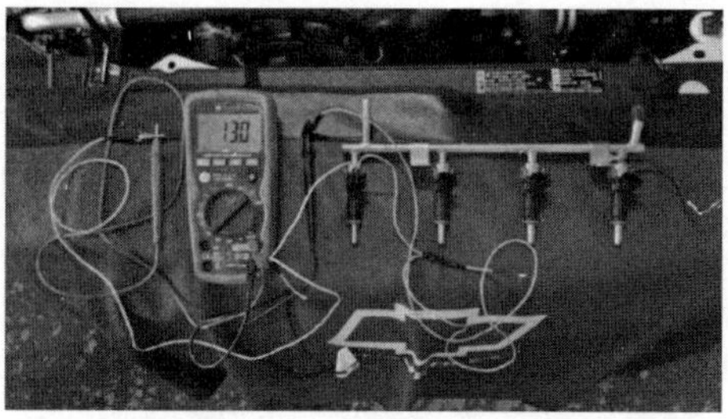	□正确使用故障诊断仪 □正确使用数字万用表 □正确测量喷油器部件 □按 8S 要求整理
9.维修结果确认	修复后再次检查故障码和数据流	□正确使用故障诊断仪 □按 8S 要求整理
10.现场恢复	(1)汽车故障诊断仪、数字万用表、接线盒、工具组套恢复到位; (2)车辆恢复; (3)地面卫生打扫干净	□按 8S 要求整理

四、评价反馈(表3-15)

评价表　　　　　　　　　　　　　　　　表3-15

评分项目	评分标准	分值(分)	得分(分)
学习目标	能明确本任务的知识、技能、素养目标,理解任务在工作中的重要程度	5	
工作任务分析	能清晰描述完成本次工作任务内容	2	
	能清晰描述完成本次工作任务需必备的技能与知识点	2	
有效信息获取	能准确讲述喷油器的作用,并在发动机上指明部件所在位置	5	
	能准确讲述喷油器的类型	5	
	结合控制原理图,能准确讲述两种驱动方式喷油器的控制原理	5	
实施方案制订	能清晰地制订并填写本次喷油器的故障诊断与排除的准备作业计划	5	
	能组织或协同工作小组成员,明确本次任务所需仪器设备、工具、材料的准备与清点,并准备记录	5	
	能组织或协同工作小组成员交流,优化检查方案并记录	5	

续上表

评分项目	评分标准	分值(分)	得分(分)
任务实施	能规范完成前期准备	2	
	能规范完成安全检查	3	
	能规范完成仪器连接	3	
	能规范完成故障现象确认	3	
	能规范完成故障码检查和确定故障范围	3	
	能规范完成基本检查	3	
	能规范完成喷油器电路测量	10	
	能规范完成喷油器部件测试	10	
	能规范完成维修结果确认	3	
	能规范完成现场恢复	5	
任务评价	通过本次任务实施,结合自己在实训过程中的表现,进行自我评价及自我反思并记录	3	
职业素养	按规定时间完成项目作业	2	
	遵守实训室管理规定、劳动纪律	2	
	积极参与课堂活动、回答问题	2	
	能够按时出勤	2	
思政要求	有劳动精神、奋斗精神、奉献精神、团队合作精神	5	
总计		100	

改进建议:

教师签字:
日期:

 任务习题

1. 单选题

(1)当结构确定后,电磁喷油器的喷油量主要决定于( )。
    A. 喷油脉宽   B. 点火提前角
    C. 工作温度   D. 发动机转速

(2)对喷油量起决定性作用的是( )。
　　A.空气流量传感器　　　　　　　B.冷却液温度传感器
　　C.氧传感器　　　　　　　　　　D.节气门位置传感器
(3)电子控制点火系统由( )直接驱动点火线圈进行点火。
　　A.ECU　　　B.点火控制器　　　C.分电器　　　D.转速信号
(4)点火闭合角主要是通过( )加以控制的。
　　A.通电电流　　B.通电时间　　　C.通电电压　　D.通电速度
(5)发动机工作时,随冷却液温度提高,爆燃倾向( )。
　　A.不变　　　　B.增大　　　　　C.减小　　　　D.与温度无关
(6)ECU根据( )信号对点火提前角实行反馈控制。
　　A.冷却液温度传感器　　　　　　B.曲轴位置传感器
　　C.爆震传感器　　　　　　　　　D.车速传感器
(7)凸轮轴位置传感器产生两个G信号,G1信号和G2信号相隔( )曲轴转角。
　　A.180°　　　B.90°　　　　　　C.270°　　　　D.360°
(8)Ne信号指发动机( )信号。
　　A.凸轮轴转角　　　　　　　　　B.车速传感器
　　C.曲轴转角　　　　　　　　　　D.空调开关
(9)采用电控点火系统时,发动机实际点火提前角与理想点火提前角关系为( )。
　　A.大于　　　　B.等于　　　　　C.小于　　　　D.接近于
(10)谐波进气控制系统运行时,此时发动机的点火提前角应( )。
　　A.提前　　　　　　　　　　　　B.延迟
　　C.不变　　　　　　　　　　　　D.有时提前,有时延迟

2.判断题

(1)曲轴位置传感器只作为喷油正时控制的主控制信号。　　　　　　　　( )
(2)点火控制系统还具有通电时间控制和爆燃控制功能。　　　　　　　　( )
(3)电流驱动方式只适用于低电阻喷油器。　　　　　　　　　　　　　　( )
(4)凸轮轴位置传感器的结构、工作原理及检修过程与曲轴位置传感器基本相同。
　　　　　　　　　　　　　　　　　　　　　　　　　　　　　　　　　( )
(5)喷油器的实际喷油时刻比ECU发出喷油指令的时刻要晚。　　　　　( )
(6)发动机起动时的喷油量控制和发动机起动后的喷油量控制的控制模式完全相同。　　　　　　　　　　　　　　　　　　　　　　　　　　　　　( )
(7)喷油器是电控发动机燃油喷射系统中的重要执行器。　　　　　　　( )
(8)电磁感应式曲轴位置传感器不需ECU供给5V电源,只要转动传感器就能产生信号。　　　　　　　　　　　　　　　　　　　　　　　　　　　　　( )
(9)爆震传感器输出的信号频率与发动机振动频率是不一致的。　　　　( )

（10）发动机负荷增大，最佳点火提前角也应增大。（ ）

（11）点火提前角随着发动机转速升高而增大。（ ）

（12）汽油机转速增大，则爆燃燃烧倾向加大，应加大点火提前角。（ ）

3. 实操练习题

（1）尝试完成曲轴位置传感器的故障诊断与排除，并就测试结果做分析。

（2）尝试完成凸轮轴位置传感器的故障诊断与排除，并就测试结果做分析。

（3）尝试完成点火线圈的故障诊断与排除，并就测试结果做分析。

（4）尝试完成爆震传感器的故障诊断与排除，并就测试结果做分析。

（5）尝试完成喷油器的故障诊断与排除，并就测试结果做分析。

学习任务四

汽车发动机怠速不稳故障诊断与排除

📊 学习目标

1. 知识目标

(1) 能够讲述空气流量传感器的作用及工作原理。

(2) 能够讲述进气压力传感器的作用及工作原理。

(3) 能够讲述节气门位置传感器的作用及工作原理。

(4) 能够讲述温度传感器的作用及工作原理。

(5) 能够讲述怠速控制系统的作用及工作原理。

2. 技能目标

(1) 能够规范使用常用汽车检测仪器及设备对车辆进行检测。

(2) 熟练规范地完成空气流量传感器的故障诊断与排除。

(3) 熟练规范地完成进气压力传感器的故障诊断与排除。

(4) 熟练规范地完成节气门位置传感器的故障诊断与排除。

(5) 熟练规范地完成温度传感器的故障诊断与排除。

(6) 熟练规范地完成怠速控制系统的故障诊断与排除。

3. 素养目标

(1) 培养爱党报国、敬业奉献、服务人民的意识。

(2) 培养正确的劳动精神,弘扬劳动精神、奋斗精神、奉献精神。

(3) 了解安全操作要求,养成安全文明操作的习惯。

(4) 养成组员之间互相协作的习惯。

(5) 实施操作结束后,按"8S"管理要求完成相关事项。

🕐 参考学时

48 学时。

任务描述

一辆汽车进厂维修,客户反映发动机怠速运转时,出现怠速不稳,打开空调时容易出现熄火的现象,需对其进行故障诊断与排除。

学习活动1 空气流量传感器的故障诊断与排除

一、明确任务

根据任务描述,发动机故障指示灯点亮并闪烁,对故障车辆进行检测,需要对空气流量传感器部件进行检查与更换,使其恢复正常使用性能。

二、工作准备与计划制订

(一)知识准备

1. 空气流量传感器的作用

空气流量传感器(Mass Air Flow Meter,MAF)是测量发动机进气量的装置,它将吸入的空气量转换成_____送给发动机电脑,作为_____和_____的主要信号。如果空气流量传感器或其线路出现了故障,发动机电脑接收不到正确的进气量信号,就不能进行喷油量的正确控制,从而造成混合气_____或_____,使发动机运转不正常。空气流量传感器主要用于_____型和_____型电控燃油喷射系统。

2. 空气流量传感器的安装位置

空气流量传感器一般安装在空气滤清器_____,节气门体_____的连接管道上,如图4-1所示。

图4-1 空气流量传感器的安装位置

3. 空气流量传感器的类型

空气流量传感器按其结构型式和进气量的检测原理可以分为_____（或称翼板式）、_____、_____和_____空气流量传感器四种。

1）叶片式空气流量传感器

叶片式空气流量传感器的结构如图4-2所示，两个铸成一体的测量叶片和缓冲叶片是主要部件，被安装在空气流量传感器壳体上的叶片转轴上，螺旋复位弹簧安装在电位计部分内，空气旁通气道也设置在空气流量传感器上。

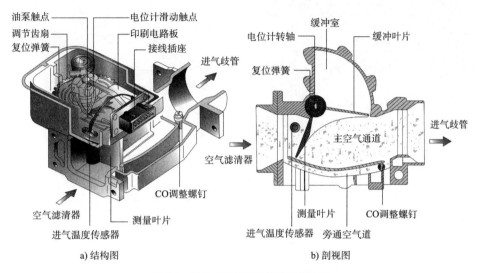

图4-2 叶片式空气流量传感器的结构

叶片式空气流量传感器的工作主要依赖于_____。空气推力使测量叶片打开一个角度，当推开测量叶片的力和回位弹簧变形后的弹力相平衡时，测量叶片便停止转动，与测量叶片同轴转动的电位计轴带动可变电阻滑动触头滑动，当测量叶片保持某一开度时，即保持一定的空气通道面积，同时电位计也保持一定的电阻值，其测量端子便将一定的信号电压输送到发动机ECU，如图4-3所示。

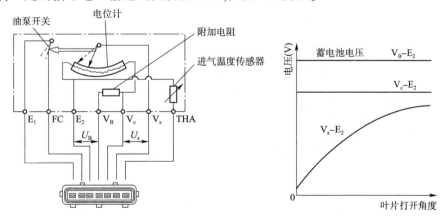

图4-3 叶片式空气流量传感器的工作原理

2）卡门旋涡式空气流量传感器

卡门旋涡式空气流量计属于体积流量型,主要由设置在空气通道中央的锥状卡门旋涡发生器和相应的旋涡检测装置等组成,如图4-4所示。当空气流过卡门旋涡发生器时,在其后部将会不断产生卡门旋涡,在单位时间内产生的卡门旋涡的个数(即发生频率)与气流的速度有关,只要测出卡门旋涡的发生频率,即可知道空气流量的大小。

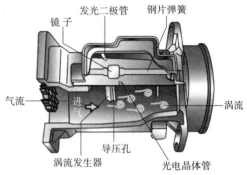

图4-4 卡门旋涡式空气流量传感器

卡门旋涡式空气流量计具有响应速度快、进气阻力小、无磨损、结构紧凑、输出信号为脉冲信号容易检测和处理等优点;缺点是制造成本高,需要进气大气压力修正和温度修正,因此目前只有少数中高档轿车采用。

3）热线式空气流量传感器

热线式空气流量传感器是现代轿车广泛应用的一种空气流量传感器,如图4-5所示。热线式空气流量传感器前后端都装有防护网,前面的防护网用于进气整流,后面的防护网用来防止发动机回火时把铂丝烧坏,如图4-6所示。防护网用卡箍固定在壳体上,铂丝和进气温度传感器都安装在主气道取样管内的流量传感器,叫主通式热线空气流量传感器;铂丝绕在陶瓷芯管上,并置于旁通气道内的流量传感器,叫旁通式热线空气流量传感器。

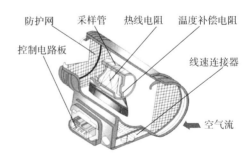

图4-5 热线式空气流量传感器　　图4-6 热线式空气流量传感器的结构

"热线"是一根暴露在进气流中的_____,控制电路将热线加热至某一温度,进气流则对热线有冷却的作用,使热线的温度降低。为了保持热线原来的温度,控制电路需加大加热电流。即进气量越大,热线需要的加热电流就越_____。控制电路将加热电流的变化转变为电压的变化,作为进气量信号输出,如图4-7 所示。

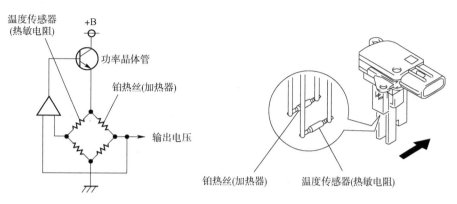

图4-7 热线式空气流量传感器的工作原理

进气温度的变化会使热线温度发生改变,从而影响进气量的测量精度。为消除这种影响,在热线附近安置一根温度补偿电阻(称为"_____"),冷却温度接近进气温度。工作时,控制电路使热线温度始终高于冷线温度的一个固定值,如100℃,这样冷线温度起到参考标准作用,使进气温度的变化不会影响到传感器的测量精度。

热线式空气流量传感器在使用一段时间后,由于热丝表面受空气尘埃玷污,其热辐射能力降低将会影响热线式空气流量传感器的测量精度,因此控制电路中设计有"_____"来实现自洁功能。

4)热膜式空气流量传感器

热膜式空气流量传感器是热线式空气流量传感器的改进产品,如图4-8所示。热膜式空气流量传感器的结构和工作原理与热线式空气流量传感器基本相同,属于第四代产品,在现代电控发动机中应用广泛,唯一区别在于热膜式空气流量传感器的发热体由热线改为热膜,如图4-9所示。热膜为固定在薄的树脂膜上的金属铂,或者用厚膜工艺将热线、冷线、精密电阻镀在一块陶瓷片上,有效地降低了制造成本。

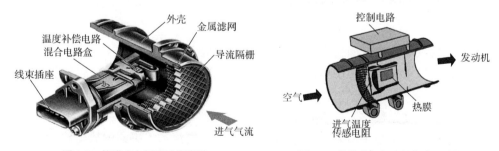

图4-8 热膜式空气流量传感器 　　图4-9 热膜式空气流量传感器结构图

热膜式空气流量传感器的发热体不直接承受空气流动所产生的作用力,从而提高了发热体的强度和工作可靠性,且结构简单,使用寿命长,不易受尘埃污染。这种流量传感器的主要缺点是空气流速分布不均匀,易影响测量精度。

(二)制订工作方案

1. 任务分工(表4-1)

学生任务分配表　　　　　表4-1

班级		组号		指导老师	
组长		任务分工			
组员1		任务分工			
组员2		任务分工			
组员3		任务分工			
组员4		任务分工			
组员5		任务分工			
组员6		任务分工			

2. 工量具、仪器设备与耗材准备

(1)使用的工量具有：_____。

(2)使用的仪器设备有：_____。

(3)使用的耗材有：_____。

3. 具体方案描述

_____

_____

_____

_____

三、计划实施

(一)安全注意事项及技能要点

1. 安全注意事项

(1)连接汽车故障诊断仪之前,需将点火开关处于关闭状态。

(2)拆拔发动机电子控制单元线束之前,需要断开蓄电池负极。

2. 技能要点

(1)能正确使用数字万用表和汽车故障诊断仪。

(2)依据汽车维修手册要求,熟练规范地完成空气流量传感器的故障诊断与排除。

(二)任务实施

1. 雪佛兰科鲁兹轿车空气流量传感器电路图(图4-10)

B75B 质量空气流量传感器 2 号线为搭铁电路;B75B 质量空气流量传感器 4 号线

为点火电压电路；B75B 质量空气流量传感器 5 号线为信号电路。

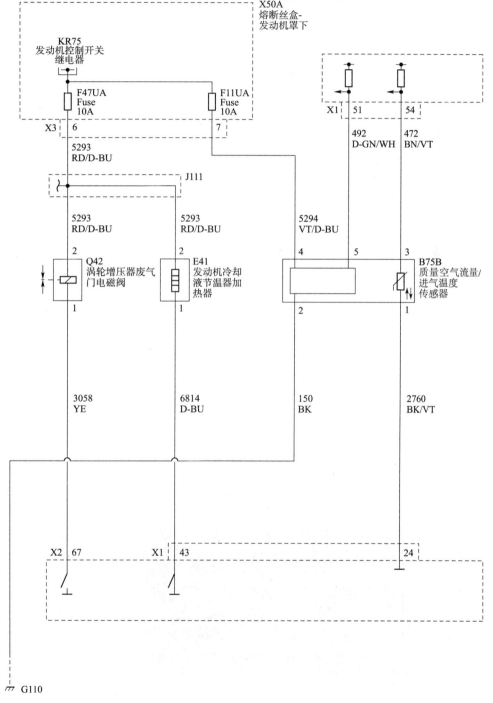

图 4-10 空气流量传感器电路图

2.检测空气流量传感器电路的操作方法及说明(表4-2)

检测空气流量传感器电路的操作方法及说明　　　　表4-2

步骤	操作方法及说明	质量标准及记录
1.前期准备	(1)车辆信息填写; (2)安装防护三件套(座椅套、转向盘套、脚垫); (3)安装翼子板布和前格栅布	□正确安装 □按8S要求整理
2.安全检查	(1)安装车轮挡块; (2)插入尾气排放管; (3)检查驻车制动和挡位; (4)检查机油液位、冷却液液位、制动液液位、蓄电池电压	□正确安装 □正确使用数字万用表 □按8S要求整理
3.仪器连接	点火开关关闭,正确连接汽车故障诊断仪	□正确连接 □按8S要求整理
4.故障现象确认	(1)起动发动机前,确认车辆周围环境是否安全; (2)起动发动机时,观察起动状况,确认故障症状并记录症状现象	□正确观察 □按8S要求整理
5.故障码检查和确定故障范围	(1)正确读取数据和清除故障码; (2)确定故障范围	□正确使用故障诊断仪 □正确记录 □按8S要求整理
6.基本检查	检查空气流量传感器的安装状态	□正确检查安装状态
7.空气流量传感器电路测量	将点火开关置于"OFF(关闭)"位置,断开B75B空气流量计连接器,测试搭铁电路端子2和搭铁之间电阻是否小于10Ω。 (1)如果等于或高于10Ω,测试搭铁电路端对端的电阻是否小于2Ω,如果为2Ω或更大(图中数值为无穷大),则修理电路中的开路/电阻过大故障(断路),如果小于2Ω,则修理搭铁连接中的开路/电阻过大故障(搭铁连接不良)。 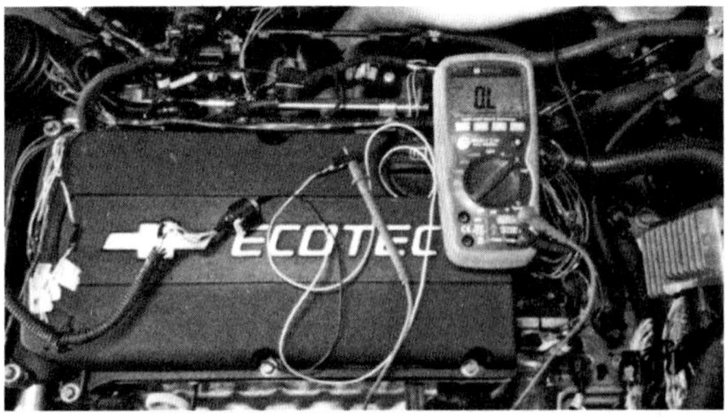 (2)如果小于10Ω(图中数值为1.4Ω),将点火开关置于"ON(打开)"位置,确认点火电压电路端子4和搭铁之间的测试灯点亮。	□正确使用故障诊断仪 □正确使用数字万用表 □正确测量电路 □正确测量保险丝 □按8S要求整理

续上表

步骤	操作方法及说明	质量标准及记录
7.空气流量传感器电路测量	 ①如果测试灯未点亮,则电路熔断丝状态良好(图中数值为0.3Ω),将点火开关置于"OFF(关闭)"位置。测试点火电压电路端到端的电阻是否小于2Ω,如果为2Ω或更大,则修理电路中的开路/电阻过大故障(断路),如果小于2Ω,则确认保险丝未熔断且熔断丝处有电压(保险丝安装问题)。   ②如果测试灯未点亮,则电路熔断丝状态损坏,将点火开关置于"OFF(关闭)"位置,测试点火电压电路和搭铁之间的电阻是否为无穷大,如果电阻不为无穷大,则修理电路上的对搭铁短路故障(图中数值为0.7Ω),如果电阻为无穷大,则测试所有连接至点火电压电路的部件并在必要时予以更换。 	

续上表

步骤	操作方法及说明	质量标准及记录
7.空气流量传感器电路测量	(3)如果测试灯点亮,测试信号电路端子2和搭铁之间的电压是否为4.8~5.5V。  ①如果小于4.8V,将点火开关置于"OFF(关闭)"位置,断开蓄电池负极接线柱,断开K20发动机控制模块的X1线束连接器,测试信号电路和搭铁之间的电阻是否为无穷大,如果电阻不为无穷大,则修理电路上的对搭铁短路故障,如果电阻为无穷大,测试信号电路端对端的电阻是否小于2Ω,如果为2Ω或更大(图中数值为无穷大),则修理电路中的开路/电阻过大故障(断路),如果小于2Ω,则更换K20发动机控制模块。 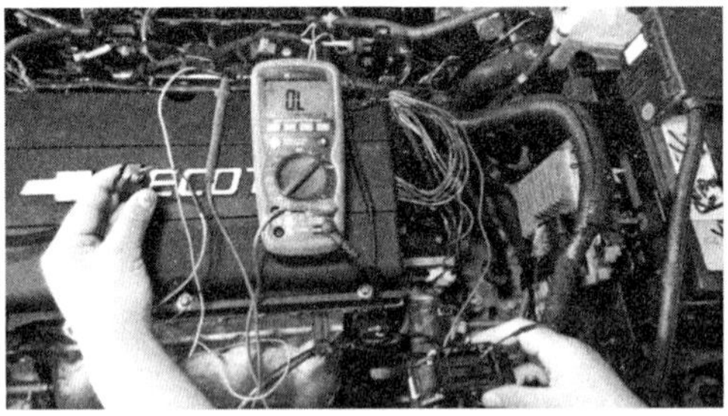 ②如果大于5.5V,将点火开关置于"OFF(关闭)"位置,断开蓄电池负极接线柱,断开K20发动机控制模块的线束连接器X1,再将点火开关置于"ON(打开)"位置,测试信号电路和搭铁之间的电压是否低于1V,如果是1V或更高,则修理电路上的对电压短路故障,如果低于1V,则更换K20发动机控制模块	
8.空气流量传感器部件测试	如果在4.8~5.5V之间(图中数值为5.04V),更换空气流量传感器部件 	□正确使用故障诊断仪 □正确使用数字万用表 □正确测量空气流量传感器部件 □按8S要求整理

续上表

步骤	操作方法及说明	质量标准及记录
9.维修结果确认	修复后再次检查故障码和数据流	□正确使用故障诊断仪 □按8S要求整理
10.现场恢复	(1)汽车故障诊断仪、数字万用表、接线盒、工具组套恢复到位; (2)车辆恢复; (3)地面卫生打扫干净	□按8S要求整理

四、评价反馈(表4-3)

评价表　　　　　　　　　　　　　表4-3

评分项目	评分标准	分值(分)	得分(分)
学习目标	能明确本任务的知识、技能、素养目标,理解任务在工作中的重要程度	5	
工作任务分析	能清晰描述完成本次工作任务内容	2	
	能清晰描述完成本次工作任务需必备的技能与知识点	2	
有效信息获取	能准确讲述空气流量传感器的作用,并在发动机上指明部件所在位置	5	
	能准确讲述空气流量传感器的类型	5	
	结合控制原理图,能准确讲述热线式空气流量传感器的控制原理	5	
实施方案制订	能清晰地制订并填写本次空气流量传感器的故障诊断与排除的准备作业计划	5	
	能组织或协同工作小组成员,明确本次任务所需仪器设备、工具、材料的准备与清点,并准备记录	5	
	能组织或协同工作小组成员交流,优化检查方案并记录	5	
任务实施	能规范完成前期准备	2	
	能规范完成安全检查	3	
	能规范完成仪器连接	3	
	能规范完成故障现象确认	3	
	能规范完成故障码检查和确定故障范围	3	
	能规范完成基本检查	3	
	能规范完成空气流量传感器电路测量	10	

续上表

评分项目	评分标准	分值(分)	得分(分)
任务实施	能规范完成空气流量传感器部件测试	10	
	能规范完成维修结果确认	3	
	能规范完成现场恢复	5	
任务评价	通过本次任务实施,结合自己在实训过程中的表现,进行自我评价及自我反思并记录	3	
职业素养	按规定时间完成项目作业	2	
	遵守实训室管理规定、劳动纪律	2	
	积极参与课堂活动、回答问题	2	
	能够按时出勤	2	
思政要求	有劳动精神、奋斗精神、奉献精神、团队合作精神	5	
总计		100	

改进建议:

教师签字:
日期:

学习活动 2　进气歧管绝对压力传感器的故障诊断与排除

一、明确任务

根据任务描述,发动机故障指示灯点亮并闪烁,对故障车辆进行检测,需要对进气歧管绝对压力传感器部件进行检查与更换,使其恢复正常使用性能。

二、工作准备与计划制订

(一) 知识准备

1. 进气歧管绝对压力传感器的作用

进气歧管绝对压力传感器(Manifold Absolute Pressure Sensor, MAP)也被称为进气压力传感器,该传感器用于_____型汽油喷射系统,如图4-11所示。它在汽油喷射系统中所起的作用与空气流量传感器相似。进气歧管绝对压力传感器根据发动机的负荷状态测量出节气门后方进气歧管内绝对压力的变化,并转换成_____信号输送到微机控制装置,作为控制喷油脉冲宽度和点火正时的主要参考信号之一,它实际测量的是进气歧管的_____,通过计算换算成反映_____的参数。

图4-11 进气歧管绝对压力传感器实物

2. 进气歧管绝对压力传感器的安装位置

进气歧管绝对压力传感器一般装于发动机机舱内,用一根真空管与进气歧管相接或直接装在节气门后方的_____上,如图4-12所示。

图4-12 进气歧管绝对压力传感器的安装位置

3. 进气歧管绝对压力传感器的类型

进气歧管绝对压力传感器的种类较多,根据信号产生的原理可分为:_____、_____、_____和_____,现在应用最广泛的是_____和_____。

1) 半导体压敏电阻式

(1) 结构。

半导体压敏电阻式进气歧管绝对压力传感器由压力转换元件(硅片)、放大压力转换元件输出信号的集成电路(IC放大器)和真空室构成,如图4-13所示。

(2) 工作原理。

压力转换元件是利用半导体的_____效应制成的硅膜片,硅膜片的一面是真空室,另一面作用的是进气歧管的压力。硅膜片是边长约为 3mm 的正方形,其中部经光刻腐蚀形成直径约 2mm、厚约 50mm 的薄膜,薄膜周围有四个应变电阻,以惠斯顿电桥方式连接。因为薄膜的一侧是_____,所以薄膜的另一侧即进气歧管内绝对压力越高,硅膜片的变形_____,其应变与压力成正比,附着在薄膜上的应变电阻的阻值随应变成正比变化,这样就可以利用惠斯顿电桥将硅膜片的变形转变成电信号。因为输出的电信号很微弱,所以需要用混合集成放大电路放大后输入到 ECU 的 PIM 端子,如图 4-14 所示。

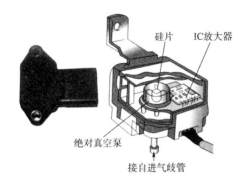

图 4-13 半导体压敏电阻式进气歧管
绝对压力传感器的结构

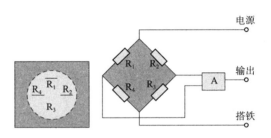

图 4-14 半导体压敏电阻式进气歧管
绝对压力传感器的工作原理

这种半导体压敏电阻式进气歧管绝对压力传感器输出的电压信号具有随进气歧管绝对压力的增大呈线性_____的特性。

在通常情况下,传感器信号电压范围应该从怠速运转时的大约 1.25V,平稳上升到节气全开时的大约 5V,如图 4-15 所示。

2)电容式

电容式进气歧管绝对压力传感器壳体内腔的弹性膜片用_____制成,弹性膜片上、下两个凹玻璃的表面也均有金属涂层,这样在弹性膜片与两个金属涂层之间形成两个串联的_____,如图 4-16 所示。

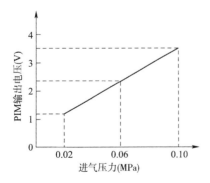

图 4-15 半导体压敏电阻式进气歧管
绝对压力传感器的输出特性

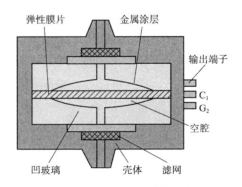

图 4-16 电容式进气歧管绝对
压力传感器的结构

利用电容效应检测进气歧管绝对压力。发动机工作时,进气歧管内的空气压力作用于弹性膜片上,使弹性膜片产生位移,弹性膜片与两个金属涂层之间的距离发生变化,一个距离减小,而另一个距离增大,在弹性膜片与两个金属涂层之间形成的两个电容的电容量会一个增加,另一个减小。电容量的变化量与弹性膜片的位移成正比,而弹性膜片的位移取决于上、下两个空腔的_____,只要弹性膜片上部的空腔为绝对真空,下部空腔通进气歧管,则可通过检测电容量的变化来检测进气歧管的绝对压力。电容量的变化量再经过测量电路转换为_____输送给_____,测量电路可以是电容电桥电路或谐振电路等。

(二)制订工作方案

1. 任务分工(表4-4)

学生任务分配表　　　　　　　　　表4-4

班级		组号		指导老师	
组长		任务分工			
组员1		任务分工			
组员2		任务分工			
组员3		任务分工			
组员4		任务分工			
组员5		任务分工			
组员6		任务分工			

2. 工量具、仪器设备与耗材准备

(1)使用的工量具有:_____。
(2)使用的仪器设备有:_____。
(3)使用的耗材有:_____。

3. 具体方案描述

_____
_____
_____
_____
_____

三、计划实施

(一)安全注意事项及技能要点

1. 安全注意事项

(1)连接汽车故障诊断仪之前,需将点火开关处于关闭状态。

(2)插拔发动机电子控制单元线束之前,需要断开蓄电池负极。

2. 技能要点

(1)能正确使用数字万用表和汽车故障诊断仪。

(2)依据汽车维修手册要求,熟练规范地完成进气歧管绝对压力传感器的故障诊断与排除。

(二)任务实施

1. 雪佛兰科鲁兹轿车进气歧管绝对压力传感器电路图(图4-17)

B74 歧管绝对压力传感器 1 号线为 5V 参考电压电路;B74 歧管绝对压力传感器 2 号线为低电平参考电压电路(搭铁电路);B74 歧管绝对压力传感器 3 号线为信号电路。

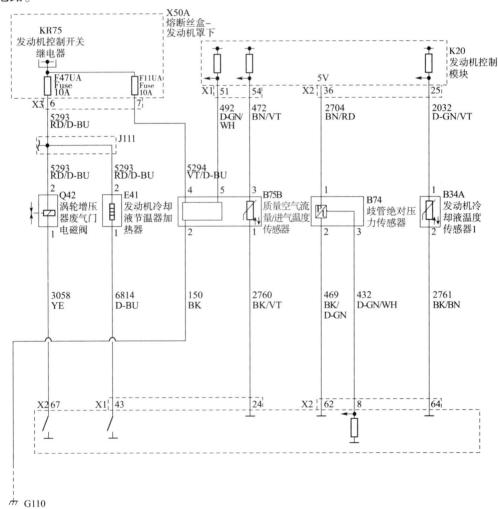

图4-17 进气歧管绝对压力传感器电路图

2.检测进气歧管绝对压力传感器电路的操作方法及说明(表4-5)

检测进气歧管绝对压力传感器电路的操作方法及说明　　　　表4-5

步骤	操作方法及说明	质量标准及记录
1.前期准备	(1)车辆信息填写; (2)安装防护三件套(座椅套、转向盘套、脚垫); (3)安装翼子板布和前格栅布	□正确安装 □按8S要求整理
2.安全检查	(1)安装车轮挡块; (2)插入尾气排放管; (3)检查驻车制动和挡位; (4)检查机油液位、冷却液液位、制动液液位、蓄电池电压	□正确安装 □正确使用数字万用表 □按8S要求整理
3.仪器连接	点火开关关闭,正确连接汽车故障诊断仪	□正确连接 □按8S要求整理
4.故障现象确认	(1)起动发动机前,确认车辆周围环境是否安全; (2)起动发动机时,观察起动状况,确认故障症状并记录症状现象	□正确观察 □按8S要求整理
5.故障码检查和确定故障范围	(1)正确读取数据和清除故障码; (2)确定故障范围	□正确使用故障诊断仪 □正确记录 □按8S要求整理
6.基本检查	检查B74歧管绝对压力传感器安装状态	□正确检查安装状态
7.进气歧管绝对压力传感器电路测量	将点火开关置于"OFF(关闭)"位置并关闭所有车辆系统,断开B74歧管绝对压力传感器的线束连接器。可能需要2min才能让所有车辆系统断电,测试低电平参考电压电路端子2和搭铁之间的电阻是否小于10Ω。  (1)如果等于或高于10Ω(图中数值为无穷大),点火开关置于"OFF(关闭)"位置,断开蓄电池负极接线柱,断开K20发动机控制模块的线束连接器,测试低电平参考电压端对端的电阻是否小于2Ω,如果为2Ω或更大,则修理电路中的开路/电阻过大故障(断路故障),如果小于2Ω(图中数值为1.0Ω),则更换K20发动机控制模块。	□正确使用故障诊断仪 □正确使用数字万用表 □正确测量电路 □正确测量保险丝 □按8S要求整理

续上表

步骤	操作方法及说明	质量标准及记录
7. 进气歧管绝对压力传感器电路测量	  （2）如果小于10Ω，将点火开关置于"ON（打开）"位置，测试5V参考电压电路端子1和搭铁之间的电压是否为4.8～5.2V。 ①如果小于4.8V，点火开关置于"OFF（关闭）"位置，断开蓄电池负极接线柱，断开K20发动机控制模块的线束连接器，测试5V参考电压电路端子和搭铁之间的电阻是否为无穷大，如果电阻不为无穷大，则修理电路上的对搭铁短路故障，如果电阻为无穷大，测试5V参考电压电路端对端的电阻是否小于2Ω，如果为2Ω或更大（图中数值为无穷大），则修理电路中的开路/电阻过大故障（断路故障），如果小于2Ω，则更换K20发动机控制模块。  ②如果大于5.2V，将点火开关置于"OFF（关闭）"位置，断开蓄电池负极接线柱，断开K20发动机控制模块的线束连接器，再将点火开关置于"ON（打开）"位置，测试5V参考电压电路和搭铁之间的电压是否低于1V，如果是1V或更高，则修理电路上的对电压短路故障，如果低于1V，则更换K20发动机控制模块。	

续上表

步骤	操作方法及说明	质量标准及记录
7.进气歧管绝对压力传感器电路测量	(3)如果在4.8~5.2V之间(图中数值为5.04V),测试信号电路端子3和搭铁之间的电压是否低于0.3V。  (4)如果等于或高于0.3V,将点火开关置于"OFF(关闭)"位置,断开蓄电池负极接线柱,断开K20发动机控制模块处的线束连接器,再将点火开关置于"ON(打开)"位置,测试信号电路端子3和搭铁之间的电压是否低于1V,如果是1V或更高,则修理电路上的对电压短路故障,如果低于1V,则更换K20发动机控制模块。 (5)如果小于0.3V,在信号电路端子3和5V参考电压电路端子1之间安装一条带3A保险丝的跨接线,确认故障诊断仪上的"MAP Sensor(歧管绝对压力传感器)"参数高于126kPa(18.27psi)。 ①如果等于或低于126 kPa(18.27psi)(图中显示歧管绝对压力传感器为0kPa),点火开关置于"OFF(关闭)"位置,断开蓄电池负极接线柱,断开K20发动机控制模块的线束连接器,测试信号电路端子3和搭铁之间的电阻是否为无穷大,如果电阻不为无穷大,则修理电路上的对搭铁短路故障,如果电阻为无穷大,测试信号电路端对端的电阻是否小于2Ω,如果为2Ω或更大,则修理电路中的开路/电阻过大故障(断路故障),如果小于2Ω(图中数值为0.8Ω),则更换K20发动机控制模块。 	

续上表

步骤	操作方法及说明	质量标准及记录
7. 进气歧管绝对压力传感器电路测量	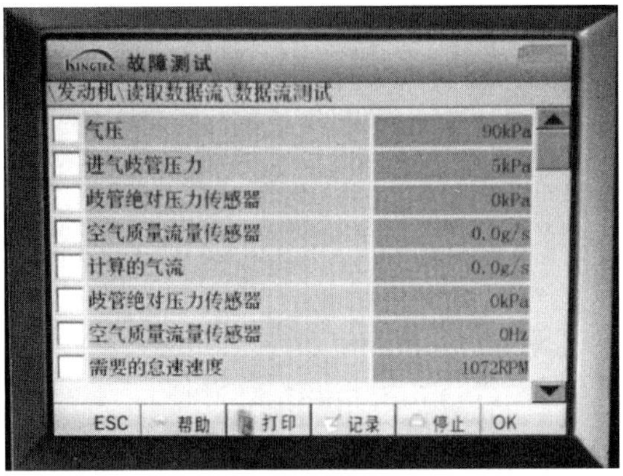  ②如果高于126kPa(18.27psi),测试或更换B74歧管绝对压力传感器	
8. 进气歧管绝对压力传感器部件测试	传感器失真测试:使用以下步骤并参照下表(歧管绝对压力传感器参数表)来确定歧管绝对压力传感器是否失真,将点火开关置于"ON(打开)"位置,关闭发动机,观察故障诊断仪上的"MAP sensor(歧管绝对压力传感器)"参数(图中显示数值为100kPa)。 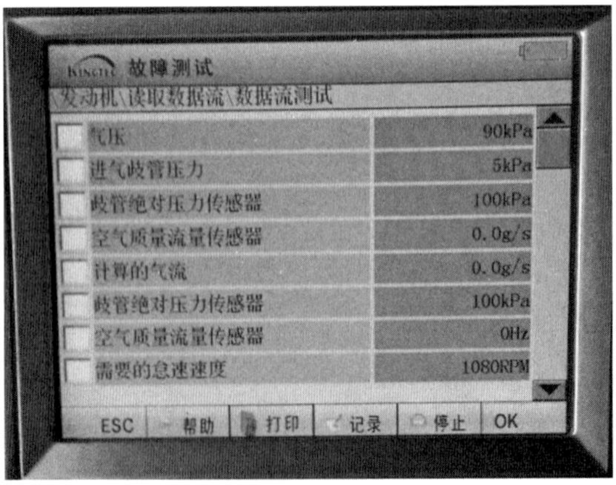	□正确使用故障诊断仪 □正确使用数字万用表 □正确测量喷油器部件 □按8S要求整理

续上表

步骤	操作方法及说明	质量标准及记录
8.进气歧管绝对压力传感器部件测试	使用与歧管绝对压力传感器参数表第一栏显示值最接近的、所观察到的故障诊断仪"MAP Sensor（歧管绝对压力传感器）"参数。 歧管绝对压力传感器参数表 | 将点火开关置于"ON（打开）"位置并关闭发动机,歧管绝对压力传感器参数	施加5in真空时的歧管绝对压力传感器参数	施加10in真空时的歧管绝对压力传感器参数
100kPa （14.5psi）	79~87kPa （11.45~12.61psi）	62~70kPa （8.99~10.15psi）
95kPa （13.77psi）	74~82kPa （10.73~11.89psi）	57~65kPa （8.26~9.42psi）
90kPa （13.01psi）	69~77kPa （10.00~11.16psi）	52~60kPa （7.54~8.70psi）
80kPa （11.60psi）	59~67kPa （8.55~9.71psi）	42~50kPa （6.09~7.25psi）
70kPa （10.15psi）	49~57kPa （7.10~8.26psi）	32~40kPa （4.64~5.80psi）
60kPa （8.70psi）	39~47kPa （5.65~6.81psi）	22~30kPa （3.19~4.35psi） | 然后使用 EN 23738-A 真空泵向歧管绝对压力传感器提供17kPa（2.47psi）真空,歧管绝对压力传感器参数表第一栏中的参数应降低17kPa（2.5psi）,可接受的范围显示在第二列（图中显示数值为84kPa）。使用 EN 23738-A 真空泵向歧管绝对压力传感器提供34kPa（4.93psi）真空,歧管绝对压力传感器参数表第一栏中的参数应降低34kPa（5.0psi）,可接受的范围显示在第三列	

续上表

步骤	操作方法及说明	质量标准及记录
8.进气歧管绝对压力传感器部件测试		
9.维修结果确认	修复后再次检查故障码和数据流	□正确使用故障诊断仪 □按8S要求整理
10.现场恢复	(1)汽车故障诊断仪、数字万用表、接线盒、工具组套恢复到位； (2)车辆恢复； (3)地面卫生打扫干净	□按8S要求整理

四、评价反馈(表4-6)

评价表　　　　　　　　　　　　　　　　　　　　　　　　　表4-6

评分项目	评分标准	分值(分)	得分(分)
学习目标	能明确本任务的知识、技能、素养目标,理解任务在工作中的重要程度	5	
工作任务分析	能清晰描述完成本次工作任务内容	2	
	能清晰描述完成本次工作任务需必备的技能与知识点	2	
有效信息获取	能准确讲述进气歧管绝对压力传感器的作用,并在发动机上指明部件所在位置	5	
	能准确讲述进气歧管绝对压力传感器的类型	5	
	结合工作原理图,能准确讲述半导体压敏电阻式进气歧管绝对压力传感器的工作原理	5	

续上表

评分项目	评分标准	分值(分)	得分(分)
实施方案制订	能清晰地制订并填写本次进气歧管绝对压力传感器的故障诊断与排除的准备作业计划	5	
	能组织或协同工作小组成员，明确本次任务所需仪器设备、工具、材料的准备与清点，并准备记录	5	
	能组织或协同工作小组成员交流，优化检查方案并记录	5	
任务实施	能规范完成前期准备	2	
	能规范完成安全检查	3	
	能规范完成仪器连接	3	
	能规范完成故障现象确认	3	
	能规范完成故障码检查和确定故障范围	3	
	能规范完成基本检查	3	
	能规范完成进气歧管绝对压力传感器电路测量	10	
	能规范完成进气歧管绝对压力传感器部件测试	10	
	能规范完成维修结果确认	3	
	能规范完成现场恢复	5	
任务评价	通过本次任务实施，结合自己在实训过程中的表现，进行自我评价及自我反思并记录	3	
职业素养	按规定时间完成项目作业	2	
	遵守实训室管理规定、劳动纪律	2	
	积极参与课堂活动、回答问题	2	
	能够按时出勤	2	
思政要求	有劳动精神、奋斗精神、奉献精神、团队合作精神	5	
总计		100	

改进建议：

教师签字：
日期：

学习活动3　节气门位置传感器的故障诊断与排除

一、明确任务

根据任务描述,发动机故障指示灯点亮并闪烁,对故障车辆进行检测,需要对节气门位置传感器部件进行检查与更换,使其恢复正常使用性能。

二、工作准备与计划制订

(一)知识准备

1. 节气门位置传感器的作用

节气门位置传感器(Throttle Position Sensor,TPS)如图4-18所示,通常安装在节气门体上,主要用于检测节气门开度,并将节气门开度(发动机负荷大小)转变为电压信号传输到ECU,ECU根据此信号判别发动机的工况,如怠速工况、部分负荷工况和大负荷工况等,并根据发动机不同工况对混合气浓度的需求控制喷油器的基本喷油量。

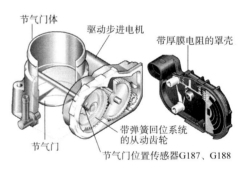

图4-18　节气门位置传感器实物

2. 节气门位置传感器的安装位置

节气门位置传感器安装在_____总成一侧,检测节气门开度,如图4-19所示。

3. 节气门位置传感器的类型

常见的节气门位置传感器按结构与工作过程可分为_____、_____和_____三种。

1)开关触点式节气门位置传感器

开关触点式节气门位置传感器内部有三个触点:怠速开关触点IDL、全负荷开关触点PSW和搭铁的动触点E,如图4-20所示。

图 4-19 节气门位置传感器的安装位置

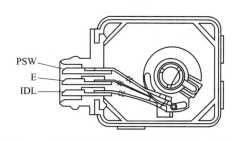

图 4-20 开关触点式节气门位置传感器内部触点

发动机在怠速或突然减速时,怠速触点_____,ECU 根据此信号对怠速时的混合气进行控制,并修正_____,切断废气再循环系统。减速断油时,暂时切断供油。当节气门开度超过一定角度时,全负荷触点闭合,ECU 根据此信号加浓_____,提高发动机输出功率,如图 4-21 所示。

2)线性电阻式节气门位置传感器

线性电阻式节气门位置传感器采用_____,由节气门轴带动电位计的滑动触点,在不同的节气门开度下,接入回路的电阻则不同。发动机怠速运转时,怠速触点闭合,IDL 信号端子电压为 0V,VTA 信号端子与 VC 电源端子间电阻较大,传感器信号电压较低,为 0.6～0.9V。随着节气门开度的增加,电位计的滑动触点在电阻膜滑动,从而在该触点上得到与节气门开度成比例的线性电压输出,即 VTA 信号电压,全负荷时 VTA 信号在 3.5～4.7V,ECU 根据全负荷时 VTA 信号进行_____修正、_____修正和_____控制等,如图 4-22 所示。

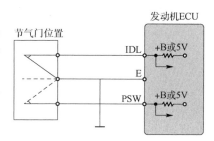

图 4-21 开关触点式节气门位置传感器的工作原理

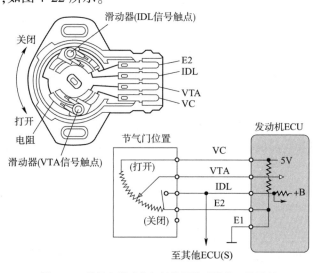

图 4-22 线性电阻式节气门位置传感器的工作原理

开关触点式节气门位置传感器只能检测发动机的_____和_____工况。当 IDL 触点断开 PSW 触点还未闭合时,发动机处于加速状态,该传感器无法输出节气门所在位置的准确信号。线性电阻式节气门位置传感器的设计避免了开关触点式节气门位置传感器的弊端,利用其电位计的变化可检测出节气门所在的准确位置。目前的线性电阻式节气门位置传感器已无_____触点;或虽有怠速触点但并不与发动机 ECU 相连接,这些型号用 VTA 信号探测怠速运行工况,如图 4-23 所示。

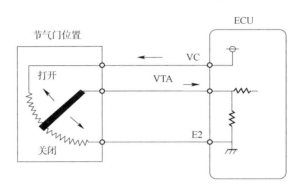

图 4-23　无 IDL 怠速触点的线性电阻式节气门位置传感器的工作原理

在智能电控节气门(ETCS—i)系统中,采用双信号输出的线性电阻式节气门位置传感器内部有两个电位计、两个滑动触点,并有两个信号 VTA1 和 VTA2,来提高可靠性,如图 4-24 所示。

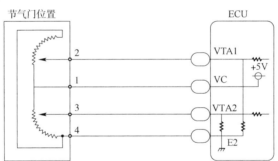

图 4-24　双信号输出的线性电阻式节气门位置传感器

随着节气门位置的开启,VTA1 和 VTA2 信号都呈比例线性增加,但增加速率不同,VTA2 信号比 VTA1 信号先到达最大值,如图 4-25 所示。发动机 ECU 通过检测这两个信号,来感知节气门的位置,并能通过比较两个信号,及时发现问题,提高工作的可靠性。

3)霍尔式节气门位置传感器

(1)结构。

霍尔式节气门位置传感器主要由一个固定在节气门轴上的_____、两个输出电压与磁通量成正比的线性霍尔集成电路(IC)等组成,永久磁铁随着节气门轴转动。

节气门体主要由_____、_____、_____和_____等组成,

ECU 通过节气门电机再经过减速齿轮驱动节气门打开与关闭,如图 4-26 所示。

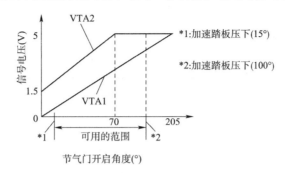

图 4-25　双信号电压输出特性图

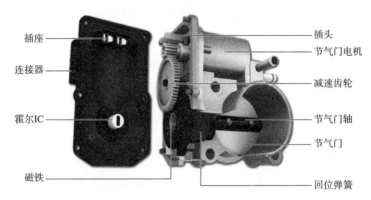

图 4-26　霍尔式节气位置传感器的结构

（2）工作原理。

当节气门开启时,磁铁也一同转动,改变位置,此时,霍尔集成芯片 IC 探测磁铁位置变化所造成_____的变化并产生_____,从 VTA1 端子和 VTA2 端子输出信号电压,其内部连接示意图如图 4-27 所示。

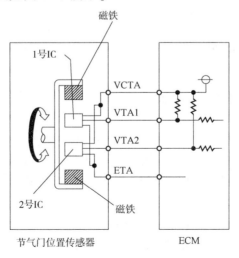

图 4-27　霍尔式节气门位置传感器内部连接示意图

(二)制订工作方案

1. 任务分工(表4-7)

学生任务分配表　　　　　　　　　表4-7

班级		组号		指导老师	
组长		任务分工			
组员1		任务分工			
组员2		任务分工			
组员3		任务分工			
组员4		任务分工			
组员5		任务分工			
组员6		任务分工			

2. 工量具、仪器设备与耗材准备

(1)使用的工量具有:_____。

(2)使用的仪器设备有:_____。

(3)使用的耗材有:_____。

3. 具体方案描述

_____

_____

_____

_____

三、计划实施

(一)安全注意事项及技能要点

1. 安全注意事项

(1)连接汽车故障诊断仪之前,需将点火开关处于关闭状态。

(2)拆拔发动机电子控制单元线束之前,需要断开蓄电池负极。

2. 技能要点

(1)能正确使用数字万用表和汽车故障诊断仪。

(2)依据汽车维修操作要求,熟练规范地完成节气门位置传感器的故障诊断与排除。

(二)任务实施

1. 雪佛兰科鲁兹轿车节气门位置传感器电路图(图 4-28)

Q38 节气门 C 号线为低电平参考电压电路(搭铁电路);Q38 节气门 D 号线为 1 信号电路;Q38 节气门 E 号线为 5V 参考电压电路;Q38 节气门 F 号线为 2 信号电路。

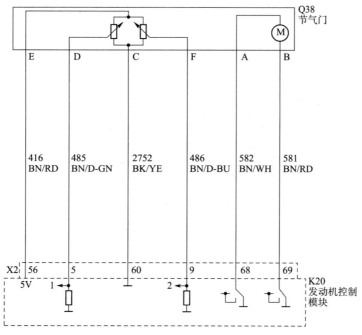

图 4-28 节气门位置传感器电路图

2. 检测节气门位置传感器电路的操作方法及说明(表 4-8)

检测节气门位置传感器电路的操作方法及说明　　　　表 4-8

步骤	操作方法及说明	质量标准及记录
1. 前期准备	(1)车辆信息填写; (2)安装防护三件套(座椅套、转向盘套、脚垫); (3)安装翼子板布和前格栅布	□正确安装 □按 8S 要求整理
2. 安全检查	(1)安装车轮挡块; (2)插入尾气排放管; (3)检查驻车制动和挡位; (4)检查机油液位、冷却液位、制动液液位、蓄电池电压	□正确安装 □正确使用数字万用表 □按 8S 要求整理
3. 仪器连接	点火开关关闭,正确连接汽车故障诊断仪	□正确连接 □按 8S 要求整理
4. 故障现象确认	(1)起动发动机前,确认车辆周围环境是否安全; (2)起动发动机时,观察起动状况,确认故障症状并记录症状现象	□正确观察 □按 8S 要求整理

续上表

步骤	操作方法及说明	质量标准及记录
5. 故障码检查和确定故障范围	(1) 正确读取数据和清除故障码； (2) 确定故障范围	□正确使用故障诊断仪 □正确记录 □按8S要求整理
6. 基本检查	检查节气门位置传感器的安装状态	□正确检查安装状态
7. 节气门位置传感器电路测量	将点火开关置于"OFF（关闭）"位置，所有车辆系统关闭，断开Q38节气门体处的线束连接器（图中数值为0.9Ω），可能需要2min才能让所有车辆系统断电，测试低电平参考电压电路端子C和搭铁之间的电阻是否小于5Ω。   (1) 如果等于或高于5Ω，点火开关置于"OFF（关闭）"位置，断开蓄电池负极接线柱，断开K20发动机控制模块的线束连接器，测试低电平参考电压端对端的电阻是否小于2Ω，如果为2Ω或更大（图中数值为无穷大），则修理电路中的开路/电阻过大故障（断路故障），如果小于2Ω（图中数值为1.4Ω），则更换K20发动机控制模块。  	□正确使用故障诊断仪 □正确使用数字万用表 □正确测量节气门位置传感器电路 □按8S要求整理

续上表

步骤	操作方法及说明	质量标准及记录
7.节气门位置传感器电路测量	(2)如果小于5Ω(图中数值为0.9Ω),将点火开关置于"ON(打开)"位置,测试5V参考电压电路端子E和搭铁之间的电压是否为4.8~5.2V。  ①如果小于4.8V,点火开关置于"OFF(关闭)"位置,断开蓄电池负极接线柱,断开K20发动机控制模块的线束连接器,测试5V参考电压电路端子和搭铁之间的电阻是否为无穷大,如果电阻不为无穷大,则修理电路上的对搭铁短路故障,如果电阻为无穷大(图中数值为无穷大),测试5V参考电压电路端对端的电阻是否小于2Ω,如果为2Ω或更大,则修理电路中的开路/电阻过大故障(断路故障),如果小于2Ω(图中数值为0.7Ω),则更换K20发动机控制模块。  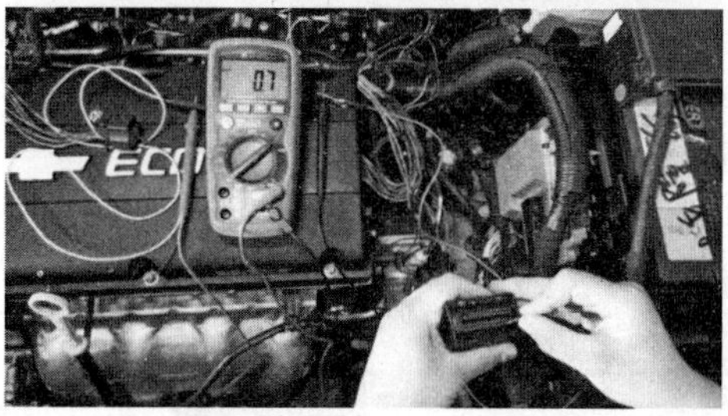 ②如果大于5.2V,将点火开关置于"OFF(关闭)"位置,断开蓄电池负极接线柱,断开K20发动机控制模块的线束连接器,再将点火开关置于"ON(打开)"位置,测试5V参考电压电路和搭铁之间的电压是否低于1V,如果是1V或更高,则修理电路上的对电压短路故障,如果低于1V,则更换K20发动机控制模块。	

续上表

步骤	操作方法及说明	质量标准及记录
7. 节气门位置传感器电路测量	（3）如果在4.8~5.2V之间（图中数值为5.04Ω），将点火开关置于"ON（打开）"位置，测试节气门位置传感器1信号电路端子D和搭铁之间的电压是否低于1V。  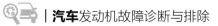 （4）如果等于或高于1.0V，将点火开关置于"OFF（关闭）"位置，断开蓄电池负极接线柱，断开K20发动机控制模块的线束连接器，再将点火开关置于"ON（打开）"位置，测试信号电路和搭铁之间的电压是否低于1V，如果是1V或更高，则修理电路上的对电压短路故障，如果低于1V，则更换K20发动机控制模块。 （5）如果小于1.0V，在节气门位置传感器1信号电路端子D和5V参考电压电路端子E之间安装一条带3A保险丝的跨接线，确认故障诊断仪的节气门位置传感器1的电压参数高于4.8V。 （6）如果等于或小于4.8V（图中数值为0.0V），点火开关置于"OFF（关闭）"位置，断开蓄电池负极接线柱，断开K20发动机控制模块的线束连接器，测试信号电路和搭铁之间的电阻是否为无穷大，如果电阻不为无穷大，则修理电路上的对搭铁短路故障，如果电阻为无穷大，测试信号电路端对端的电阻是否小于2Ω，如果为2Ω或更大，则修理电路中的开路/电阻过大故障（断路故障），如果小于2Ω（图中数值为0.8Ω），则更换K20发动机控制模块。 	

续上表

步骤	操作方法及说明	质量标准及记录
7. 节气门位置传感器电路测量	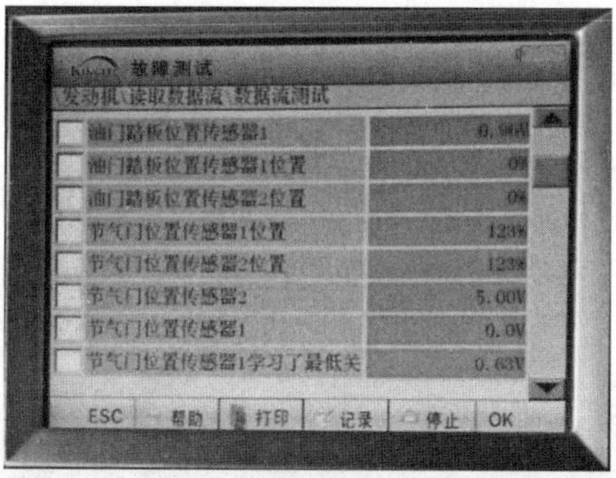 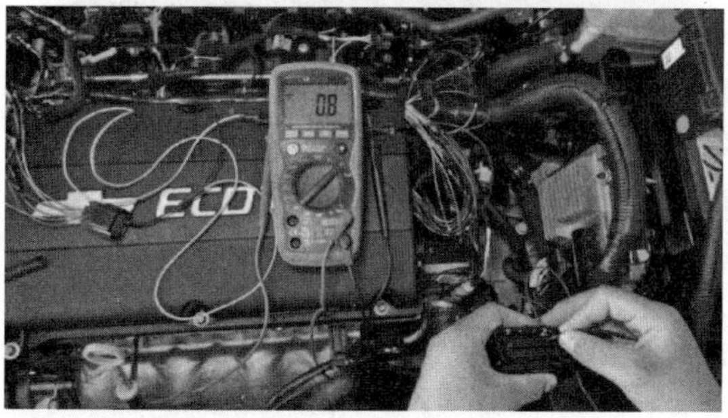 （7）如果高于 4.8V（图中数值为 5.00V），测试节气门位置传感器 2 信号电路端子 F 和搭铁之间的电压是否为 4.8~5.2V。  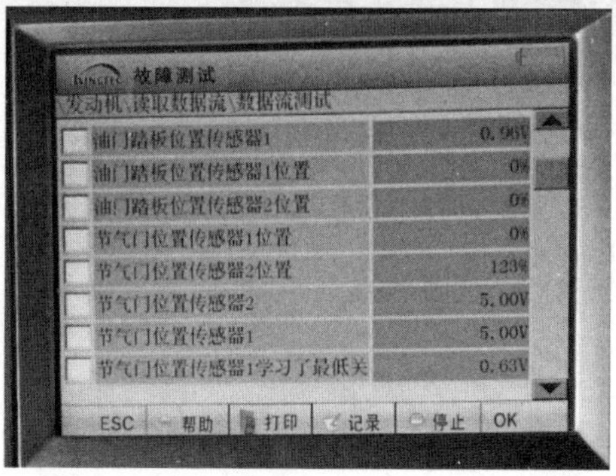	

续上表

步骤	操作方法及说明	质量标准及记录
7. 节气门位置传感器电路测量	①如果小于4.8V,点火开关置于"OFF(关闭)"位置,断开蓄电池负极接线柱,断开K20发动机控制模块的线束连接器,测试信号电路和搭铁之间的电阻是否为无穷大,如果电阻不为无穷大(图中数值为0.5Ω),则修理电路上的对搭铁短路故障,如果电阻为无穷大,测试信号电路端对端的电阻是否小于2Ω,如果为2Ω或更大,则修理电路中的开路/电阻过大故障(断路故障)。如果小于2Ω,则更换K20发动机控制模块。  ②如果大于5.2V,将点火开关置于"OFF(关闭)"位置,断开蓄电池负极接线柱,断开K20发动机控制模块的线束连接器,再将点火开关置于"ON(打开)"位置,测试信号电路和搭铁之间的电压是否低于1V,如果是1V或更高,则修理电路上的对电压短路故障,如果低于1V,则更换K20发动机控制模块	
8. 节气门位置传感器部件测试	如果在4.8~5.2V之间(图中数值为4.91V),测试或更换Q38节气门体 	☐正确使用故障诊断仪 ☐正确使用数字万用表 ☐正确测量节气门位置传感器部件 ☐按8S要求整理
9. 维修结果确认	修复后再次检查故障码和数据流	☐正确使用故障诊断仪 ☐按8S要求整理
10. 现场恢复	(1)汽车故障诊断仪、数字万用表、接线盒、工具组套恢复到位; (2)车辆恢复; (3)地面卫生打扫干净	☐按8S要求整理

四、评价反馈(表4-9)

评价表   表4-9

评分项目	评分标准	分值(分)	得分(分)
学习目标	能明确本任务的知识、技能、素养目标,理解任务在工作中的重要程度	5	
工作任务分析	能清晰描述完成本次工作任务内容	2	
	能清晰描述完成本次工作任务需必备的技能与知识点	2	
有效信息获取	能准确讲述节气门位置传感器的作用,并在发动机上指明部件所在位置	5	
	能准确讲述节气门位置传感器的类型	5	
	结合工作原理图,能准确讲述线性电阻式节气门位置传感器的工作原理	5	
实施方案制订	能清晰地制订并填写本次节气门位置传感器的故障诊断与排除的准备作业计划	5	
	能组织或协同工作小组成员,明确本次任务所需仪器设备、工具、材料的准备与清点,并准备记录	5	
	能组织或协同工作小组成员交流,优化检查方案并记录	5	
任务实施	能规范完成前期准备	2	
	能规范完成安全检查	3	
	能规范完成仪器连接	3	
	能规范完成故障现象确认	3	
	能规范完成故障码检查和确定故障范围	3	
	能规范完成基本检查	3	
	能规范完成节气门位置传感器电路测量	10	
	能规范完成节气门位置传感器部件测试	10	
	能规范完成维修结果确认	3	
	能规范完成现场恢复	5	
任务评价	通过本次任务实施,结合自己在实训过程中的表现,进行自我评价及自我反思并记录	3	
职业素养	按规定时间完成项目作业	2	
	遵守实训室管理规定、劳动纪律	2	
	积极参与课堂活动、回答问题	2	
	能够按时出勤	2	

续上表

评分项目	评分标准	分值(分)	得分(分)
思政要求	有劳动精神、奋斗精神、奉献精神	5	
总计		100	

改进建议：

教师签字：
日期：

学习活动4 温度传感器的故障诊断与排除

一、明确任务

根据任务描述,发动机故障指示灯点亮并闪烁,对故障车辆进行检测,需要对温度传感器部件进行检查与更换,使其恢复正常使用性能。

二、工作准备与计划制订

(一)知识准备

1. 温度传感器的作用

为了确定发动机的温度状态,精确地控制燃油喷射、点火正时、怠速转速和尾气排放,提高发动机的运行性能,发动机控制模块需要能连续精确地检测冷却液温度、进气温度与废气再循环温度(部分车型装备),因此,在现代电控发动机上安装有2～3种温度传感器,如图4-29所示。

2. 温度传感器的类型

温度传感器根据其结构的不同,主要类型有_____、_____和_____等。其中在汽车中应用最广泛的是_____。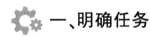

根据热敏电阻的特性不同,可分为_____和_____。

a) 冷却液温度传感器　　b) 进气温度传感器　　c) 机油温度传感器　　d) 排气温度传感器

图 4-29　几种不同的温度传感器

根据其在发动机上的用途来分,主要有_____、_____、机油温度传感器和排气温度传感器等。

1)冷却液温度传感器

(1)安装位置和作用。

冷却液温度传感器又称水温传感器,一般安装在发动机缸体或缸盖的_____上,与冷却液直接接触,用来检测发动机冷却液的温度,并将温度信号转变为_____输送给_____,作为汽油喷射、点火正时、怠速和尾气排放控制的主要修正信号,如图 4-30 所示。

(2)结构。

负温度系数型热敏电阻式温度传感器由于灵敏度较高,响应特性优良,被广泛运用于检测发动机冷却液温度。冷却液温度传感器内部结构如图 4-31 所示,它主要由半导体的_____、壳体和连接器针脚等组成,热敏元件一般采用_____的热敏电阻。

 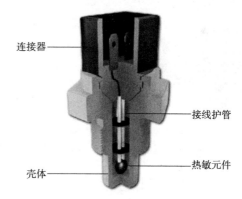

图 4-30　冷却液温度传感器的位置　　　图 4-31　冷却液温度传感器的内部结构

(3)工作原理。

冷却液温度传感器具有负温度系数热敏电阻特性,如图 4-32 所示,冷却液温度升高,热敏电阻值_____;冷却液温度_____,热敏电阻值增大。

冷却液温度传感器电路采用"串联电阻分压电路"原理来检测温度信号,其控制电路如图 4-33 所示。当冷却液温度越高,热敏电阻_____,电路总电阻减小,电路电流_____,ECU 内电阻 R 分压增加,热敏电阻分压降低,即 THW 信号电压减小,E2 为传感器接地,ECU 根据电阻值的这一变化便可测得发动机冷却液的温度,进行喷油量修正。

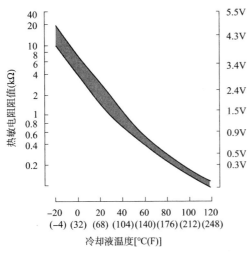

图 4-32　负温度系数热敏电阻特性图

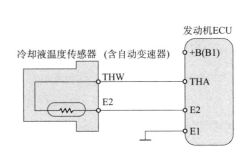

图 4-33　冷却液温度传感器控制电路

除了修正喷油量,冷却液温度传感器信号还用于修正_____、可变气门正时、确定换挡时刻等。如果水温传感器本身或其线路故障,将导致发动机冷车或热车起动困难、急速不稳、耗油量和废气排放量增加。

2)进气温度传感器

空气质量的大小与进气温度和大气(进气)压力的高低有关,当进气温度低时,空气密度_____,相同体积气体的质量_____;反之,当进气温度升高时,相同体积的气体的质量将减小。进气温度传感器的主要作用就是检测进气道的空气温度,并将温度信号变化为电信号,输送给 ECU,作为_____和_____的修正信号。

在装有进气歧管绝对压力传感器的 D 型电控燃油喷射的发动机上,进气温度传感器一般安装在_____内或_____上,而装有空气流量传感器的 L 型电控燃油喷射的发动机上,进气温度传感器就是空气流量传感器的一部分,如图 4-34 所示。

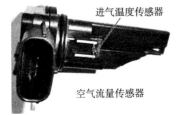

图 4-34　L 型电喷发动机上进气温度传感器的位置

(二)制订工作方案

1. 任务分工(表 4-10)

学生任务分配表　　　　　　　　　　表 4-10

班级		组号		指导老师	
组长		任务分工			
组员1		任务分工			
组员2		任务分工			
组员3		任务分工			

续上表

班级		组号		指导老师	
组员 4		任务分工			
组员 5		任务分工			
组员 6		任务分工			

2. 工量具、仪器设备与耗材准备

(1) 使用的工量具有：_____。

(2) 使用的仪器设备有：_____。

(3) 使用的耗材有：_____。

3. 具体方案描述

_____

_____

_____

_____

_____

三、计划实施

(一) 安全注意事项及技能要点

1. 安全注意事项

(1) 连接汽车故障诊断仪之前，需将点火开关处于关闭状态。

(2) 拆拔发动机电子控制单元线束之前，需要断开蓄电池负极。

2. 技能要点

(1) 能正确使用数字万用表和汽车故障诊断仪。

(2) 依据汽车维修操作要求，熟练规范地完成冷却液温度传感器的故障诊断与排除。

(二) 任务实施

1. 雪佛兰科鲁兹轿车冷却液温度传感器电路图（图 4-35）

B34A 发动机冷却液温度传感器 1 号线为 5V 信号电路；B34A 发动机冷却液温度传感器 2 号线为低电平参考电压电路（搭铁电路）。

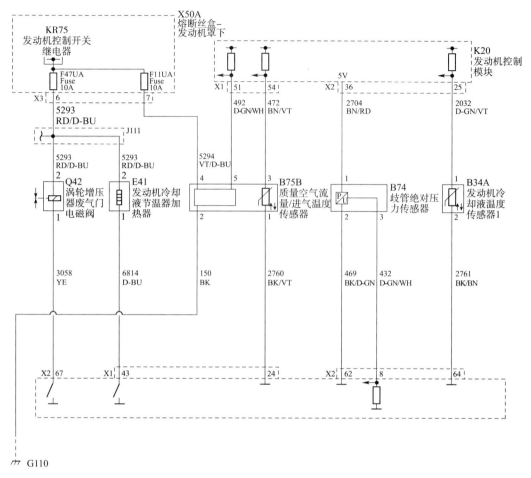

图 4-35 冷却液温度传感器电路图

2. 检测冷却液温度传感器电路的操作方法及说明(表 4-11)

检测冷却液温度传感器电路的操作方法及说明　　表 4-11

步骤	操作方法及说明	质量标准及记录
1. 前期准备	(1)车辆信息填写； (2)安装防护三件套(座椅套、转向盘套、脚垫)； (3)安装翼子板布和前格栅布	□正确安装 □按 8S 要求整理
2. 安全检查	(1)安装车轮挡块； (2)插入尾气排放管； (3)检查驻车制动和挡位； (4)检查机油液位、冷却液液位、制动液液位、蓄电池电压	□正确安装 □正确使用数字万用表 □按 8S 要求整理
3. 仪器连接	点火开关关闭,正确连接汽车故障诊断仪	□正确连接 □按 8S 要求整理

汽车发动机怠速不稳故障诊断与排除 | 学习任务四

续上表

步骤	操作方法及说明	质量标准及记录
4.故障现象确认	(1)起动发动机前,确认车辆周围环境是否安全; (2)起动发动机时,观察起动状况,确认故障症状并记录症状现象	□正确观察 □按8S要求整理
5.故障码检查和确定故障范围	(1)正确读取数据和清除故障码; (2)确定故障范围	□正确使用故障诊断仪 □正确记录 □按8S要求整理
6.基本检查	检查B34A发动机冷却液温度传感器1的安装状态	□正确检查安装状态
7.冷却液温度传感器电路测量	将点火开关置于"OFF(关闭)"位置并且关闭所有车辆系统,断开B34A发动机冷却液温度传感器1处的线束连接器,所有车辆系统的关闭可能需要长达2min时间,测试低电平参考电压电路端子2和搭铁之间的电阻是否小于10Ω。 (1)如果等于或高于10Ω,点火开关置于"OFF(关闭)"位置,断开蓄电池负极接线柱,断开K20发动机控制模块的线束连接器,测试低电平参考电压端对端的电阻是否小于2Ω。 (2)如果为2Ω或更大(图中数值为无穷大),则修理电路中的开路/电阻过大故障(断路故障),如果小于2Ω,则更换K20发动机控制模块。  (3)如果小于10Ω(图中数值为1.0Ω),将点火开关置于"ON(打开)"位置,确认故障诊断仪的"ECT Sensor 1(发动机冷却液温度传感器1)"参数低于-39℃(-38°F)。 	□正确使用故障诊断仪 □正确使用数字万用表 □正确测量冷却液温度传感器电路 □按8S要求整理

续上表

步骤	操作方法及说明	质量标准及记录
7. 冷却液温度传感器电路测量	（4）如果等于或高于 -39℃（-38°F）（图中数值为140℃），点火开关置于"OFF（关闭）"位置，断开蓄电池负极接线柱，断开 K20 发动机控制模块的线束连接器，测试信号电路端子 1 和搭铁之间的电阻是否为无穷大，如果电阻不为无穷大，则修理电路上的对搭铁短路故障，如果电阻为无穷大，则更换 K20 发动机控制模块。  （5）如果低于 -39℃（-38°F），在信号电路端子 1 和低电平参考电压电路端子 2 之间安装一条带 3A 保险丝的跨接线，确认故障诊断仪上的"ECT Sensor 1（发动机冷却液温度传感器 1）"参数高于 139℃。  （6）如果为 139℃ 或更低，将点火开关置于"OFF（关闭）"位置，断开蓄电池负极接线柱，断开 K20 发动机控制模块的线束连接器，再将点火开关置于"ON（打开）"位置，测试信号电路和搭铁之间的电压是否低于 1V，如果是 1V 或更高，则修理电路上的对电压短路故障，如果低于 1V，将点火开关置于"OFF（关闭）"位置，测试信号电路端对端的电阻是否小于 2Ω，如果为 2Ω 或更大（图中数值为无穷大），则修理电路中的开路/电阻过大故障（断路故障），如果小于 2Ω（图中数值为 0.9Ω），则更换 K20 发动机控制模块。	

续上表

步骤	操作方法及说明	质量标准及记录
7. 冷却液温度传感器电路测量	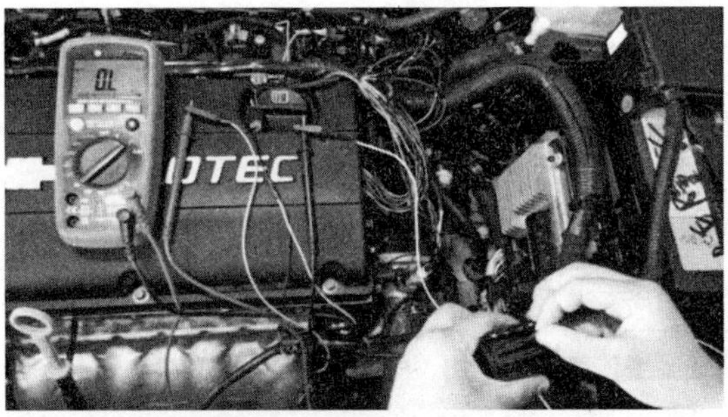  （7）如果高于139℃，测试或更换B34A发动机冷却液温度传感器	
8. 冷却液温度传感器部件测试	（1）将点火开关置于"OFF（关闭）"位置，断开蓄电池负极接线柱，断开B34A发动机冷却液温度传感器1的线束连接器，一边改变传感器温度一边监测传感器电阻，从而测试B34A发动机冷却液温度传感器1，将读数与"温度与电阻（ECT）"表中的数据相比较，确认电阻在规定值的5%以内； （2）如果不在规定范围内，更换B34A发动机冷却液温度传感器1	□正确使用故障诊断仪 □正确使用数字万用表 □正确测量冷却液温度传感器部件 □按8S要求整理
9. 维修结果确认	修复后再次检查故障码和数据流	□正确使用故障诊断仪 □按8S要求整理
10. 现场恢复	（1）汽车故障诊断仪、数字万用表、接线盒、工具组套恢复到位； （2）车辆恢复； （3）地面卫生打扫干净	□按8S要求整理

四、评价反馈(表 4-12)

评价表　　　　　　　　　　　　　　　　　　　　　　　表 4-12

评分项目	评分标准	分值(分)	得分(分)
学习目标	能明确本任务的知识、技能、素养目标,理解任务在工作中的重要程度	5	
工作任务分析	能清晰描述完成本次工作任务内容	2	
	能清晰描述完成本次工作任务需必备的技能与知识点	2	
有效信息获取	能准确讲述温度传感器的作用,并在发动机上指明部件所在位置	5	
	能准确讲述温度传感器的类型	5	
	结合工作原理图,能准确讲述冷却液温度传感器的工作原理	5	
实施方案制订	能清晰地制订并填写本次冷却液温度传感器的故障诊断与排除的准备作业计划	5	
	能组织或协同工作小组成员,明确本次任务所需仪器设备、工具、材料的准备与清点,并准备记录	5	
	能组织或协同工作小组成员交流,优化检查方案并记录	5	
任务实施	能规范完成前期准备	2	
	能规范完成安全检查	3	
	能规范完成仪器连接	3	
	能规范完成故障现象确认	3	
	能规范完成故障码检查和确定故障范围	3	
	能规范完成基本检查	3	
	能规范完成冷却液温度传感器电路测量	10	
	能规范完成冷却液温度传感器部件测试	10	
	能规范完成维修结果确认	3	
	能规范完成现场恢复	5	
任务评价	通过本次任务实施,结合自己在实训过程中的表现,进行自我评价及自我反思并记录	3	
职业素养	按规定时间完成项目作业	2	
	遵守实训室管理规定、劳动纪律	2	
	积极参与课堂活动、回答问题	2	
	能够按时出勤	2	

续上表

评分项目	评分标准	分值(分)	得分(分)
思政要求	有劳动精神、奋斗精神、奉献精神、团队合作精神	5	
总计		100	

改进建议：

教师签字：

日期：

学习活动 5 怠速控制系统的故障诊断与排除

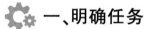一、明确任务

根据任务描述,发动机故障指示灯点亮并闪烁,对故障车辆进行检测,需要对怠速控制系统部件进行检查与更换,使其恢复正常使用性能。

二、工作准备与计划制订

（一）知识准备

1. 怠速控制系统的作用

所谓怠速,是指发动机在无负荷(对外无功率输出)的情况下的_____运转状态。在汽车使用中,发动机怠速运转的时间约占 30%,怠速转速的高低直接影响燃油消耗和排放污染。怠速转速过高,燃油消耗_____,但怠速转速过低,又会增加排放污染。怠速分为三种情况:正常怠速、暖机怠速、高怠速。

怠速控制系统(Idle Speed Control System,ISC)是发动机辅助控制系统,其功能是在发动机怠速工况下,根据发动机冷却液温度、空调压缩机是否工作、变速器是否挂入挡位等,通过怠速控制阀对发动机的_____进行控制,使发动机随时以最佳怠速转速运转。

2.怠速控制系统的类型

怠速进气量的控制方式随车型不同而有所不同,目前主要有以下两种类型。

(1)旁通空气道式。采用这种方式的系统在怠速时节气门完全关闭,怠速空气通过一条跨接在节气门两端的怠速通道流入汽缸,怠速通道中装有一个不同类型的怠速空气控制阀,这种控制方式动态响应好,结构简单且尺寸较小,但逐渐被节气门直动式取代,如图4-36所示。

(2)节气门直动式。采用这种方式的系统没有跨接在节气门两端的怠速通道。怠速时,加速踏板虽然完全松开,但节气门并不完全_____,而是仍通过它提供怠速空气,如图4-37所示。

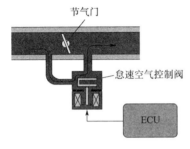

图4-36 旁通空气道式怠速控制系统

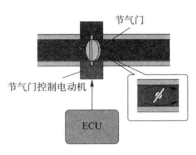

图4-37 节气门直动式怠速控制系统

3.怠速控制系统的组成及工作原理

以旁通空气道式怠速控制系统为例,主要由怠速控制阀(Idle Speed Control Valve,ISCV)、发动机ECU以及各种传感器等组成。其工作原理如下所述。

(1)起动、暖机时的怠速控制:起动时,怠速控制阀完全打开,旁通气道的开度最大,流过旁通气道的空气量较大,从而确保发动机能够顺利起动;起动后,水温传感器感知发动机水温的逐步升高,怠速控制阀的开度逐步_____,水温正常后达到正常所需的开度位置。

(2)怠速反馈控制:ECU通过_____获知发动机处于怠速工况,通过_____(转速信号)得到怠速转速偏离了设定值,ECU就会通过调整_____的开度来修正怠速的转速。

(3)负荷调节控制:当打开空调,或打开前大灯,或将变速杆从P或N挡换至D位或倒挡时,发动机负荷突然_____,转速有下降的趋势。此时,ECU会使怠速控制阀的开度适当_____,以确保转速不致下降或适当升高到高怠速工况。

常用的怠速控制阀主要有旋转滑阀式和步进电机式两种。

1)旋转滑阀式怠速控制阀

旋转滑阀式怠速控制阀主要由两个_____、_____、双金属片弹簧、气道和阀门等组成,如图4-38所示。

2)步进电机式怠速控制阀

步进电机式怠速控制阀装在节气门体的_____上,当步进电机的转子转动时,其阀轴伸出或缩入,阀轴一端的阀门即可控制旁通空气道的_____,如图 4-39 所示。

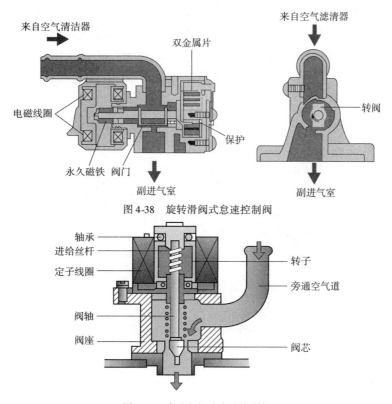

图 4-38　旋转滑阀式怠速控制阀

图 4-39　步进电机式怠速控制阀

4．怠速工况的识别

在怠速控制系统中,就怠速控制而言,怠速状态识别非常重要,只有 ECU 确认到怠速工况时,ECU 才能进行怠速控制。当前汽车有三种怠速状态的识别信号:一是怠速触点信号;二是节气门位置软开关信号;三是加速踏板位置信号。

1) 怠速触点信号

在丰田车系四线插头节气门位置传感器中,其中有一线为 IDL。怠速时,节气门全关,IDL 信号为 0V(触点闭合搭铁);节气门打开,IDL 信号为 12V 或 5V(触点打开)。大众车系为怠速开关 F60 闭合为怠速,断开为非怠速。

2) 节气门位置软开关信号

三线插头的节气门位置传感器取消怠速触点,怠速工况信号直接由节气门开度信号代替,进口车一般小于 0.6V,国产车一般小于 0.8V。节气门开度信号只要小于上述值,发动机控制单元便认为是怠速工况,并控制怠速控制阀工作;大于规定范围,便认为加速工况,不做怠速控制。

3) 对于加速踏板信号

对于电子节气门车辆用加速踏板位置信号识别怠速。只要司机不踩加速踏板,

ECU 就默认为_____状态。

5. 智能电子节气门

关于智能电子节气门,其开度范围完全受发动机_____的控制,其主要工作特点是:用节气门控制电动机完全取代了节气门拉索,在加速踏板处另设一个加速踏板位置传感器,发动机 ECU 则根据该传感器信号控制节气门电动机电流的大小和方向,从而控制节气门的_____,节气门的实际开度则由节气门位置传感器反馈给发动机 ECU,如图 4-40 所示。

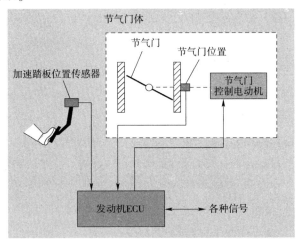

图 4-40　智能电子节气门

(二)制订工作方案

1. 任务分工(表 4-13)

学生任务分配表　　表 4-13

班级		组号		指导老师	
组长		任务分工			
组员 1		任务分工			
组员 2		任务分工			
组员 3		任务分工			
组员 4		任务分工			
组员 5		任务分工			
组员 6		任务分工			

2. 工量具、仪器设备与耗材准备

(1)使用的工量具有:_____。

(2)使用的仪器设备有:_____。

(3)使用的耗材有:_____。

3.具体方案描述

三、计划实施

(一)安全注意事项及技能要点

1.安全注意事项

(1)连接汽车故障诊断仪之前,需将点火开关处于关闭状态。

(2)拆拔发动机电子控制单元线束之前,需要断开蓄电池负极。

2.技能要点

(1)能正确使用数字万用表和汽车故障诊断仪。

(2)依据汽车维修操作要求,熟练规范地完成节气门执行器的故障诊断与排除。

(二)任务实施

1.丰田卡罗拉轿车节气门执行器电路图(图4-41)

B25 节气门执行器 1 号线为节气门电动机(M－);B25 节气门执行器 2 号线为节气门电动机(M＋)。

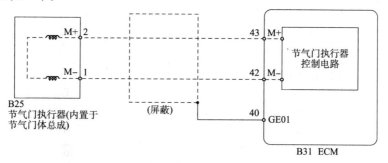

图 4-41 节气门执行器电路图

2.检测节气门执行器电路的操作方法及说明(表4-14)

检测节气门执行器电路的操作方法及说明　　　　表 4-14

步骤	操作方法及说明	质量标准及记录
1.前期准备	(1)车辆信息填写; (2)安装防护三件套(座椅套、转向盘套、脚垫); (3)安装翼子板布和前格栅布	□正确安装 □按 8S 要求整理

续上表

步骤	操作方法及说明	质量标准及记录
2. 安全检查	(1)安装车轮挡块； (2)插入尾气排放管； (3)检查驻车制动和挡位； (4)检查机油液位、冷却液液位、制动液液位、蓄电池电压	□正确安装 □正确使用数字万用表 □按8S要求整理
3. 仪器连接	点火开关关闭，正确连接汽车故障诊断仪	□正确连接 □按8S要求整理
4. 故障现象确认	(1)起动发动机前，确认车辆周围环境是否安全； (2)起动发动机时，观察起动状况，确认故障症状并记录症状现象	□正确观察 □按8S要求整理
5. 故障码检查和确定故障范围	(1)正确读取数据和清除故障码； (2)确定故障范围	□正确使用故障诊断仪 □正确记录 □按8S要求整理
6. 基本检查	检查节气门执行器的安装状态	□正确检查安装状态
7. 节气门执行器电路测量	(1)检查线束和连接器(节气门执行器—ECM)，断开蓄电池负极接线柱，断开ECM连接器，根据下表测量电阻。 标准电阻(断路检查) 	检测仪连接	条件	规定状态
B25-2(M+) ~ B31-43(M+)	始终	小于1Ω
B25-1(M-) ~ B31-42(M-)	始终	小于1Ω | 标准电阻(短路检查) | 检测仪连接	条件	规定状态
B25-2(M+)或B31-43(M+) ~ 车身塔铁	始终	10kΩ或更大
B25-1(M-)或B31-42(M-) ~ 车身塔铁	始终	10kΩ或更大	 线束连接器前视图(至节气门体总成)如下图。 线束连接器前视图(至ECM)如下图。测量结果异常，维修或更换线束或连接器(节气门执行器—ECM)。	□正确使用故障诊断仪 □正确使用数字万用表 □正确测量节气门执行器电路 □按8S要求整理

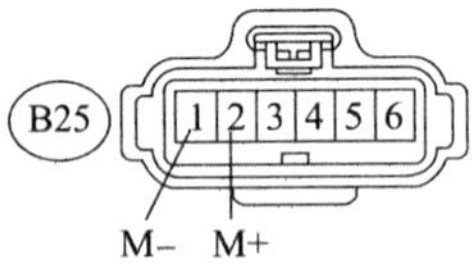

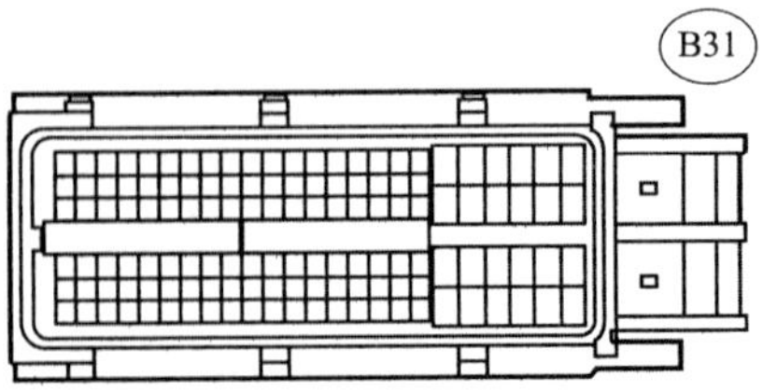

续上表

步骤	操作方法及说明	质量标准及记录
8.节气门执行器部件测试	(2)以上测量都正常,更换 ECM。 检查节气门执行器电阻,关闭点火开关,断开节气门体总成连接器,测量电阻。 检测仪连接:2(M+)~1(M+);条件:20℃(68°F);标准电阻规定状态:0.3~100Ω。 没有线束连接的节气门执行器如下图,测量结果异常,更换节气门体总成。 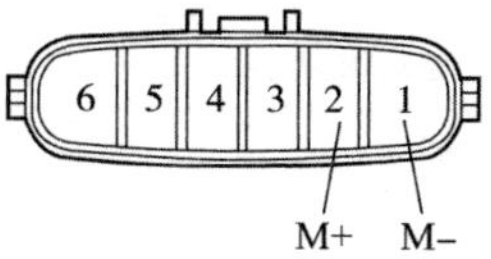	□正确使用故障诊断仪 □正确使用数字万用表 □正确测量节气门执行器部件 □按8S要求整理
9.维修结果确认	修复后再次检查故障码和数据流	□正确使用故障诊断仪 □按8S要求整理
10.现场恢复	(1)汽车故障诊断仪、数字万用表、接线盒、工具组套恢复到位; (2)车辆恢复; (3)地面卫生打扫干净	□按8S要求整理

四、评价反馈(表4-15)

评价表   表4-15

评分项目	评分标准	分值(分)	得分(分)
学习目标	能明确本任务的知识、技能、素养目标,理解任务在工作中的重要程度	5	
工作任务分析	能清晰描述完成本次工作任务内容	2	
	能清晰描述完成本次工作任务需必备的技能与知识点	2	
有效信息获取	能准确讲述怠速控制系统的作用,并在发动机上指明部件所在位置	5	
	能准确讲述怠速控制系统的类型	5	
	能准确讲述怠速控制系统的组成及工作原理	5	
实施方案制订	能清晰地制订并填写本次节气门执行器的故障诊断与排除的准备作业计划	5	
	能组织或协同工作小组成员,明确本次任务所需仪器设备、工具、材料的准备与清点,并准备记录	5	
	能组织或协同工作小组成员交流,优化检查方案并记录	5	

续上表

评分项目	评分标准	分值(分)	得分(分)
任务实施	能规范完成前期准备	2	
	能规范完成安全检查	3	
	能规范完成仪器连接	3	
	能规范完成故障现象确认	3	
	能规范完成故障码检查和确定故障范围	3	
	能规范完成基本检查	3	
	能规范完成节气门执行器电路测量	10	
	能规范完成节气门执行器部件测试	10	
	能规范完成维修结果确认	3	
	能规范完成现场恢复	5	
任务评价	通过本次任务实施,结合自己在实训过程中的表现,进行自我评价及自我反思并记录	3	
职业素养	按规定时间完成项目作业	2	
	遵守实训室管理规定、劳动纪律	2	
	积极参与课堂活动、回答问题	2	
	能够按时出勤	2	
思政要求	有劳动精神、奋斗精神、奉献精神、团队合作精神	5	
总计		100	

改进建议:

教师签字:
日期:

任务习题

1. 单选题

(1) 空气流量传感器是测量发动机( )的装置。

    A. 温度   B. 体积

    C. 进气量   D. 压力

(2)空气流量传感器一般安装在空气滤清器(　　)，节气门体(　　)的连接管道上。

　　A. 前方　前方　　　　　　　　　B. 前方　后方
　　C. 后方　后方　　　　　　　　　D. 后方　前方

(3)进气歧管绝对压力传感器的种类较多，根据信号产生的原理可分为：可变电感式、膜盒传动式、(　　)和半导体压敏电阻式。

　　A. 电压式　　　B. 电流式　　　C. 电阻式　　　D. 电容式

(4)半导体压敏电阻式进气歧管绝对压力传感器的压力转换元件的一侧是(　　)，另一侧是进气歧管。

　　A. 真空室　　　B. 大气　　　C. 进气歧管　　　D. 进气总管

(5)节气门位置传感器，英文简称(　　)。

　　A. ABS　　　B. TSC　　　C. EPS　　　D. TPS

(6)开关触点式节气门位置传感器内部一般有(　　)个触点。

　　A. 1　　　B. 2　　　C. 3　　　D. 4

(7)温度传感器根据其结构的不同，主要类型有热敏电阻式、热电耦式和金属片式等。其中在汽车中应用最广泛的是(　　)。

　　A. 热敏电阻式　　　B. 热电耦式　　　C. 金属片式

(8)根据温度传感器其在发动机上的用途来分，主要有冷却液温度传感器、(　　)、机油温度传感器和排气温度传感器等。

　　A. 燃油温度传感器　　　　　　　B. 缸体温度传感器
　　C. 进气温度传感器　　　　　　　D. 曲轴温度传感器

(9)在汽车使用中，发动机怠速运转的时间约占(　　)。

　　A. 30%　　　B. 50%　　　C. 70%　　　D. 80%

(10)正常怠速也称低怠速，转速一般为(　　)。

　　A. 600r/min　　　B. 800r/min　　　C. 1000r/min　　　D. 1200r/min

2. 判断题

(1)空气流量传感器主要用于D型和LH型电控燃油喷射系统。　　(　　)

(2)流体中放置一个柱状物体(称为涡流发生器)后，在其下游流体中就会形成两列平行状旋涡，并且左右交替出现，该旋涡出现的频率与液体的流速成正比。(　　)

(3)进气压力传感器实际测量的是进气管的空气压力。　　(　　)

(4)电容式进气歧管绝对压力传感器壳体内腔的弹性膜片用陶瓷制成。(　　)

(5)发动机在怠速或突然减速时，怠速触点闭合，ECU根据此信号对怠速时的混合气进行控制。　　(　　)

(6)开关触点式节气门位置传感器只能检测发动机的怠速工况。　　(　　)

(7)根据热敏电阻的特性不同，可分为负温度系数热敏电阻和正温度系数热敏电阻。　　(　　)

(8)冷却液温度传感器又称水温传感器,一般安装在发动机缸体或缸盖的水套上,不与冷却液直接接触。（　　）

(9)怠速转速过高,燃油消耗增加,但怠速转速过低,没什么影响。（　　）

(10)当怠速工况时,如果此时打开空调、前照灯等附属设备、液压动力转向系统投入工作或自动变速器挂上行驶挡位时,发动机的负荷增大,怠速转速自动提高。（　　）

3. 实操练习题

(1)尝试完成空气流量传感器的故障诊断与排除,并就测试结果做分析。

(2)尝试完成进气压力传感器的故障诊断与排除,并就测试结果做分析。

(3)尝试完成节气门位置传感器的故障诊断与排除,并就测试结果做分析。

(4)尝试完成冷却液温度传感器的故障诊断与排除,并就测试结果做分析。

(5)尝试完成节气门执行器的故障诊断与排除,并就测试结果做分析。

学习任务五

汽车发动机冒蓝烟故障诊断与排除

📊 学习目标

1. 知识目标

(1)能够讲述发动机机体组的组成零件与作用。
(2)能够讲述活塞连杆组的组成零件与作用。
(3)能够讲述发动机曲轴飞轮组的组成零件与作用。
(4)能够讲述发动机配气机构的组成零件与作用。
(5)能够讲述发动机润滑系统的组成部件与作用。
(6)能够讲述发动机冷却系统的组成部件与作用。

2. 技能目标

(1)熟练规范地完成发动机机体组的检测及故障排除。
(2)熟练规范地完成活塞连杆组的检测及故障排除。
(3)熟练规范地完成曲轴飞轮组的检测及故障排除。
(4)熟练规范地完成配气机构的检测及故障排除。
(5)熟练规范地完成润滑系统的检测及故障排除。
(6)熟练规范地完成冷却系统的检测及故障排除。

3. 素养目标

(1)培养爱党报国、敬业奉献、服务人民的意识。
(2)能遵行生产一线企业"8S"管理规定。
(3)能够养成崇尚实践,严谨耐心,专注坚持的工作态度。
(4)能够坚信技术创新源于多层次实践过程的凝练。
(5)了解安全操作要求,养成安全文明操作的习惯。
(6)养成团队协作的习惯。

🕐 参考学时

48 学时。

汽车发动机故障诊断与排除

任务描述

一辆轿车进场维修,客户反映汽车行驶无力,机油消耗过大,并伴有严重的冒蓝烟现象,需要对其进行进一步的故障诊断与排除。

学习活动1 发动机机体组的故障诊断与排除

一、明确任务

根据任务描述,一辆自动挡轿车,行驶时动力不足,每800km就要烧1L左右机油,且发动机机体处有机油浸出现象。对故障车辆进行检测,需要对发动机机体组部件进行检查与更换,使其恢复正常使用性能。

二、工作准备与计划制订

(一)知识准备

1. 发动机机体组的作用

发动机机体组是发动机的主体,现代汽车发动机机体组主要由汽缸体、汽缸盖、汽缸盖罩、汽缸衬垫、主轴承盖以及油底壳等组成,如图5-1所示。机体组是发动机的支架,是曲柄连杆机构、配气机构和发动机各系统主要零部件的装配基体。汽缸盖用来封闭汽缸顶部,并与活塞顶和汽缸壁一起形成燃烧室。另外,汽缸盖与机体内的水套和油道以及油底壳又分别是冷却系统和润滑系统的组成部分。汽缸工作表面除承受燃烧气体的高温、高压外,活塞还在其中作高速往复运动,所以汽缸体必须具有足够的刚度、强度、耐磨和耐腐蚀性,同时还要具备质量小、散热好的特性。

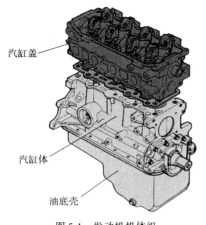

图5-1 发动机机体组

2. 机体组的主要零部件

现代汽车上基本都采用水冷多缸发动机,对于多缸发动机,汽缸的排列形式决定了发动机外形尺寸和结构特点,对发动机机体的刚度和强度也有影响,并关系到汽车的总体布置。按照汽缸的排列方式不同,汽缸体可以分成_____、_____和

_____三种，如图 5-2 所示。

a) 直列式

b) V形

c) 对置式

图 5-2　汽缸体的排列方式

汽缸盖安装在_____的上面，从上部密封汽缸并构成燃烧室。它经常与高温高压燃气相接触，因此承受很大的热负荷和机械负荷。水冷发动机的汽缸盖内部制有冷却水套，缸盖下端面的冷却水孔与缸体的冷却水孔相通。利用循环水来冷却_____等高温部分。缸盖上还装有进、排气门座、气门导管孔，用于安装进、排气门，还有进气通道和排气通道等。汽油机的汽缸盖上加工有安装火花塞的孔，而柴油机的汽缸盖上加工有安装喷油器的孔。顶置凸轮轴式发动机的汽缸盖上还加工有凸轮轴轴承孔，用以安装凸轮轴。

汽缸体上部为活塞在其中运动做导向的圆柱形空腔称为汽缸，汽缸体下部包围着曲轴的部分称为曲轴箱。汽缸的工作条件十分恶劣，承受着较大的机械负荷和较复杂的热负荷，所以要求汽缸体具有良好的耐磨损、耐高温、耐高压、耐高速和耐化学腐蚀性能。根据其工作条件及结构特点，汽缸体一般采用灰铸铁、球墨铸铁或合金制成，随着轻量化的趋势，有的发动机汽缸体采用铝合金制成。为了提高耐磨性，有些汽缸体采用如淬火、镀铬等工艺，还有的发动机直接采用成本高昂的优质复合材料来铸造汽缸体。部分大、中型发动机采用在汽缸体内镶入汽缸套的结构，活塞不与汽缸体接触，而是在汽缸套中运动，这种结构大幅提升了汽缸体的使用寿命，尤其是铝合金汽缸体，由于铝合金耐磨性较差，通常需要在汽缸体内镶入汽缸套。

汽缸套采用耐磨性较好的合金铸铁或合金钢制造，以延长汽缸使用寿命，而汽缸体则可使用价格较低的普通铸铁或铝合金材料制造。汽缸套根据是否与冷却液相接触，分为_____和_____两种形式，如图 5-3 所示。

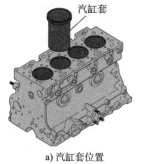
a) 汽缸套位置

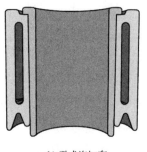
b) 干式汽缸套

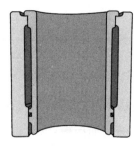
c) 湿式汽缸套

图 5-3　汽缸套

干式汽缸套不与冷却液接触,冷却效果较差,但加工和安装都比较方便,其壁厚一般为1~3mm。湿式汽缸套外表面直接与冷却液接触,所以冷却效果好,但加工和安装工艺复杂,壁厚一般为5~9mm。湿式汽缸套靠上支承定位带和下支承定位带保证径向定位,而轴向定位则是利用定位凸缘来保证。为了保证水套的密封,湿式汽缸套下端的密封带与座孔之间一般装有1~3道橡胶密封圈,有的在定位凸缘下面还装有铜垫片。湿式汽缸套安装后,一般其顶端高出汽缸体上平面0.05mm~0.15mm,以便汽缸盖将汽缸垫压得更紧,从而提高汽缸的密封性。

图5-4 汽缸垫

汽缸垫安装在汽缸盖与汽缸体之间,保证汽缸体与汽缸盖的接合面密封,防止气体、冷却液和润滑油泄漏,如图5-4所示。汽缸垫多数由金属与石棉及黏合剂压制而成,它具有一定的弹性,用以补偿汽缸体和汽缸盖平面的平面度误差。汽缸垫的水孔和燃烧室孔周围有镶边,以防被高温的冷却液或气体烧坏。

汽缸体下部用来安装曲轴的部位称为曲轴箱,曲轴箱分_____和_____(油底壳)。上曲轴箱与汽缸体铸成一体,有三种结构形式:汽缸体下平面与曲轴中心线平齐的称为平分式曲轴箱,此结构形式便于加工,但刚度小,与油底壳结合面密封较困难,多用于中小型发动机上;曲轴轴线高于汽缸体下平面称为龙门式,下曲轴箱前后端与汽缸体为同一平面,强度和刚度均比平分式大,密封简单可靠,但工艺性较差,多用于大中型发动机上;隧道式曲轴箱的主轴承座孔为整体式,其强度和刚度最高,但工艺性差,适用于少数机械负荷较大、采用组合式曲轴的发动机,如图5-5所示。

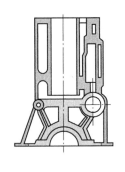 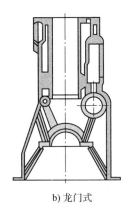 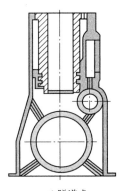

a) 平分式　　b) 龙门式　　c) 隧道式

图5-5 曲轴箱结构

曲轴箱下部用来贮存润滑油,并封闭上曲轴箱,故又称为油底壳。油底壳受力很小,一般采用薄钢板冲压而成,其形状取决于发动机的总体布置和机油的容量。油底壳内装有稳油挡板,以防汽车颠动时油面波动过大,油底壳底部还装有放油螺塞,通常放油螺塞上装有永久磁铁,以吸附润滑油中的金属屑,减少发动机的磨损。在上下曲轴箱接合面之间装有衬垫,防止润滑油泄漏。

3. 机体组各部件损坏原因分析

汽缸体与汽缸盖常因工作温度不均匀,导致热应力产生,在结构薄弱环节因刚度不足而产生破裂,在交变和脉动应力作用下导致疲劳裂纹的出现。发动机过热时,突然添加冷却液,或者因冲击、撞击、过度拧紧或对中不好而导致零件变形等不规范操作,使缸体、缸盖产生裂纹甚至断裂,如图5-6所示。

图5-6 缸体裂纹形式

维修人员通常使用汽缸压力表来判断汽缸燃烧室的密封性,然而这种方法有所欠缺,具体表现为以下2个方面。

(1)汽缸压力表内置了单向阀,测量结果是多个压缩冲程的累积压力,对燃烧室轻微漏气不敏感。

(2)即便检测到汽缸压力明显偏低,也无法判断漏气部位,只能分解发动机做进一步检查。汽缸漏气量测量仪恰好弥补了汽缸压力表的不足,它能够准确、快速地诊断燃烧室密封性问题,即便是轻微泄漏也能检测出来;独特的双压力表设计可计算燃烧室的泄漏率,不仅如此,根据漏气声的位置还能免拆判断燃烧室的泄漏点。

(二)制订工作方案

1. 任务分工(表5-1)

学生任务分配表　　　　　　　　　　　表5-1

班级		组号		指导老师	
组长		任务分工			
组员1		任务分工			
组员2		任务分工			
组员3		任务分工			
组员4		任务分工			
组员5		任务分工			
组员6		任务分工			

2. 工量具、仪器设备与耗材准备

(1)使用的工量具有:_____。

(2)使用的仪器设备有：_____。

(3)使用的耗材有：_____。

3. 具体方案描述

_____
_____
_____
_____

三、计划实施

(一)安全注意事项及技能要点

1. 安全注意事项

(1)使用外接气源时注意气压及连接口状况。

(2)遵循发动机起动安全规范。

(3)拆卸点火线圈及火花塞之前，需要断开蓄电池负极。

2. 技能要点

(1)能够使用汽缸压力表测试汽缸工作压力。

(2)能够使用汽缸漏气测试仪测试汽缸泄漏情况。

(3)通过汽缸漏气量测量仪精准地判断发动机机械故障位置。

(二)任务实施

1. 汽缸压力测试的操作方法及说明(表5-2)

汽缸压力的检测　汽缸漏气的检测
表5-2

汽缸压力测试的操作方法及说明

步骤	操作方法及说明	质量标准及记录
检查汽缸压力 (车上进行)	(1)使用压缩空气吹干净发动机机舱,检查蓄电池状况良好; (2)使发动机运行至正常工作温度; (3)断开点火线圈和喷油器连接器; (4)拆下全部火花塞,在第一缸安装汽缸压力表;	□汽缸压力检测条件符合要求 □正确使用汽缸压力表 □正确判断汽缸压力是否正常 □按照现场8S要求整理

续上表

步骤	操作方法及说明	质量标准及记录
检查汽缸压力 （车上进行）	(5) 拆下空气滤清器，将节气门全开； (6) 起动发动机带动曲轴转动3~5s，读取汽缸压力值，取两次测量的平均值为该缸压力值； (7) 依次测量其余各汽缸压力，根据厂家维修手册标准数据，判断汽缸压力是否正常； (8) 整理和复位	

2. 汽缸漏气测试的操作方法及说明（表5-3）

汽缸漏气测试的操作方法及说明　　　　　表5-3

步骤	操作方法及说明	质量标准及记录
测量发动机漏气率 （车下进行）	(1) 使用压缩空气清洁发动机，注意发动机台架安装情况； (2) 拆除所有汽缸的火花塞，用工具转动曲轴，直到目标汽缸达到压缩上止点； (3) 根据火花塞尺寸选择合适的转接头，将设备通过软管连接至火花塞安装孔，旋转调压阀，关闭进气通路，连接气源； 压力表1　　　　压力表2 调压阀 接气源　　　　接汽缸 (4) 缓慢打开调压阀，使高压气体进入汽缸，此时压力表1显示充注压力（一般充注至70~100psi，1psi = 6.895kPa），压力表2显示泄漏压力，可用于计算燃烧室的泄漏率，比如压力表1为100psi，压力表2为90psi，则燃烧室的泄漏率为10%，计算公式为： $$燃烧室的泄漏率 = \left(1 - \frac{泄漏压力}{充注压力}\right) \times 100\%$$	□需要进一步判断泄漏情况 □正确使用汽缸漏气量测量仪 □正确判断汽缸漏气率是否正常 □按照现场8S要求整理

续上表

步骤	操作方法及说明	质量标准及记录
测量发动机漏气率（车下进行）	由于活塞环无法完全密封燃烧室，允许少量气体从活塞组和汽缸壁之间泄漏，所以泄漏压力会略低于充注压力，正常汽缸的燃烧室泄漏率约为1%，如果泄漏率远高于1%，说明燃烧室密封不良； （5）仪器显示泄漏压力的原理，2个压力表之间有1个经过校准的节流孔，用于限制注入气体的流量，对于压力表2来说，一方面通过节流孔注入高压气体，另一方面通过不完全密封的燃烧室泄漏气体，节流孔的作用是，让注入压力表2的气体流量等于正常汽缸燃烧室的气体泄漏量，换句话说，如果一个汽缸的燃烧室能够正常密封，没有异常的泄漏点，理论上2个压力表的压力值应该相等；而实际上，由于各款发动机之间有差异，工具制造和测量也有误差，所以压力表2的指示可能低于压力表1，如果对标准泄漏量有疑问，建议与正常汽缸作对比； 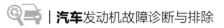 （6）燃烧室泄漏故障判断示例，汽缸燃烧室周围连接了3个腔室，分别是进气歧管腔室、排气支管腔室及曲轴箱腔室，如果燃烧室密封不良，气体将泄漏至周围的腔室，依据漏气声的位置可判断泄漏点，可能的泄漏点有：进气门及其气门座圈、排气门及其气门座圈、活塞与汽缸壁接触部位、汽缸垫，具体诊断方法如下，若进气门处密封不严，气体将泄漏至进气歧管腔室，可从节气门处听到漏气声；若排气门处密封不严，气体将泄漏至排气支管腔室，拆掉前氧传感器，可从传感器安装孔处听到漏气声；若活塞与汽缸壁接触部位密封不严，气体将泄漏至曲轴箱腔室，可从机油尺导管或机油加注口处听到漏气声；若汽缸垫密封不严，气体将泄漏至水道或邻近汽缸，此时可观察冷却液膨胀罐内是否冒泡，或者邻近汽缸的火花塞孔是否向外吹气	

四、评价反馈(表5-4)

评价表　　　　　　　　　　　　　　　　　　表5-4

评分项目	评分标准	分值(分)	得分(分)
学习目标	能明确本任务的知识、技能、素养目标,理解任务在工作中的重要程度	5	
工作任务分析	能清晰描述完成本次工作任务内容	3	
	能清晰描述完成本次工作任务需必备的技能与知识点	3	
有效信息获取	能够准确讲述发动机机体组各部件损坏的原因	3	
	能够使用维修资料查找出维修信息	2	
	能够准确描述故障现象	4	
	能正确分析导致发动机冒蓝烟故障的情况	4	
实施方案制订	能清晰地制订并填写本次发动机机体组的故障诊断与排除的准备作业计划	5	
	能组织或协同工作小组成员,明确本次任务所需仪器设备、工具、材料的准备与清点,并准备记录	5	
	能组织或协同工作小组成员交流,优化检查方案并记录	5	
任务实施	能规范完成前期准备	5	
	能规范完成安全检查	5	
	能规范完成仪器连接	5	
	能规范完成故障现象确认	5	
	能规范完成基本检查	5	
	能规范完成汽缸压力的检查	5	
	能规范完成发动机漏气率的测量	5	
	能规范完成维修结果确认	5	
	能规范完成现场恢复	5	
任务评价	通过本次任务实施,结合自己在实训过程中的表现,进行自我评价及自我反思并记录	3	
职业素养	按规定时间完成项目作业	2	
	遵守实训室管理规定、劳动纪律	2	
	积极参与课堂活动、回答问题	2	
	能够按时出勤	2	

续上表

评分项目	评分标准	分值(分)	得分(分)
思政要求	有劳动精神、奋斗精神、奉献精神、团队合作精神	5	
总计		100	

改进建议：

教师签字：
日期：

学习活动 2　活塞连杆组的故障诊断与排除

一、明确任务

根据任务描述，一辆轿车行驶了将近 150000km，发动机怠速时发动机下部有"哒哒"的敲击声。冷车时响声大，热车行驶后响声减小。对故障车辆进行检测，需要对发动机活塞连杆组部件进行检查与更换，使其恢复正常使用性能。

二、工作准备与计划制订

（一）知识准备

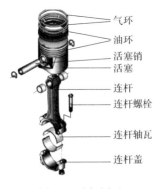

图 5-7　活塞连杆组

1.活塞连杆组的作用

活塞连杆组包括_____和_____两部分，如图 5-7 所示。活塞组由_____、_____和_____组成，其作用是承受混合气燃烧后产生的压力，并将此压力通过活塞销传给连杆以推动曲轴旋转。连杆组连接着活塞组与曲轴飞轮组，其作用是将活塞承受的力传给曲轴，将活塞的往复运动转变为曲轴的旋转运动。在发动机做功行程中，活塞组把汽缸内高压气体产生的作用力通过连杆组传递给曲轴的同时，将活塞的往复运动转变为曲轴的旋转运动。导致机油异常窜入燃烧室造成冒蓝烟现象，主要原因是由于活塞组与汽缸的配合异常，因此需要检查活塞组与汽缸的磨损情况。

2. 活塞连杆组主要零部件

活塞的功用是承受汽缸中气体的压力，并将此活塞在高温、高压、高速、润滑不良的条件下工作。活塞直接与高温气体接触，瞬时温度可达 2500K 以上，因此，受热严重，而散热条件又很差，所以活塞工作时温度很高，顶部高达 600～700K，且温度分布很不均匀；活塞顶部承受气体压力很大，特别是做功行程压力最大，汽油机高达 3～5MPa，柴油机高达 6～9MPa，这就使得活塞产生冲击，并承受侧压力的作用；活塞在汽缸内以很高的速度(8～12m/s)往复运动，且速度在不断地变化，这就产生了很大的惯性力，使活塞受到很大的附加载荷。活塞在这种恶劣的条件下工作，会产生变形并加速磨损，还会产生附加载荷和热应力，同时受到燃气的化学腐蚀作用。因此，要保证活塞能够正常工作，要求活塞要有足够的刚度和强度，传力可靠；导热性好，要耐高温、耐高压、耐磨损；质量小，质量轻，尽可能地减小往复惯性力。活塞一般都采用铝合金材料铸造或锻造而成，主要由_____、_____和_____三部分组成，在活塞裙部的上部有活塞销座。

活塞顶部的形状通常有_____、_____和_____三种，如图 5-8 所示。平顶活塞吸热面积小，制造工艺简单，广泛应用于汽油发动机，凸顶活塞强度和刚度较高，可以增大压缩比，但吸热面积大，应用于二冲程发动机较多，凹顶活塞上加工或铸造的凹槽主要用来配合压缩比，另一个作用是当正时皮带断裂时保持活塞与气门之间有足够距离，避免相互撞击，如果没有凹槽，有些发动机当正时皮带断裂时，活塞就会在上止点附近撞击气门，造成不必要的损失。

最下一道活塞环槽以上的部分称为_____，如图 5-9 所示，其作用有三个：一是承受气体压力，并将压力通过活塞销座、活塞销传给连杆；二是与活塞环一起实现汽缸的密封；三是将活塞顶部吸收的热量通过活塞环传到汽缸壁。活塞头部一般有 2 道气环槽和 1 道油环槽。气环槽一般具有同样的宽度，油环槽比气环槽宽度大，且槽底加工有回油孔，方便油环刮下的润滑油流回油底壳。

a) 平顶活塞

b) 凸顶活塞

c) 凹顶活塞

图 5-8 活塞顶面类型

图 5-9 活塞总成

活塞裙部主要指油环槽以下的部分，其作用是为活塞在汽缸内做往复运动导向和承受侧向压力，活塞裙部要有一定的长度和足够的面积，以保证可靠的导向，活塞裙部的销孔用于安装活塞销。

活塞销用来连接_____与_____，分为_____和_____两种结构，如图 5-10 所示，全浮式活塞销与连杆小头和活塞销座之间都能够相对运动，可以保证连接部件的摩擦面磨损均匀，为了防止全浮式活塞销轴向窜动刮伤汽缸壁，在活塞销两端装有定位卡环。

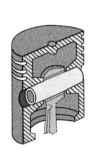
a) 全浮式

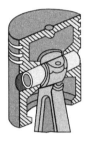
b) 半浮式

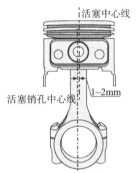
c) 活塞销孔中心线偏离活塞中心线

图 5-10 活塞销

通常汽油机的活塞销孔中心线偏离活塞中心线，向做功行程侧向受力面偏移了 1~2mm。活塞销偏置可使活塞从压缩行程到做功行程转换的过程中，减小对汽缸壁的敲击和噪声。安装时，应注意活塞销偏置的方向不能装反，否则换向敲击力会增大，使裙部受损。

活塞环的作用是_____，防止高压气体从活塞处泄漏；刮除汽缸壁多余机油，并在汽缸壁涂抹一层均匀的油膜；将活塞的热量传递到缸壁上，并通过冷却系统进行散热。活塞环分为_____和_____两种类型，气环位于活塞上部，油环位于气环之下。气环用来封闭燃烧室，防止混合气通过活塞与汽缸壁间的缝隙进入曲轴箱。气环一般都标有标记来指示安装方向，安装时必须将有标记的一面朝向活塞顶部。为了避免可燃混合气从活塞环的开口间隙中漏出去，在装配时应将各道气环的开口方向互相错开一定的角度。由于活塞环在自由状态下不是正圆形，其外廓尺寸比汽缸直径大，当活塞环装入汽缸后，在其自身的弹力作用下环的外圆面与汽缸壁紧贴从而形成垂直密封面。如图所示，当活塞下行时，活塞环紧贴活塞环槽上端面，形成水平封面，同理，活塞上行时也能形成水平封面。由于采用多道活塞环，且环的开口相互错开，形成迷宫式漏气通道，所以气体在通道内的流动阻力很大，气体压力迅速下降，最后漏入曲轴箱内的气体就非常少了，一般仅为进气量的 0.2%~1.0%。

为了防止活塞环受热膨胀卡死在汽缸内，活塞环设计有三种间隙，即活塞环侧隙、背隙和端隙。活塞环与环槽端面之间的间隙称为侧隙，活塞环宽度与环槽深度的差值称为背隙，活塞环在上止点时环的开口间隙为端隙，如图 5-11 所示。活塞环对三隙的要求非常高，如果三隙过大会导致密封性变差；如果三隙过小，活塞环受热膨胀可能会在环槽内形成卡滞，导致发动机故障。

为了加强密封，加速磨合，减少泵油作用以及改善润滑，除了合理采用材料和加工工艺外，在结构上还采用了不同断面形状。气环按其断面形状主要有矩形环、锥形环、梯形环、桶形环和扭曲环。其中扭曲环又分为_____和_____两种，内切口扭曲环的切口在其内圆上边，而外切口则在其外圆下边。扭曲原理是当活塞环装入汽缸后，环受到压缩产生弯曲变形，断面中性层以外产生拉应力、中性层以内产生压应力，拉应力的合力指向活塞环中心，压应力的合力背离活塞环中心。矩形环由于中性层内外端面对称拉应力合力与压应力合力在同一平面内，不产生扭矩。扭曲环由于中性层内外断面不对称，使拉应力的合力与压应力的合力不在同一平面内，从而形成力偶，在力偶的作用下，活塞环发生微量的扭曲变形。

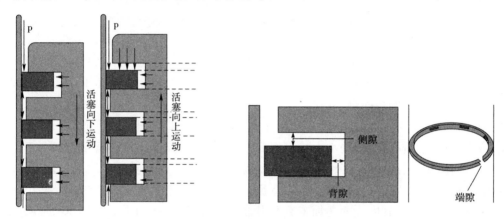

图 5-11　活塞环的运动及三隙

油环安装在气环之下，用来刮落附着在汽缸壁上的润滑油，防止机油进入燃烧室，其刮落的润滑油流回油底壳或者用来润滑活塞销。油环可分为_____和_____两种，整体式油环一般用在负荷较大的发动机上，其外圆中部切有环槽，槽底开有若干回油孔。汽油发动机通常使用组合油环，组合油环由_____和_____组成。衬环具有弹性和张力，其外围直径比汽缸的内圆直径略大一些，可将刮片紧紧压向汽缸壁，这种油环重量小，回油通路大，刮油效果明显，如图 5-12 所示。

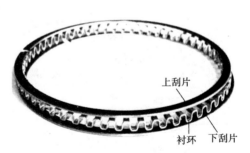

图 5-12　润滑及油环

连杆组连接着_____与_____，其作用是将活塞承受的力传给曲轴，将活塞的往复运动转变为曲轴的旋转运动。连杆组由连杆大头、连杆杆身和连杆小头三部分组成，连杆大头包括_____、_____、_____及_____等部件；连杆小头包括

_____及_____。连杆小头孔用来安装活塞销,以连接活塞,在全浮式连接的连杆小头孔内有耐磨的青铜衬套或铁基粉末冶金衬套,为了润滑衬套,连杆小头和衬套上一般铣有储存飞溅润滑油的油槽或油孔,小头油孔正好通在两衬套之间的间隙中,润滑油可以由油孔进入衬套内表面,润滑衬套和活塞销,有的在连杆杆身内部钻有纵向的压力油通道,以对小头进行压力润滑。

连杆杆身通常做成"工"字形断面,从而在质量尽可能小的情况下提高其抗弯强度,连杆杆身质量小,大圆弧过渡,且上小下大,如果连杆小头采用压力润滑,杆身中部加工有连通大、小头的油道。汽油机一般采用_____,连杆大头的连杆轴承是分开的,与杆身分离的一半称为连杆轴承盖,二者靠连杆螺栓连接为一体,连杆大头是配对加工的,没有互换性,也不可翻转180°安装,故在其侧面标有配对和重量分组记号。连杆轴承盖一般用两根螺栓紧固,连杆螺栓或螺母必须可靠锁定,否则会造成发动机严重损坏。为防止连杆轴承转动和轴向移动,一般在连杆大头分离面加工有定位凹槽,与轴承上的定位凸键相配合。

连杆轴承是连杆大头孔内装有的瓦片式滑动轴承,用来保护连杆轴颈及连杆大头孔,防止其过度磨损。连杆轴承上均制有定位凸键,安装在连杆大头和连杆盖的定位凹槽中,以防止连杆轴承在工作中发生转动或轴向移动。连杆轴承内表面的耐磨层由厚0.3~0.7mm的薄层耐磨合金制成,耐磨合金具有保持油膜、减少摩擦阻力和易于磨合的作用。另外,其内表面还加工有润滑油孔和油槽,油孔用来润滑轴承,油槽用来储存润滑油,以保证可靠地润滑。

由于技术的进步,连杆分离面采用涨断工艺的情况越来越普遍,与传统切削加工工艺不同,它需要对连杆大头孔的断裂线处先加工出两条应力集中槽(或在毛坯时就做出沟槽),最终把连杆盖从连杆本体上涨断而分离开来,涨断工艺连杆如图5-13所示。连杆分离面采用涨断工艺后,可确保连杆与连杆盖的分离面完全啮合,改善了连杆盖与连杆分离面的结合质量,由于其分离面可完全啮合,装配连杆与连杆盖时不再需要精确定位,大大降低了加工成本。

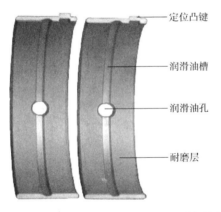

图5-13 连杆轴承及连杆涨断工艺

3. 活塞连杆组的故障原因分析

一般是由于活塞环与汽缸的磨损或者不规范的维修导致机油窜入燃烧室,造成烧机油冒蓝烟现象,在比较严重的情况下,拆解发动机能够很明显发现故障位置,如图5-14所示,有的发动机会由于本身的活塞环设计缺陷问题,导致相关故障出现,更换改进后的活塞环可以解决相关问题。在更换活塞环时,一般不单独更换气环或油环,而是确定故障缸后,采用更换完整一副活塞环来解决窜机油等相关问题。

图 5-14　活塞连杆组的故障形式

(二) 制订工作方案

1. 任务分工(表5-5)

学生任务分配表　　　　　　　　　表5-5

班级		组号		指导老师	
组长		任务分工			
组员1		任务分工			
组员2		任务分工			
组员3		任务分工			
组员4		任务分工			
组员5		任务分工			
组员6		任务分工			

2. 工量具、仪器设备与耗材准备

(1)使用的工量具有:_____。

(2)使用的仪器设备有:_____。

(3)使用的耗材有：_____。

3．具体方案描述

_____

_____

_____

_____

三、计划实施

(一)安全注意事项及技能要点

1．安全注意事项

(1)使用外接气源时注意气压及连接口状况。

(2)遵循发动机机械维修的安全防护要求。

2．技能要点

(1)能规范完成量缸作业并准确记录所需参数。

(2)能规范准确地进行活塞环间隙的测量。

(3)能通过测量结果确定维修方案。

(二)任务实施

汽缸直径的测量　活塞环间隙的测量

汽缸直径测量及活塞环间隙测量的操作方法及说明见表5-6。

汽缸直径测量及活塞环间隙测量的操作方法及说明　　表5-6

步骤	操作方法及说明	质量标准及记录
活塞检查及量缸 (车下进行)	(1)使用压缩空气清洁发动机台架； (2)拆下活塞连杆机构； (3)用千分尺测量活塞裙部直径，将测得的数据与汽缸磨损最大部位的测量值相减，并用所得差值与配缸间隙值相比较，即可确定该活塞是否可用； (4)完成汽缸的检查和缸径测量； (5)完成活塞环间隙的测量；	□活塞连杆组符合测量要求 □正确使用量缸表 □正确判断活塞连杆组的装配间隙 □按照现场8S要求整理

续上表

步骤	操作方法及说明	质量标准及记录
活塞检查及量缸（车下进行）	(6) 整理和复位	

四、评价反馈（表 5-7）

评价表　　　　　　　　　　　　　　　　　　　表 5-7

评分项目	评分标准	分值(分)	得分(分)
学习目标	能明确本任务的知识、技能、素养目标,理解任务在工作中的重要程度	5	
工作任务分析	能清晰描述完成本次工作任务内容	3	
工作任务分析	能清晰描述完成本次工作任务需必备的技能与知识点	3	
有效信息获取	能够准确讲述机体组的失效形式	3	
有效信息获取	能够使用维修资料查找出维修信息	2	
有效信息获取	能够准确描述故障现象	4	
有效信息获取	能正确分析导致发动机冒蓝烟故障的情况	4	
实施方案制订	能清晰地制订并填写本次发动机机体组的故障诊断与排除的准备作业计划	5	
实施方案制订	能组织或协同工作小组成员,明确本次任务所需仪器设备、工具、材料的准备与清点,并准备记录	5	
实施方案制订	能组织或协同工作小组成员交流,优化检查方案并记录	5	
任务实施	能规范完成前期准备	5	
任务实施	能规范完成安全检查	5	
任务实施	能规范完成仪器连接	5	
任务实施	能规范完成故障现象确认	5	
任务实施	能规范完成基本检查	5	
任务实施	能规范完成活塞的检查和测量	5	
任务实施	能规范完成汽缸的检查和测量	5	
任务实施	能规范完成维修结果确认	5	
任务实施	能规范完成现场恢复	5	

续上表

评分项目	评分标准	分值(分)	得分(分)
任务评价	通过本次任务实施,结合自己在实训过程中的表现,进行自我评价及自我反思并记录	3	
职业素养	按规定时间完成项目作业	2	
	遵守实训室管理规定、劳动纪律	2	
	积极参与课堂活动、回答问题	2	
	能够按时出勤	2	
思政要求	有劳动精神、奋斗精神、奉献精神、团队合作精神	5	
总计		100	

改进建议:

教师签字:

日期:

学习活动3　曲轴飞轮组的故障诊断与排除

一、明确任务

根据任务描述,一辆轿车发动机稳定运转不响,转速突然变化时,发出低沉连续的"镗镗"金属敲击声,严重时发动机会发生振动。对故障车辆进行检测,需要对发动机曲轴飞轮组部件进行检查与更换,使其恢复正常使用性能。

二、工作准备与计划制订

(一) 知识准备

1. 曲轴飞轮组的组成

曲轴飞轮组是发动机的重要组成部分,也是发动机内部的主要旋转部件,如

图 5-15 所示。在做功行程中,它承受活塞连杆机构传递的动力并将其转变为力矩向外输出,在其它行程中,它带动活塞在汽缸内作上下往复运动,曲轴飞轮组主要由_____、_____等主要零部件组成。

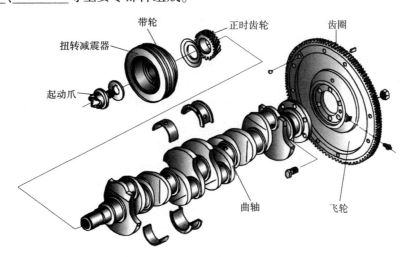

图 5-15　曲轴飞轮组

2. 曲轴飞轮组主要零部件

1) 曲轴

曲轴的作用是把活塞连杆的往复运动转变为自身的旋转运动,并对外输出动力,用以驱动汽车的传动系统、发动机配气机构及其他附属装置,如图 5-16 所示。曲轴由_____、_____、_____、_____、_____和_____等部分组成。其中主轴颈和连杆轴颈上有润滑油道,平衡重上面有平衡孔。曲轴前轴端连接曲轴驱动轮,用来驱动发动机附属装置(如空调系统、转向助力系统等);曲轴后轴端连接飞轮,对外输出动力,其结构如图所示。

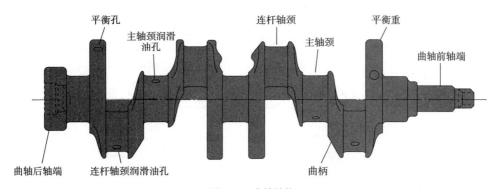

图 5-16　曲轴结构

曲轴主轴颈用于_____,它通过主轴承安装在曲轴箱的主轴承座中。主轴承的数目不仅与发动机汽缸数目有关,还取决于曲轴的支承方式,发动机缸体上通常会加工出若干个曲轴支撑点。四缸或 V8 发动机通常有 5 道主轴承,直列六缸发动机通常有7道主轴承,V6发动机通常有4道主轴承。连杆轴颈是曲轴与连杆的连接部分,通过曲柄与主轴颈相连,在连接处用圆弧过渡,以减少应力集中。直列发动机的连杆轴颈数和汽缸数相等,V形发动机的连杆轴颈数等于汽缸数的一半。曲柄是主轴颈和连杆轴颈的连接部分,为了平衡离心力矩,曲柄处配置平衡重,平衡重还可以平衡一部分活塞往复惯性力,使曲轴旋转平稳。

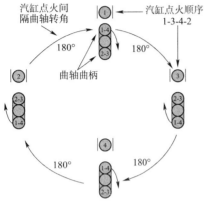

曲拐由_____、_____和_____组成。直列式发动机的曲拐数量等于汽缸数量;V形发动机的曲拐数量等于汽缸数量的一半。曲轴的形状和曲拐相对位置(即曲拐的布置)取决于汽缸数、汽缸排列和发动机的点火顺序。多缸发动机应使连续作功的两缸相距尽可能远,减轻主轴承的载荷;同时避免可能发生的进气重叠现象。直列四缸发动机曲拐布置特点:曲拐在曲轴轴线方向对称布置于同一平面内(如图所示),相邻做功汽缸的曲拐夹角为180°,发动机工作顺序有:1-3-4-2或1-2-4-3,如图5-17所示。

图5-17 直列四缸发动机的曲拐分布

直列四冲程六缸发动机曲拐布置特点:曲拐在曲轴轴线方向对称布置于三个平面内,如图5-18所示,相邻做功汽缸的曲拐夹角为120°,发动机工作顺序有:1-5-3-6-2-4或1-4-2-6-3-5;四冲程V6发动机曲拐布置特点是:曲拐在曲轴轴线方向对称布置于三个平面内,相邻做功汽缸的曲拐夹角为120°,通常发动机工作顺序是:1-2-3-4-5-6。四冲程V8发动机曲拐布置特点是:曲拐在曲轴轴线方向对称布置于四个平面内(或一个平面),相邻作功汽缸的曲拐夹角为90°、发动机工作顺序有:1-8-4-3-6-5-7-2。

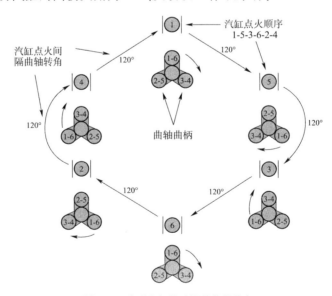

图5-18 直列六缸发动机的曲拐分布

2）扭转减振器

当发动机工作时，曲轴在周期性变化的转矩作用下，各曲拐之间发生周期性相对扭转的现象称为扭转振动，简称_____，如图5-19所示。当发动机转矩的变化频率与曲轴扭转的自振频率相同或成整数倍时，就会发生共振，共振时扭转振幅增大，会导致传动机构磨损加剧，严重时会造成发动机功率下降，甚至使曲轴断裂，为了消减曲轴的扭转振动，现代汽车发动机多在扭转振幅最大的曲轴前端装置扭转减振器。

图5-19　扭转减振器

汽车发动机多采用橡胶扭转减振器、硅油扭转减振器和硅油-橡胶扭转减振器等。其作用就是吸收曲轴扭转振动的能量、消除扭转振动。

3. 曲轴的平衡、润滑及检查

1）曲轴的平衡

发动机曲轴平衡装置分为_____和_____，内部平衡装置包括_____和_____，外部平衡装置包括_____和_____，如图5-20所示。平衡重一般铸造在曲柄的反方向上，用来平衡连杆大头、连杆轴颈和曲柄等产生的离心惯性力和离心力矩，以及平衡活塞连杆组的往复惯性力及其力矩，以使发动机运转平稳。平衡重有整体式和装配式两种类型，平衡重与曲轴制成一体的称为整体式平衡重，平衡重用螺栓固定在曲柄上的称为装配式平衡重，有些刚度较大的全支承曲轴则没有平衡重，直接在曲轴上减少一部份重量。平衡轴用来平衡发动机的振动和降低噪声，延长发动机使用寿命，提升乘客的舒适性，平衡轴一般分为_____和_____两种。

a) 单平衡轴

b) 双平衡轴

图5-20　曲轴平衡轴

2）曲轴的润滑

在曲轴上通常钻有若干油道，这些油道孔使润滑油从主轴颈流动到连杆轴颈。曲轴轴承上的润滑油以油膜形式存在，并不断流动，其中一部分润滑油从连杆上的油孔喷出，其余润滑油从连杆和轴承的缝隙流出，对轴承和轴颈进行润滑，如图5-21所示。

曲拐的旋转将润滑油从油底壳带起并甩至汽缸壁上,对汽缸和活塞以及活塞环进行润滑,这种润滑方式称为_____。

图 5-21　曲轴内部油道

3) 曲轴的检查

曲轴的检查内容主要有:_____的检查、_____的检查、_____的检查。检查曲轴之前,应将待检曲轴上的油污、锈迹等彻底清洗干净,如图 5-22 所示。曲轴裂纹一般出现在应力集中处,如主轴颈或连杆轴颈与曲柄相连的过渡圆角处,表现为横向裂纹。有的曲轴在轴颈中的油孔附近出现轴向延伸的裂纹,常用检查方法有:_____、_____或_____等。

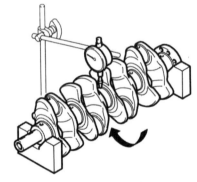
a) 曲轴弯曲变形的检查

b) 轴颈磨损的检查

图 5-22　曲轴的检查

检查曲轴是否弯曲变形时,应将曲轴的两端用 V 形块支承在检测平板上,然后用百分表的触头抵在中间主轴颈表面,转动曲轴一周,百分表上指针的最大与最小读数之差,即为中间主轴颈对两端主轴颈的径向圆跳动误差(一般不超过 0.04~0.06mm),如图 5-23 所示。

曲轴磨损及轴向间隙检查,首先检查轴颈划痕,划痕是轴颈常见的损伤,通常出现在曲轴轴颈的中央位置,然后检查曲轴轴向间隙,曲轴轴向间隙可以使用塞尺或百分表来检查。安装好曲轴后,首先前后撬动曲轴若干次,使

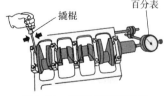

图 5-23　曲轴轴向间隙测量

上下止推轴承在同一平面,然后测量曲轴的轴向间隙,曲轴的轴向间隙一般在0.020~0.300mm之间(具体参数参见相关维修手册),如果轴向间隙太大,则需要更换加厚的止推轴承或主轴瓦,加厚止推轴承的尺寸需要维修技师自己加工。

发动机通常采用带镀层的铝锌合金滑动轴承,国内重载发动机的轴承材料基本以铜铅合金为主,表面镀以三元铅基软合金以提高轴承的耐磨损性。曲轴轴承的检查主要是轴承间隙的检查,检查轴承间隙必须在组装发动机之前完成,轴承间隙的检查方法有两种(图5-24):

(1)使用塑料线间隙规直接测量间隙。
(2)分别测量轴颈和轴孔的尺寸,然后计算它们的间隙。

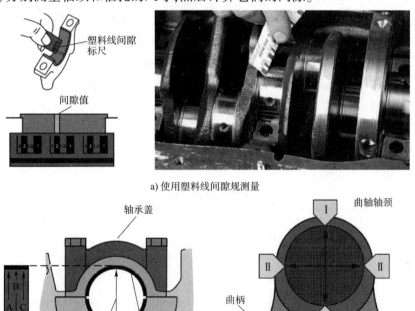

a) 使用塑料线间隙规测量

b) 分别测量轴颈、轴孔尺寸计算

图5-24 曲轴轴承间隙检查

塑料线间隙规安放在轴颈和轴承之间,按照规定力矩紧固轴承螺栓,然后拆卸轴承盖,将轴承或轴颈上挤压变形的塑料线间隙规宽度与标尺对比,得出轴承间隙值,整个测量过程禁止涂抹润滑油及转动曲轴。特别需要注意的是:每一道轴承的轴承盖都是唯一的;有油孔(或油道)的轴瓦是上轴瓦;轴瓦背面的定位锁柄必须要正确安装在缸体或轴承盖的定位锁止凹槽内。

4. 检查飞轮

飞轮主要损伤有工作面磨损、齿圈磨损或折断。检查、更换飞轮时应注意以下几点:工作面沟槽深度大于0.5mm应磨削(切削量不大于1mm);更换飞轮时须刻上正时标记并做动平衡;齿圈单面磨损可翻面使用,但注意重新倒角;注意飞轮、曲轴磨削后要重新进行曲轴动平衡试验。

5.曲轴飞轮组的故障原因分析

在对曲轴飞轮组故障进行排除时,应当根据故障现象,做进一步听诊,产生响声的部位在缸体下部的曲轴箱内,初步判断是主轴承响或连杆轴承响;当继续做发动机的转速变换试验时,发现发动机转速越高,响声越大,并且振动感大,基本断定是曲轴主轴承响。若第2缸断火时响声无明显变化,而做相邻两缸同时断火时,如2与3缸同时断火,响声明显减弱,说明故障是第三道主轴承。主轴承响是发动机异响中较为常见的一种,产生异响的直接原因是主轴颈与轴承的径向间隙变大,严重超过标准。导致间隙变化的相关因素有:主轴承盖固定螺栓松动;主轴承合金烧毁或脱落;主轴承和轴颈磨损过甚及轴向止推装置磨损过甚,造成径向和轴向间隙过大;曲轴弯曲;机油压力太低或机油黏度太低等。所以,主轴承响可能是一道有问题也可能是多道都有问题,而诊断方法是一样的。

(二)制订工作方案

1.任务分工(表5-8)

学生任务分配表　　　　表5-8

班级		组号		指导老师	
组长		任务分工			
组员1		任务分工			
组员2		任务分工			
组员3		任务分工			
组员4		任务分工			
组员5		任务分工			
组员6		任务分工			

2.工量具、仪器设备与耗材准备

(1)使用的工量具有:_____。

(2)使用的仪器设备有:_____。

(3)使用的耗材有:_____。

3.具体方案描述

三、计划实施

(一)安全注意事项及技能要点

1. 安全注意事项

(1) 使用外接气源时注意气压及连接口状况。

(2) 遵循发动机机械维修的安全防护要求。

2. 技能要点

(1) 能规范完成曲轴检测作业并准确记录所需参数。

(2) 能规范准确地进行轴向间隙的测量。

(3) 能通过测量结果确定维修方案。

(二)任务实施

曲轴检测的操作方法及说明见表5-9。

 曲轴轴向间隙的测量　　 曲轴主轴承间隙的测量

曲轴检测的操作方法及说明　　表5-9

步骤	操作方法及说明	质量标准及记录
曲轴的检查 (车下进行)	(1) 使用压缩空气清洁曲轴; (2) 检测曲轴的裂纹(目视检查); (3) 检测曲轴的弯曲变形,将曲轴的两端用V形铁支承在检测平板上,用百分表的触头抵在中间主轴颈表面,预压1~2mm,然后将大指针调至零位,转动曲轴一周,百分表上指针的最大与最小读数之差,即为中间主轴颈对两端主轴颈的径向圆跳动误差,查阅维修手册,如径向跳动量大于标准值,则更换曲轴; 百分表 (4) 检测曲轴的扭曲变形,将曲轴两端的主轴颈放在检测平板的V形快上,使曲轴上1、4缸曲轴销旋转到水平位置,用高度尺测量4缸曲轴销离地高度,观察曲柄销与高度尺接触点高度,读取并记录测量值,再用高度尺测量1缸曲轴销离地高度,观察曲柄销与高度尺接触点高度,读取并记录测量值,查阅维修手册,两次测量数值对比,如差值大于标准值,则应进行修复或者更换曲轴;	□曲轴符合测量要求 □正确使用百分表 □正确判断装配间隙 □按照现场8S要求整理

步骤	操作方法及说明	质量标准及记录
曲轴的检查（车下进行）	（5）完成曲轴轴颈及轴承的检查； （6）检测连杆轴承间隙，拆下连杆轴承盖，清洗轴承和连杆轴颈，将塑料间隙规沿轴向放置在连杆轴颈或轴承上，装上连杆轴承盖并按规定的力矩拧紧，此时不得转动曲轴，重新拆下连杆轴承盖，对比并判断间隙值； 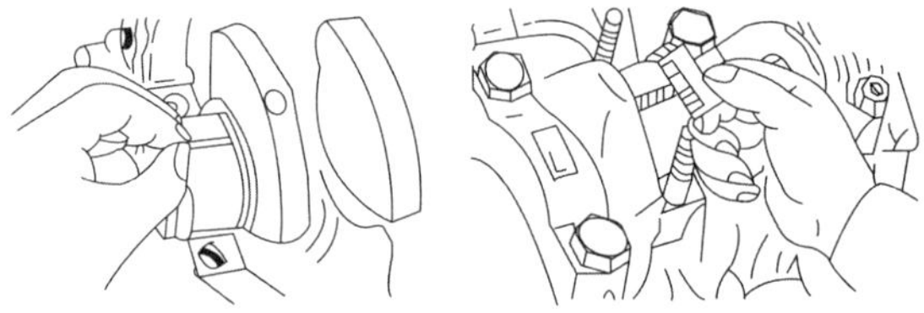 a) 在曲轴轴颈上放置塑料间隙测量片　　b) 测量曲轴径向间隙 （7）检测连杆轴承间隙，拆下连杆轴承盖，清洗轴承和连杆轴颈，将塑料间隙规沿轴向放置在连杆轴颈或轴承上，装上连杆轴承盖并按规定的力矩拧紧，此时不得转动曲轴，重新拆下连杆轴承盖，对比并判断间隙值； （8）测量曲轴主轴承间隙，拆下曲轴主轴承盖，清洗并擦净轴承和曲轴轴径，根据轴承宽度，沿轴向在曲轴轴径与轴承之间放上等长的塑料间隙规，安装轴承盖，以规定力矩拧紧，不得转动曲轴，拆下轴承盖，将塑料间隙规去除，对比判断间隙；将曲轴主轴承盖按规定装合紧固，把百分表装在缸体上，用撬棍或专用工具别住曲轴，使其不能转动，测量曲轴的轴向间隙，最大不应超过规定值，若超差，应当更换曲轴推力垫片；  （9）检查飞轮的工作面磨损情况； （10）整理和复位	

四、评价反馈(表5-10)

评价表　　　　　　　　　　　　　　　表5-10

评分项目	评分标准	分值(分)	得分(分)
学习目标	能明确本任务的知识、技能、素养目标,理解任务在工作中的重要程度	5	
工作任务分析	能清晰描述完成本次工作任务内容	3	
	能清晰描述完成本次工作任务需必备的技能与知识点	3	
有效信息获取	能够准确讲述曲轴飞轮组的失效形式	3	
	能够使用维修资料查找出维修信息	2	
	能够准确描述故障现象	4	
	能正确分析导致发动机故障的情况	4	
实施方案制订	能清晰地制订并填写本次曲轴检查的故障诊断与排除的准备作业计划	5	
	能组织或协同工作小组成员,明确本次任务所需仪器设备、工具、材料的准备与清点,并准备记录	5	
	能组织或协同工作小组成员交流,优化检查方案并记录	5	
任务实施	能规范完成前期准备	5	
	能规范完成安全检查	5	
	能规范完成仪器连接	5	
	能规范完成故障现象确认	5	
	能规范完成基本检查	5	
	能规范完成曲轴变形的检测	5	
	能规范完成曲轴轴颈及轴承的检查	5	
	能规范完成维修结果确认	5	
	能规范完成现场恢复	5	
任务评价	通过本次任务实施,结合自己在实训过程中的表现,进行自我评价及自我反思并记录	3	
职业素养	按规定时间完成项目作业	2	
	遵守实训室管理规定、劳动纪律	2	
	积极参与课堂活动、回答问题	2	
	能够按时出勤	2	
思政要求	有劳动精神、奋斗精神、奉献精神、团队合作精神	5	

续上表

评分项目	评分标准	分值(分)	得分(分)
	总计	100	

改进建议：

教师签字：
日期：

学习活动 4　配气机构的故障诊断与排除

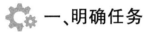一、明确任务

根据任务描述，一辆汽车行驶无力，冷车起动时排气管冒蓝烟，对故障车辆进行检测，需要对配气机构部件进行检查与更换，使其恢复正常使用性能。

二、工作准备与计划制订

(一) 知识准备

1. 配气机构的组成

配气机构包括_____和_____两部分，如图 5-25 所示。气门组件包括_____、_____、_____、_____及_____等，如图 5-26 所示。有的气门组件还配置气门旋转机构来减轻气门头部的热变形，同时清除气门密封锥面上的沉积物。气门是气门组中最为重要的部件，分为_____和_____。进气门的作用是将空气吸入发动机内，以便与燃料混合燃烧，排气门的作用是将燃烧后的废气排出并散热。

气门传动组的作用是按照发动机工作循环和点火次序开启或关闭气门，并保证气门有足够的开度和适当的气门间隙。气门传动组主要由_____、_____、_____和_____等组成。

图 5-25 配气机构　　　　　　　　图 5-26 气门组件

2. 配气机构的工作原理

发动机工作时,曲轴通过曲轴正时齿轮、正时链带动凸轮轴正时链轮旋转,当凸轮轴上凸轮的基圆部分与摇臂接触时,摇臂被压下,气门弹簧被压缩,气门逐渐打开。当凸轮的最大凸起处与摇臂接触时,气门达到最大开度,当凸轮与摇臂接触部位的凸起开始逐渐变小时,气门在气门弹簧的作用下,开始上升而逐渐关闭,并反向推动挺柱上移,使摇臂上移以保持与凸轮接触,当凸轮凸起离开摇臂时,气门完全关闭。

3. 配气机构主要零部件

1) 气门

气门工作条件十分恶劣,要承受高温、高压和冲击,而且润滑困难。进气门一般采用中碳合金钢,排气门采用耐热合金钢,为了改善气门的导热性能,有些气门内部充满金属钠。气门按照作用不同分为进气门和排气门,构造基本相同。气门均由_____与_____两部分组成,如图 5-27 所示。气门头部端面有_____、_____和_____等形状。目前应用最多的是平顶气门,其结构简单,制造方便,受热面积小,进、排气门都可采用。

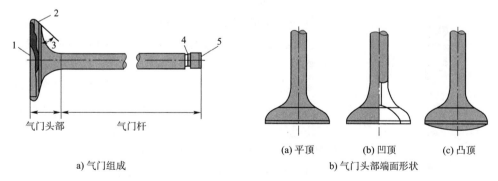

图 5-27 气门结构
1-气门顶面;2-气门锥面;3-气门锥角;4-气门锁片槽;5-气门尾端面

气门头部与气门座之间靠锥面密封,气门锥面与气门顶面之间的夹角称为_____,进、排气门的气门锥角一般为 30°或 45°,如图 5-28 所示。气门锥角使气门在关闭时有自动定位作用,能够挤掉接触面的沉积物,同时还能获得较大的压合力,提高密封性和导热性。气门头部接收的热量一部分经气门座传给汽缸盖,另一部分通过气门杆和气门导管传给汽缸盖,最终都被汽缸盖水套中的冷却液带走。

2)气门座

气门座的作用是防止气门直接撞击汽缸盖而引起汽缸盖过度磨损,并接受气门传来的热量,依靠其内锥面与气门锥面紧密贴合来密封汽缸,如图 5-29 所示。对于铸铁缸盖,气门座通常直接在缸盖上镗出,该种气门座散热效果好,耐高温,但不耐磨,不便修理。而对于铝质缸盖,通常在缸盖上镶嵌气门座。气门座材料应采用在工作温度下塑性变形较小而硬度较高的合金材料,一般采用合金铸铁、球墨铸铁,也有采用合金钢的。气门座耐磨损,耐高温,耐冲击,可以延长汽缸盖的使用寿命,但其导热性较差。

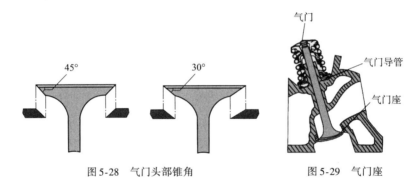

图 5-28　气门头部锥角　　　　图 5-29　气门座

3)气门导管

气门导管的功能是给气门运动导向,并将气门杆所承受的热量传给汽缸盖。气门导管一般单独制成,然后压入缸盖的承孔中,由于润滑较困难,一般用含石墨较多的铸铁或者粉末冶金制成,以提高自润滑性能。

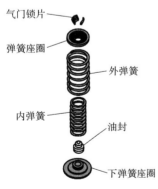

图 5-30　气门弹簧

4)气门弹簧

气门弹簧的作用是保证气门关闭时能紧密地与气门座贴合,并克服在气门开启时配气机构产生的惯性力,使传动件始终受凸轮控制而不相互脱离。许多发动机的气门弹簧采用等螺距圆柱形螺旋弹簧,但由于等螺距气门弹簧的工作频率与其固有的振动频率相等或为整数倍时,气门弹簧会发生共振,共振会造成气门反跳,严重时甚至会使弹簧折断,因此,有些发动机采用双气门弹簧、变螺距气门弹簧或锥形气门弹簧来防止共振的发生,如图 5-30 所示。

5)气门锁片

气门锁片位于_____,其作用是固定气门,防止气门脱落掉入汽缸,它通常和上气门弹簧座配合使用。气门锁片内表面有多种形状,相应的气门尾端也有各种不同形状的气门锁片槽,其类型如图 5-31 所示。

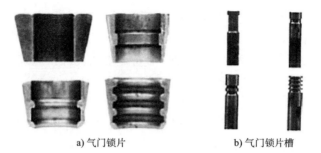

a) 气门锁片　　　　　　b) 气门锁片槽

图 5-31　气门锁片结构

6) 气门间隙

发动机工作时,气门将因温度的升高而膨胀。如果气门及其传动件之间在冷态时无间隙或间隙过小,则在热态下,气门及其传动件的受热膨胀势必引起气门关闭不严,导致发动机在压缩和做功行程中漏气,从而造成发动机输出功率下降,严重时甚至不能起动。为了消除这种现象,通常发动机冷态装配时,在气门与其传动机构间留有一定的间隙(即气门间隙),以补偿气门受热后的膨胀量。

为了避免气门间隙调整不当引起的麻烦,一般高速发动机上都使用可自行调整气门间隙的液力挺杆。挺杆的一端与凸轮接触,另一端与气门接触,它的作用是将凸轮的推力传给气门。旧式发动机上的挺杆一端装有调整螺钉和锁紧螺母,用于调整气门间隙。而液力挺杆省略了调整螺钉和锁紧螺母,用液力调节代替了这些刚性零件的作用,由于液压挺柱的长度能自动变化,随时补偿气门的热膨胀量,故不需要预留气门间隙,如图 5-32 所示。排气门的温度一般高于进气门的温度,因此,排气门间隙通常大于进气门的间隙。如果气门间隙过小,发动机在热态下可能发生漏气,导致功率下降甚至气门烧坏。如果气门间隙过大,则使传动部件之间以及气门和气门座之间产生撞击,而且会加速磨损,同时也会使得气门开启的持续时间减少,使汽缸的充气及排气情况变坏,因此发动机气门间隙需要根据实际情况进行检查和调整。

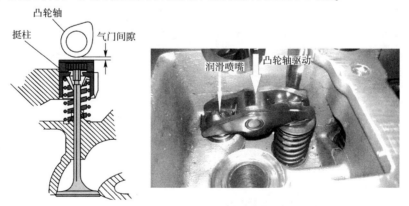

图 5-32　液压挺柱与气门间隙调整

4. 配气机构故障检修

拆下进气管及进、排气歧管检查。通过缸盖歧管口,观察各个气门的积炭情况。

如果气门颈处有大量积炭,则说明机油很可能是通过气门杆进入燃烧室燃烧,原因可能是该气门导管油封老化或损坏,气门杆和气门导管磨损过度,间隙超过正常范围。

维修方法是先拆下汽缸盖,再拆下进、排气凸轮轴、气门弹簧、气门等配气机构零件,把气门及缸盖清洗干净,检查气门导管和缸盖配合是否松动,气门杆和气门导管间隙是否过大,如果超过正常范围,则需更换气门和气门导管及全部气门导管油封。需要注意有些发动机的进、排气门导管油封是不同的,重新装好发动机缸盖和进、排气管等零件后进行测试,判断故障现象是否消除。

(二)制订工作方案

1. 任务分工(表5-11)

学生任务分配表　　　　　　　　表5-11

班级		组号		指导老师	
组长		任务分工			
组员1		任务分工			
组员2		任务分工			
组员3		任务分工			
组员4		任务分工			
组员5		任务分工			
组员6		任务分工			

2. 工量具、仪器设备与耗材准备

(1)使用的工量具有:_____。

(2)使用的仪器设备有:_____。

(3)使用的耗材有:_____。

3. 具体方案描述

_____

_____

_____

_____

三、计划实施

(一)安全注意事项及技能要点

1. 安全注意事项

(1)使用外接气源时注意气压及连接口状况。

(2)遵循发动机机械维修安全规范。

(3)佩戴护目镜。

2.技能要点

(1)能够规范正确检查气门导管间隙。

(2)能够规范正确安装气门组件。

(3)涡轮增压器漏油检查。

(二)任务实施

发动机配气机构检修的操作方法及说明见表5-12。

汽缸盖的拆解

发动机配气机构检修的操作方法及说明　　　表5-12

步骤	操作方法及说明	质量标准及记录
发动机汽缸盖检修（车下进行）	(1)使用压缩空气吹干净发动机,检查发动机台架安装情况是否良好； (2)将汽缸盖与发动机分离； （汽缸盖螺栓、汽缸盖、汽缸垫） (3)对汽缸盖进行拆解； （气门锁片、气门弹簧座、气门弹簧、气门油封、排气门杆、进气门杆）	□缸盖检查符合要求 □气门组件维修判断正确 □凸轮轴安装位置符合规范 □按照现场8S要求整理

247

续上表

步骤	操作方法及说明	质量标准及记录
发动机汽缸盖检修（车下进行）	（4）清洁气门杆和气门导管，检查气门杆是否有点蚀或磨损，检查气门锁片槽是否碎裂或磨损，检查气门锥面是否有烧伤、沟痕或开裂，对应检查汽缸盖区域是否有损坏，检查气门杆直线度； （5）测量气门杆至导管的间隙，固定仪器，确定千分表的位置，以便当气门杆侧向移动时（与汽缸盖成交叉方向），使千分表杆直接移动，刻度盘指示器杆必须接触到靠近气门导管上方的气门杆，读取数据并判断是否可用； （6）整理和恢复	

四、评价反馈（表5-13）

评价表　　　　　　　　　　　　　　　　　　　　　表5-13

评分项目	评分标准	分值(分)	得分(分)
学习目标	能明确本任务的知识、技能、素养目标，理解任务在工作中的重要程度	5	
工作任务分析	能清晰描述完成本次工作任务内容	3	
	能清晰描述完成本次工作任务需必备的技能与知识点	3	
有效信息获取	能够准确讲述配气机构系统的组成及工作原理	3	
	能够使用维修资料查找出维修信息	2	
	能够准确描述故障现象	4	
	能正确分析导致发动机冒蓝烟故障的情况	4	
实施方案制订	能清晰地制订并填写本次发动机缸盖检修的故障诊断与排除的准备作业计划	5	
	能组织或协同工作小组成员，明确本次任务所需仪器设备、工具、材料的准备与清点，并准备记录	5	
	能组织或协同工作小组成员交流，优化检查方案并记录	5	

续上表

评分项目	评分标准	分值(分)	得分(分)
任务实施	能规范完成前期准备	5	
	能规范完成安全检查	5	
	能规范完成仪器连接	5	
	能规范完成故障现象确认	5	
	能规范完成基本检查	5	
	能规范完成发动机汽缸盖的拆解	5	
	能规范完成发动机汽缸盖的检修	5	
	能规范完成维修结果确认	5	
	能规范完成现场恢复	5	
任务评价	通过本次任务实施,结合自己在实训过程中的表现,进行自我评价及自我反思并记录	3	
职业素养	按规定时间完成项目作业	2	
	遵守实训室管理规定、劳动纪律	2	
	积极参与课堂活动、回答问题	2	
	能够按时出勤	2	
思政要求	有劳动精神、奋斗精神、奉献精神、团队合作精神	5	
总计		100	

改进建议:

教师签字:
日期:

学习活动 5　润滑系统的故障诊断与排除

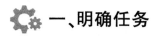

根据任务描述,一辆汽车行驶无力,机油增多乳化,并伴有冒蓝烟现象,对故障车辆进行检测,需要对润滑系统部件进行检查与更换,使其恢复正常使用性能。

二、工作准备与计划制订

(一)知识准备

1. 润滑系统概述

发动机工作时,很多运动部件之间的间隙都非常小,如曲轴主轴颈与主轴承,连杆轴颈与连杆轴承,凸轮轴轴颈与凸轮轴轴承,活塞、活塞环与汽缸壁,配气机构各运动组件及传动齿轮组件等。虽然这些零部件的工作表面都经过精细的加工,但是,它们工作表面必然发生摩擦和磨损,这既消耗动力,阻碍零部件的运动,又使零件发热,甚至导致工作表面烧蚀。因此,发动机必须设计有润滑系统对摩擦部件进行润滑。

由于发动机运动部件的工作条件不相同,因此,对负荷及相对运动速度不同的运动部件采用不同的润滑方式:

(1)压力润滑是以一定的压力把_____供入摩擦表面的润滑方式,这种方式主要用于主轴承、连杆轴承及凸轮轴轴承等负荷较大的摩擦表面的润滑。

(2)利用发动机工作时运动部件溅泼起来的油滴或油雾润滑摩擦表面的润滑方式称飞溅润滑,该方式主要用来润滑负荷较小的汽缸壁面和配气机构的凸轮、挺柱、气门杆以及摇臂等零件的工作表面。

(3)通过润滑脂嘴定期加注润滑脂来润滑零件的工作表面,如水泵及发电机轴承等。

典型的汽车润滑系统主要包括以下部件:建立机油压力和保证机油循环的机油泵、储存机油的油底壳、测量机油油位的油尺、润滑油管路及发动机机体上加工的润滑油道组成的循环油路、限制最高机油压力的限压阀(限压阀可能集成于机油泵)、防止杂质进入主油道的机油滤清装置、提供机油压力信息的机油压力指示灯等。有些发动机(或车辆)上还设置有机油冷却器、机油油位传感器、机油寿命系统。

2. 润滑系统的组成

发动机润滑系统主要由_____、_____、_____、_____、_____、_____和_____等组成,如图5-33所示。

3. 润滑系统主要零部件

1)机油泵

机油泵的作用是给主油道提供数量足够、压力适当的机油,保证机油在润滑系统内循环流动。根据机油泵的结构形式,通常分为_____和_____两类,齿轮式机油泵又分为_____和_____,通常把后者称为齿轮式机油泵。转子泵一般由_____、_____、_____、_____、_____等部件组成,如图5-34所示。泵体或泵盖上加工有进油槽和出油槽。内转子固定在曲轴(或机油泵传动轴)上,外转子自由地安装在泵体内,并与内转子啮合转动,内、外转子之间有一定的偏心距。转子式机油泵的内转子一般有 4 个或 4 个以上的凸齿,外转子的凹齿数比内转子的凸齿数多 1 个,转子的外廓形状曲线为次摆线,它们与机油泵体和泵盖组成了真空腔、进油腔、过渡油腔和出油腔。

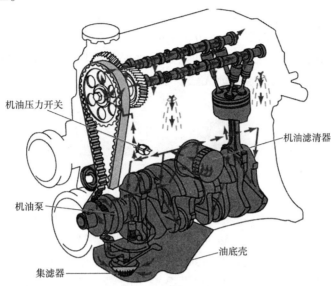

图 5-33　润滑系统的组成

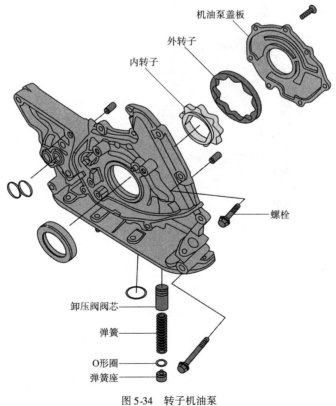

图 5-34　转子机油泵

2) 机油滤清器

集滤器一般是_____,装在_____前面,滤网位于油底壳中,吸油管与机油泵入口相连接,如图5-35所示。它的主要作用是防止大颗粒杂质进入机油泵。目前汽车发动机的集滤器分为_____和_____,汽油发动机通常采用_____,如图所示。固定式集滤器位于机油液面以下,可防止油面上的泡沫被吸入润滑系统,润滑可靠,结构简单。安装集滤器时,吸油管与机油泵连接处必须使用新的"O"形圈,且在其上涂抹适量洁净机油,否则,机油泵可能无法泵吸机油。

图5-35 机油集滤器

滤清器多采用_____,它能够清除微小杂质(直径小于0.001mm)和水分。机油在高压的作用下渗透纸质滤芯,以实现过滤。机油滤清器有_____与_____之分。全流式滤清器串联于机油泵和主油道之间,因此能过滤进入主油道的全部机油;分流式滤清器与主油道并联,仅过滤机油泵输出的部分机油。目前,轿车普遍采用全流式滤清器,并加装旁通阀,以防止断流,如图5-36所示。重型汽车采用双滤清器,其中之一为分流式滤清器作细滤器用,另一个全流式滤清器为粗滤器。

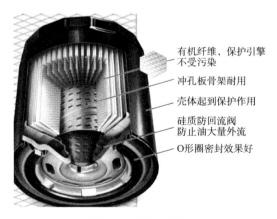

图5-36 机油滤清器

3) 机油冷却器

在高性能、大功率的强化发动机(例如涡轮增压发动机)上,由于热负荷大,必须装设机油冷却器。机油冷却器布置在润滑油路中,其工作原理与散热器相同。发动机机油冷却器分为_____和_____两类。风冷式机油冷却器很像一个小型散热器,利用汽车行驶时的迎面风对机油进行冷却。这种机油冷却器散热能力大,多用于赛车及热负荷大的增压汽车上,但是风冷式机油冷却器在发动机起动后需要很长的暖机时间才能使机油达到正常的工作温度,所以普通轿车上很少采用。水冷式机油冷却器外形尺寸小,布置方便,且不会使润滑油冷却过度,润滑油温度稳定,因而在轿车上应用较广。如图 5-37 所示为布置在机油滤清器上的水冷式机油冷却器的实例,机油在冷却器芯内流动,从散热器出水管引来的冷却液在冷却器芯外流过,两种流体在冷却器内进行热交换,使高温机油得以冷却降温。

图 5-37 机油冷却器

4)机油压力开关

正常工作润滑系统内的机油都具有一定的压力,目前所有汽车都装有机油压力表或者机油压力指示灯,用来帮助判断润滑系统的工作状况,一旦发动机机油绝对压力降到 120~148kPa 时,机油压力指示灯就会点亮。

传统的机油压力指示灯由机油压力开关直接控制接地,点火开关控制正极如图 5-38 所示。机油压力开关安装在主油道上,它是一个常闭开关,给机油压力指示灯提供搭铁,只有在正确的机油压力下它才能断开,机油压力指示灯才熄灭,因此,点火开关置于 ON 时,发动机不起动,机油泵没有工作,机油压力很低,机油压力指示灯点亮起动发动机后,机油泵工作,机油压力指示灯熄灭。

4. 润滑系统异常情况分析

当发动机机油过量时由于曲轴的高速旋转,曲轴搅动阻力过大会造成曲轴箱的压力过高,发动机的密封效果下降,机油更容易窜入燃烧室或者渗出接触高温部件造成烧机油出现冒蓝烟现象,而机油过量可以从以下几个方面进行分析:

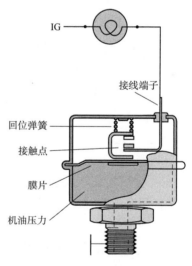

图 5-38 机油压力开关

(1)加入了劣质或者黏度等级不匹配的机油,机油黏度过高或者过低都会导致发动机润滑不良,使活塞环和汽缸壁的磨损加剧,密封性能下降。

(2)由于发动机喷油量控制不精确导致的燃油雾化效果不佳,遇冷会形成小液粒,在压缩行程活塞上行过程中通过活塞与汽缸间隙混入发动机机油进入曲轴箱内,导致机油稀释增多,部分产生此类现象的发动机可以归结于设计缺陷,可以通过升级控制系统或者更换零部件予以解决,出现此类异常情况也要考虑周围气温环境及发动机的使用情况,如频繁起停发动机造成燃油雾化不良等。

(3)如果发动机出现汽缸垫老化损坏、汽缸套破裂导致冷却液异常进入到润滑系统会出现明显的机油增多及乳化现象,机油已经发生了变质,要及时地找到冷却液渗透的原因并更换新的机油。

(二)制订工作方案

1. 任务分工(表5-14)

学生任务分配表　　　　　　　　　　表5-14

班级		组号		指导老师	
组长		任务分工			
组员1		任务分工			
组员2		任务分工			
组员3		任务分工			
组员4		任务分工			
组员5		任务分工			
组员6		任务分工			

2. 工量具、仪器设备与耗材准备

(1)使用的工量具有:_____。

(2)使用的仪器设备有:_____。

(3)使用的耗材有:_____。

3. 具体方案描述

_____

_____

_____

_____

三、计划实施

(一)安全注意事项及技能要点

1. 安全注意事项

(1)清洁发动机及机舱。

(2)遵循发动机起动安全规范。

(3)将机油压力表放置在不会接触到发动机旋转部件及高温部件的地方。

2. 技能要点

(1)能够正确安装机油压力表。

(2)插拔机油压力传感器线束插头,正确拆装机油压力传感器。

(3)通过机油压力测试判断故障位置确定下一步维修方案。

(二)任务实施

发动机机油压力测试的操作方法及说明见表 5-15。

表 5-15 发动机机油压力测试的操作方法及说明

步骤	操作方法及说明	质量标准及记录
发动机机油压力测试(车上进行)	(1)使用压缩空气吹干净发动机机舱,检查蓄电池状况良好; (2)正确拆下发动机机油压力传感器; 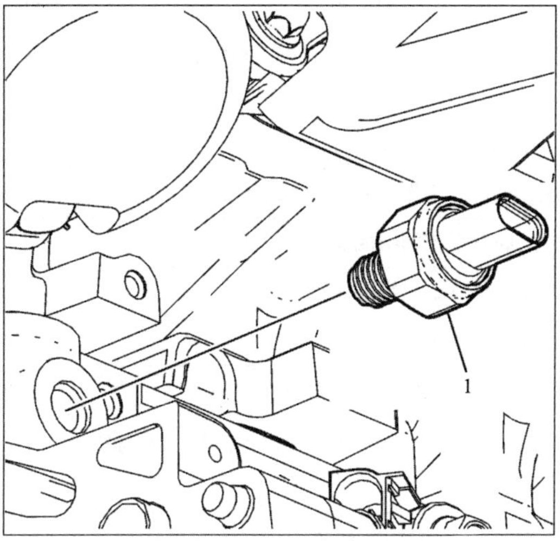 (3)安装发动机机油压力表; 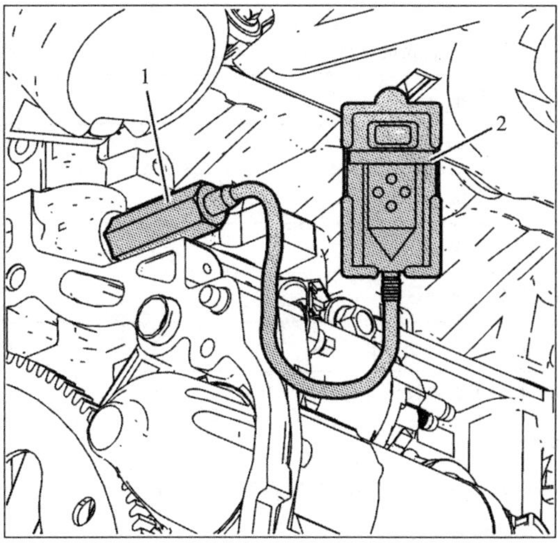	□汽缸压力检测条件符合要求 □正确使用汽缸压力表 □正确判断汽缸压力是否正常 □按照现场 8S 要求整理

续上表

步骤	操作方法及说明	质量标准及记录
发动机机油压力测试（车上进行）	（4）起动发动机，进行机油压力检查，查找维修手册，注意怠速时发动机机油压力值范围； （5）测试完毕后关闭发动机，拆下机油压力表，正确安装机油压力传感器； （6）检查发动机机油液位	

四、评价反馈(表5-16)

评价表　　　　　　　　　　　　　　　　　　　　表5-16

评分项目	评分标准	分值(分)	得分(分)
学习目标	能明确本任务的知识、技能、素养目标，理解任务在工作中的重要程度	5	
工作任务分析	能清晰描述完成本次工作任务内容	3	
	能清晰描述完成本次工作任务需必备的技能与知识点	3	
有效信息获取	能够准确讲述润滑系统的组成及工作原理	3	
	能够使用维修资料查找出维修信息	2	
	能够准确描述故障现象	4	
	能正确分析导致发动机冒蓝烟故障的情况	4	
实施方案制订	能清晰地制订并填写本次润滑系统测试的故障诊断与排除的准备作业计划	5	
	能组织或协同工作小组成员，明确本次任务所需仪器设备、工具、材料的准备与清点，并准备记录	5	
	能组织或协同工作小组成员交流，优化检查方案并记录	5	
任务实施	能规范完成作业准备	5	
	能规范完成安全检查	5	
	能规范完成仪器连接	5	
	能规范完成故障现象确认	6	
	能规范完成基本检查	6	
	能规范完成发动机冷却系统的检修	6	
	能规范完成维修结果确认	6	
	能规范完成现场恢复	6	
任务评价	通过本次任务实施，结合自己在实训过程中的表现，进行自我评价及自我反思并记录	3	

续上表

评分项目	评分标准	分值(分)	得分(分)
职业素养	按规定时间完成项目作业	2	
	遵守实训室管理规定、劳动纪律	2	
	积极参与课堂活动、回答问题	2	
	能够按时出勤	2	
思政要求	有劳动精神、奋斗精神、奉献精神、团队合作精神	5	
总计		100	

改进建议：

教师签字：

日期：

学习活动6 冷却系统的故障诊断与排除

 一、明确任务

根据任务描述，一辆汽车在行驶了120000km后，出现行驶过程中冷却液温度表指示偏高，且风扇常转不停，直到冷却液温度警告灯亮。对故障车辆进行检测，需要对冷却系统部件进行检查与更换，使其恢复正常使用性能。

 二、工作准备与计划制订

（一）知识准备

1. 冷却系统的组成与工作原理

发动机工作过程中产生的热量会使发动机的温度越来越高，如果不及时疏散热量，将导致发动机无法工作。冷却系统主要利用液体循环将发动机多余的热量带走并散发掉，确保发动机的工作温度正常，冷却发动机的方式有两种，即_____和

_____,目前汽车发动机多采用_____,如图 5-39 所示。冷却系统还为驾驶室或者车厢内的暖风装置提供热源,缸盖出水管上设有橡胶水管,与暖风装置相通。为了提高燃油雾化程度,还可以利用冷却液的热量对进入进气歧管内的混合气进行预热。在某些发动机上,冷却液还承担润滑系统的润滑油和自动变速器润滑油的散热任务。水冷发动机冷却系统主要由_____、_____、_____、_____、_____、_____以及_____等组成。

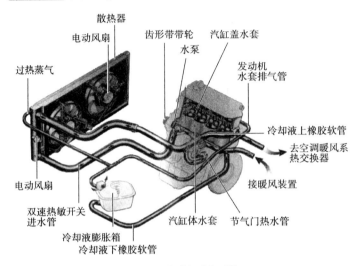

图 5-39 发动机冷却系统

汽车发动机冷却系统采用_____,通过水泵将冷却液在水套和散热器之间进行循环来完成对发动机的冷却。水泵将冷却液从机外吸入并加压,经分水管流入发动机缸体水套,在此冷却液从汽缸壁吸收热量,液温升高,继而流到汽缸盖的水套,继续吸收热量,受热升温后的冷却液沿出水管流到散热器内。汽车在行驶时,外部气流由前向后高速从散热器中通过,散热器后部有风扇的强力抽吸,因此受热后的冷却液在自上到下流经散热器的过程中,其热量不断散发到大气中去,从而得到了冷却。冷却液流到散热器的底部后,又在水泵的作用下,再次流向汽缸体、汽缸盖水套,如此不断地往复循环,使发动机在高温条件下工作的零件得到适宜的冷却。在冬季起动时,冷却液流经节气门体,在发动机达到工作温度前有助于维持怠速平稳。

2. 水泵

水泵的功用是对冷却液加压,加速冷却液的循环流动,保证冷却可靠。车用发动机上多采用_____。离心式水泵具有结构简单、尺寸小、排量大和维修方便等优点。水泵主要由泵壳、泵盖、叶轮、水泵轴、轴承和水封等组成,由于冷却系统内充满冷却液,当发动机工作时,曲轴通过传动皮带(或链条)驱动水泵叶轮转动,使泵腔内的冷却液一起转动,在离心力作用下,冷却液被甩向叶轮边缘,同时产生一定的压力,然后从切线方向泵出,在叶轮的中心处,由于冷却液被甩出而压力下降,形成真空,散热器中的冷却液在水泵进水口和叶轮中心的压差作用下,经进水管流入叶轮中心,这样,整个冷却系统内的冷却液循环流动。

3. 冷却风扇

冷却风扇通常安装在_____，如图5-40所示。风扇旋转时吸入空气使其通过散热器，增强散热器的散热能力，加快冷却液的冷却速度。电动风扇广泛应用于轿车和轻型汽车上，它直接由蓄电池驱动，转速与发动机转速无关，电动风扇构造简单，总体布置方便，可以改善发动机预热性能，降低油耗，减少风扇噪声。在发动机运转初期或低温时，电动风扇不运转，当水温传感器检测冷却液温度超过一定值时，ECM控制风

图5-40 发动机冷却风扇

扇电机运转。电动风扇一般有高速和低速两个转速，冷却液温度上升到一定值T1时，电动风扇低速运转，增加流经散热器的空气量；若冷却液温度继续上升，超过另一设定温度T2时，电动风扇高速运转，以提高冷却强度，防止发动机过热；冷却液温度降低到一定值T3时，冷却风扇由高速降到低速运转；冷却液温度继续下降到T4时，电动风扇停止转动。以上过程均由ECM根据水温传感器信号（主要信号）进行控制，T2＞T3＞T1＞T4。发动机不同，T1、T2、T3、T4可能不同，电动风扇的数量以及风扇转速等级也可能会有所不同。在轿车等小型客车上，空调制冷系统的冷凝器与散热器共用冷却风扇，有些车型只要开启空调制冷系统，电动风扇就会运转，即使冷却液的温度没有达到T1。

4. 散热器

散热器是一个_____，它将汽缸盖水套中流出的高温冷却液分成许多股小水流，增大散热面积，加速其冷却，如图5-41所示。冷却液在散热器芯内流动，空气从散热器芯外流过，高温冷却液与低温空气发生热传递，实现热交换。为了获得良好的散热效果，散热器与冷却风扇配合工作，冷却液经过散热器后，其温度可降低10～15℃。影响散热器效率的关键因素是散热器的基本结构，即散热器的有效面积、厚度，散热器的有效面积影响冷却空气流量，有效面积越大，冷却空气流量越大，散热器的效率越高，另外，散热器效率随着冷却液与冷却空气温度差的增大而大大提高，适当提高冷却液温度，可以适当减少散热器面积，缩小散热器尺寸，因此，各厂商将节温器主阀门的开启温度和散热器盖压力阀的开启压力设定得比较高，以获得良好的散热效果。

散热器由_____、_____和_____等组成。散热器进水室顶部一般设计有冷却液加注口，冷却液由此注入整个冷却系统。进水室侧面设计有进水口，它通过散热器上水管与汽缸盖出水口相连。出水室有放水螺塞及出水口，出水口通过散热器下水管与水泵进水口相连。散热器底部一般装有减振垫，防止散热器受振动损坏。根据散热器中冷却液流动的方向可将散热器分为_____和_____两种，纵流式散热器芯竖直布置，上接进水室，下连出水室，冷却液由进水室自上而下地流过散热器芯进入

出水室;横流式散热器芯横向布置,左右两端分别为进、出水室,冷却液自进水室横向流过散热器芯到出水室。

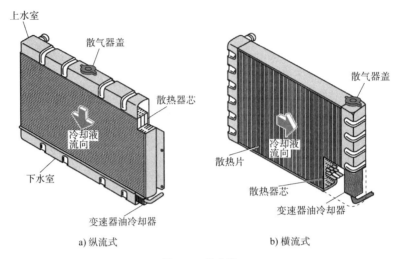

a) 纵流式　　　　　　　b) 横流式

图 5-41　散热器

如果散热器芯表面脏污、堵塞,散热器的散热效率将明显下降,导致发动机过热。若散热器芯出现脏污、堵塞等情况,应及时清洗。在进行相关维修作业时,应防止对其造成损伤,降低散热效果,注意不要对散热器芯进行刷洗或高压冲洗,以防弯折散热片,影响散热效果。

5. 节温器

节温器的功用是控制冷却液流动路径,能根据发动机冷却液温度的高低,打开或关闭冷却液通向散热器的通道,使冷却液在散热器和水套之间进行大循环或小循环,调节冷却强度,保证发动机在最适宜的温度下工作,目前发动机多采用普通蜡式节温器和电子节温器,结构如图 5-42 所示。

温度较低时,石蜡呈固态,主阀门被弹簧推向上方与阀座压紧,处于关闭状态,此时,旁通阀开启,冷却液进行小循环,来自发动机水套的冷却液经旁通阀、小循环水管直接进入水泵,回到发动机缸体水套内。随着冷却液温度上升,石蜡逐渐熔化成液态,体积膨胀,迫使胶管收缩,对推杆端部产生向上的推力,由于推杆固定在上支架上,推杆对胶管、节温器壳体产生向下的反推力,当冷却液温度升高到一定值时,反推力克服弹簧的弹力使胶管、节温器壳体向下运动,主阀门开始开启,同时旁通阀开始关闭,当冷却液温度进一步升高到一定值时,主阀门完全开启,而旁通阀正好完全关闭,来自汽缸盖水套的冷却液全部经过散热器进行大循环,冷却液温度处于主阀门开始开启与完全开启温度之间时,主阀门和旁通阀均部分开启,冷却液进行混合循环。

越来越多的发动机开始使用电子节温器,电子节温器是在蜡式节温器的基础上增加了加热装置,冷却液温度和加热装置都可以控制电子节温器的开启,加热装置的工作由 ECM 通过占空比(PWM)信号控制。电子节温器相对于蜡式节温器来说,其工作温度范围广,节温器阀门开度大,即便控制信号失效,节温器内部石蜡也可以正常工作,控制冷却液的大小循环,如图 5-43 所示。

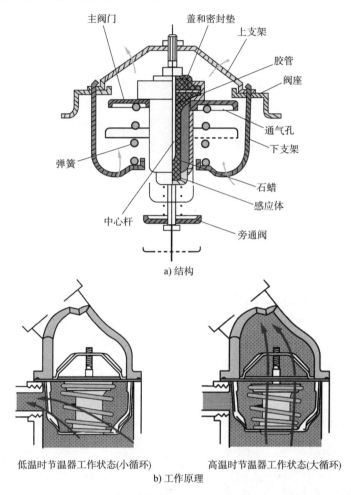

a) 结构

b) 工作原理

图 5-42　蜡式节温器结构及工作原理

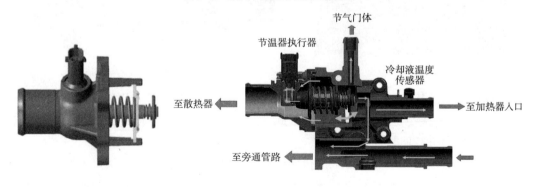

a) 电子节温器结构　　　b) 电子节温器工作原理

图 5-43　电子节温器

6. 冷却液

冷却液由液态凝结成固态的温度称为_____，也叫做_____。冷却液中防冻剂的比例不同，其冰点也不同。冷却液冰点在其使用过程中可能会发生变化，因此，在车辆保养维护时需要使用冰点仪检查冷却液的冰点，必要时要更换冷却液，如图5-44所示。冷却液是软水、防冻剂和少量添加剂的混合物，软水中不含（或含少量）可溶性钙、镁化合物，能够有效防止水垢产生，保证冷却效果，防冻剂既可以防止冷却液在寒冷季节结冰，避免散热器、汽缸体、汽缸盖胀裂，又可以适当提高冷却液的沸点，保证冷却效果，最常用的防冻剂是乙二醇，乙二醇是一种无色、透明、稍有甜味、具有吸湿性的黏稠液体，它能以任何比例与水相溶。冷却液中还添加有防锈剂、消泡剂、防霉剂、pH调节剂、着色剂等。

防锈剂可延缓或阻止发动机水套及散热器的锈蚀或腐蚀。冷却液中的空气在水泵叶轮的搅动下会产生很多泡沫，这些泡沫将影响传热效果，泡沫抑制剂能有效地抑制泡沫的产生，保证传热效果。冷却液在使用过程中，随着时间的延长，防锈剂和泡沫抑制剂会逐渐消耗殆尽，因此，定期更换冷却液是十分必要的。

冷却液贮存过程中可能引起微生物滋长，使防冻液发霉变质，在冷却液中加入微量的杀菌防霉剂，可以保证防冻液在2～3年贮存期内不会霉变。

由于中性介质防锈剂效果较好，且防冻液在工作过程中会酸化，pH值会下降，因此防冻液中需要添加pH调节剂，使防冻液的pH值稳定在7.5～11之间。

防冻剂中还会加入着色剂，使冷却液呈蓝绿色、红色/桔黄色或金黄色，以便识别，如图5-45所示。

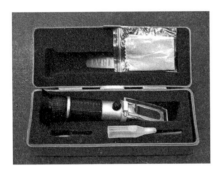

图5-44 冰点仪

图5-45 不同颜色的发动机冷却液

使用过的冷却液可能吸收冷却系统中的铅、铁、铝等重金属，同时它自身还含有防冻剂和添加剂，这些物质会污染环境，因此，冷却液不能够随意排放，必须收集起来，然后由专业机构进行回收处理。

冷却液必须根据厂商的要求进行定期更换，具体更换周期参见"用户手册"。更换冷却液时，待发动机冷却后，应首先拆下散热器盖，使冷却系统与大气相通，以便冷却液顺利排放，然后在放水螺塞下摆放合适的容器，拧下放水螺塞，排尽冷却液。更换过程中应目视检查冷却液是否被污染，否则应冲洗冷却系统，同时确保冷却系统无泄漏，最后添加合适型号的冷却液,并进行排空气操作。需要注意,发动机未彻底冷却前禁止对冷却系统进行任何操作。

(二)制订工作方案

1. 任务分工(表5-17)

学生任务分配表　　　　　　　　　　　　表5-17

班级		组号		指导老师	
组长		任务分工			
组员1		任务分工			
组员2		任务分工			
组员3		任务分工			
组员4		任务分工			
组员5		任务分工			
组员6		任务分工			

2. 工量具、仪器设备与耗材准备

(1)使用的工量具有：_____。

(2)使用的仪器设备有：_____。

(3)使用的耗材有：_____。

3. 具体方案描述

_____
_____
_____
_____
_____

三、计划实施

(一)安全注意事项及技能要点

1. 安全注意事项

(1)发动机运行时禁止对冷却系统进行任何操作。

(2)遵循发动机机械维修安全规范。

(3)佩戴护目镜。

2. 技能要点

(1)能够规范正确地排放加注冷却液。

(2)能够规范正确地检查冷却系统压力。

(3)能够检查散热器风扇。

(4)能够正确地更换水泵。

(5)能够检修散热器和膨胀水箱。

(二)任务实施

发动机冷却系统检修的操作方法及说明(表5-18)。

冷却液的更换

表5-18 发动机冷却系统检修的操作方法及说明

步骤	操作方法及说明	质量标准及记录
发动机汽冷却系统检修（车上进行）	(1)排放冷却液,打开膨胀水箱盖,通过散热器下软管放出冷却液,从连接管上拆下冷却液软管,拧下螺栓,将连接管连同O形密封环和冷却液节温器一起取下;  (2)加注冷却液时慢慢加入,直到膨胀箱上最大标记处,注入时间约为5min,加注完成后盖上膨胀水箱盖并拧紧,起动发动机,直到风扇旋转; 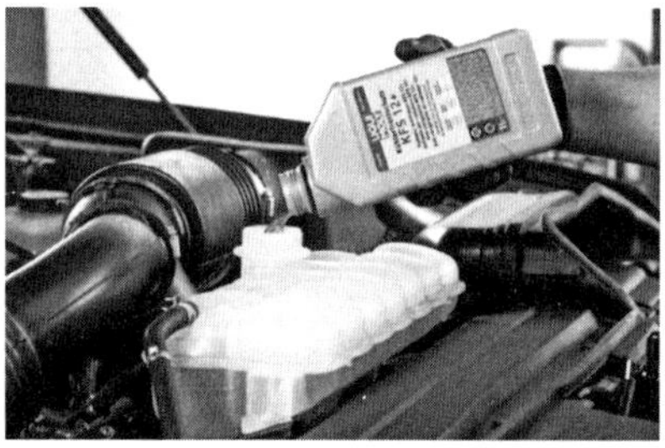 (3)检查冷却系统压力,将检测仪转接器连接在膨胀水箱,在手动泵上加压,使压力达到0.1MPa,停止打压,如果压力不能保持在0.1MPa,说明系统有泄漏故障,手动加压到0.13～0.15MPa时,若限压阀打开,说明膨胀箱盖限压功能正常; 	□冷却液质量符合要求 □冷却系统压力正常 □风扇工作情况正常 □按照现场8S要求整理

续上表

步骤	操作方法及说明	质量标准及记录
发动机汽冷却系统检修（车上进行）	（4）检查节温器时,可将节温器置于热水中,观察温度变化与节温器开启距离关系; （5）当冷却液温度已达风扇转动而风扇不工作时,应首先检查熔断丝是否熔断,若熔断丝良好,判断是否是热敏开关的故障,短接热敏开关检查风扇通电后是否转动,判断是否是风扇本身的问题; （6）整理和恢复	

四、评价反馈（表5-19）

评价表　　　　　　　　　　　　　　　　　　表5-19

评分项目	评分标准	分值（分）	得分（分）
学习目标	能明确本任务的知识、技能、素养目标,理解任务在工作中的重要程度	5	
工作任务分析	能清晰描述完成本次工作任务内容	3	
	能清晰描述完成本次工作任务需必备的技能与知识点	3	
有效信息获取	能够准确讲述冷却系统的组成及工作原理	3	
	能够使用维修资料查找出维修信息	2	
	能够准确描述故障现象	4	
	能正确分析冷却系统故障的产生原因	4	
实施方案制订	能清晰地制订并填写本次发动机冷却系统检修的故障诊断与排除的准备作业计划	5	
	能组织或协同工作小组成员,明确本次任务所需仪器设备、工具、材料的准备与清点,并准备记录	5	
	能组织或协同工作小组成员交流,优化检查方案并记录	5	
任务实施	能规范完成作业准备	5	
	能规范完成安全检查	5	
	能规范完成仪器连接	5	
	能规范完成故障现象确认	6	
	能规范完成基本检查	6	
	能规范完成发动机冷却系统的检修	6	
	能规范完成维修结果确认	6	
	能规范完成现场恢复	6	

续上表

评分项目	评分标准	分值(分)	得分(分)
任务评价	能过本次任务实施,结合自己在实训过程中的表现,进行自我评价及自我反思并记录	3	
职业素养	按规定时间完成项目作业	2	
	遵守实训室管理规定、劳动纪律	2	
	积极参与课堂活动、回答问题	2	
	能够按时出勤	2	
思政要求	有劳动精神、奋斗精神、奉献精神、团队合作精神	5	
总计		100	

改进建议:

教师签字:
日期:

任务习题

1. 单选题

(1) 下列哪个部件不属于活塞连杆机构(　　)。
　　A. 活塞　　　　B. 连杆　　　　C. 曲轴　　　　D. 汽缸体

(2) 活塞连杆机构的主要作用是将什么形式的运动转换为另一种形式的运动(　　)。
　　A. 旋转运动转换为直线运动　　　　B. 直线运动转换为旋转运动
　　C. 旋转运动转换为旋转运动　　　　D. 直线运动转换为直线运动

(3) 曲轴与飞轮之间的连接方式主要是通过什么实现的(　　)。
　　A. 螺栓连接　　　　　　　　　　　B. 键连接
　　C. 齿轮连接　　　　　　　　　　　D. 链条连接

(4) 在发动机中,飞轮的作用是(　　)。
　　A. 储存能量并释放能量,以调节发动机转速
　　B. 控制进气和排气
　　C. 控制燃油喷射
　　D. 提供动力输出

(5) 在配气机构中, 挺柱的作用是( )。
　　A. 传递运动和动力　　　　　　　B. 调节气门间隙
　　C. 控制气门开闭时间　　　　　　D. 驱动气门开启和关闭
(6) 配气机构中的摇臂的作用是( )。
　　A. 驱动气门开启和关闭　　　　　B. 控制气门的开闭时间和顺序
　　C. 调节气门间隙　　　　　　　　D. 驱动挺柱和推杆运动
(7) 发动机润滑系统的主要功能是( )。
　　A. 冷却发动机
　　B. 密封发动机汽缸
　　C. 清洁发动机内部零件
　　D. 减少发动机内部零件的磨损和摩擦
(8) 发动机润滑系统中的机油滤清器的作用是( )。
　　A. 清洁机油中的杂质和污垢　　　B. 调节机油的流量和压力
　　C. 控制机油的温度和黏度　　　　D. 增加机油的润滑性能
(9) 冷却液循环路径分为大循环和小循环, 小循环不经过以下哪个部件( )。
　　A. 散热器　　　　　　　　　　　B. 节温器
　　C. 暖风水箱　　　　　　　　　　D. 膨胀水箱
(10) 电子节温器相比传统的蜡式节温器, 其优势在于( )。
　　A. 控制更精确　　　　　　　　　B. 工作范围更广
　　C. 阀门开度更小　　　　　　　　D. 成本低

2. 判断题

(1) 活塞销的作用是连接活塞和连杆, 传递动力。　　　　　　　　　　　　( )
(2) 活塞连杆机构中的汽缸体通常采用铝合金材料制成, 以提高散热性能。
　　　　　　　　　　　　　　　　　　　　　　　　　　　　　　　　( )
(3) 曲轴飞轮组的主要作用是控制进气和排气。　　　　　　　　　　　　( )
(4) 曲轴和飞轮之间的连接方式主要是通过齿轮连接实现的。　　　　　　( )
(5) 曲轴的转速越快, 飞轮所储存的能量就越多。　　　　　　　　　　　( )
(6) 配气机构中的气门间隙是指气门杆与气门导管之间的间隙。　　　　　( )
(7) 配气机构的异响通常是由于气门间隙过大或过小引起的。　　　　　　( )
(8) 机油滤清器的作用是清洁机油中的杂质和污垢, 因此应该经常更换。　( )
(9) 机油的黏度越大, 其润滑性能就越好。　　　　　　　　　　　　　　( )
(10) 发动机润滑系统中的机油压力越高越好, 因为高压力可以提供更好的润滑效果。　　　　　　　　　　　　　　　　　　　　　　　　　　　　　( )
(11) 如果冷却系统中的冷却风扇不工作, 可能会导致发动机过热。　　　( )
(12) 如果在冷车时发动机难以起动, 可能是因为冷却系统中的冷却液温度过低。
　　　　　　　　　　　　　　　　　　　　　　　　　　　　　　　　( )

3. 实操练习题

(1) 尝试完成发动机机体组的故障诊断与排除,并就测试结果做分析。

(2) 尝试完成活塞连杆组的故障诊断与排除,并就测试结果做分析。

(3) 尝试完成曲轴飞轮组的故障诊断与排除,并就测试结果做分析。

(4) 尝试完成配气机构的故障诊断与排除,并就测试结果做分析。

(5) 尝试完成润滑系统的故障诊断与排除,并就测试结果做分析。

(6) 尝试完成冷却系统的故障诊断与排除,并就测试结果做分析。

附录

本教材配套数字资源列表

序号	资源名称	资源类型	所在页码
1	检测前操作	视频	6
2	起动系统的检测	视频	6
3	电子控制系统的检测	视频	17
4	空气供给系统的检测	视频	25
5	燃油供给系统的检测	视频	35
6	电控点火系统的检测	视频	42
7	排放控制系统的检测	视频	53
8	汽缸压力的检测	视频	220
9	汽缸漏气的检测	视频	220
10	汽缸直径的测量	视频	230
11	活塞环间隙的测量	视频	230
12	曲轴轴向间隙的测量	视频	239
13	曲轴主轴承间隙的测量	视频	239
14	汽缸盖的拆解	视频	247
15	冷却液的更换	视频	264

参考文献

[1] 于文涛,李晶华.汽车发动机电控系统检测与维修[M].北京:高等教育出版社,2023.

[2] 王囤.汽车故障诊断与检测技术[M].3版.北京:人民交通出版社股份有限公司,2023.

[3] 刘新宇,赵宏.汽车发动机故障诊断与修复[M].北京:人民交通出版社股份有限公司,2018.

[4] 董光.汽车发动机故障诊断与排除[M].北京:机械工业出版社,2023.

[5] 朱建勇,郑烨珺.汽车发动机电控系统故障诊断与检修[M].北京:机械工业出版社,2018.

[6] 董光,尹力卉.汽车故障诊断与维修技术[M].北京:机械工业出版社:2023.

[7] 李清民,栾玉俊.柴油机构造与维修[M].北京:人民交通出版社股份有限公司,2018.

[8] 于明进,于光明.汽车电气设备构造与维修[M].3版.北京:高等教育出版社,2023.

[9] 孔旭红.汽车故障诊断技术[M].2版.北京:中国劳动社会保障出版社,2019.

[10] 李江江,李晶华.汽车发动机机械系统检测与维修[M].北京:高等教育出版社,2022.